투자하기 전
경제를
공부합니다

CAN'T WE JUST PRINT MORE MONEY?
Economics in Ten Simple Questions

영국중앙은행 1:1 경제 PT

투자하기 전 경제를 공부합니다

내 통장부터 세계경제까지

INFLATION POVERTY TRADE

CAN'T WE JUST PRINT MONEY?

루팔 파텔·잭 미닝 지음 | 이경식 옮김

윌북

추천의 글

경제학에 정을 붙이기는 참 어렵다. 낯선 용어가 많고, 숫자도 자주 나온다. 애써서 경제학을 좀 알게 된다고 해도 현실 경제를 이해하는 것은 또 다른 문제다. 현실에서는 이론에 다 담기지 않는, 수많은 변수가 늘 생겼다 사라지기 때문이다. 그렇지만 경제를 이야기할 때 자주 등장하는 단골손님들의 '사연'을 알아두는 것은 꽤 유용하다. 예전에 무슨 일이 있었길래 혹은 미래의 무슨 일이 걱정돼서 이런 이론 혹은 정책이 나왔는지 하나씩 알아가다 보면, 결국 이 모든 것의 출발점은 평범한 사람들의 마음속 물음표였음을 알게 된다.

마치 테트리스 게임처럼 꼭 필요한 개념들이 참신한 비유와 함께 알차게 쌓여 있는 경제 교양서. 세계경제 패권국 시절 금본위제의 중심이었던 역사 깊은 영국 중앙은행 이코노미스트들의 설명이라 더 흥미롭게 들린다. 누군가 '가장 최신 버전의 경제학 개론'이 뭐냐고 묻는다면 바로 이 책을 추천하고 싶다.

│ **이현**(듣똑라 경제 담당 기자, 『금융 프렌즈가 우릴 기다려』 저자)

경제학 공부라는 여정을 함께하기에 더할 나위 없이 좋은 책이 나왔다. 잉글랜드은행을 가이드로 삼은 이 책은, 경제가 우리 일상생활의 온갖 측면에 어떻게 영향을 미치는지 보여준다.

　린다 유(『위대한 경제학자들의 대담한 제안』 저자)

경제학은 우리 삶의 모든 측면에 영향을 미친다. 그러나 어렵고 헷갈리는 온갖 전문용어 때문에 쉽게 다가갈 수 없을 것 같아 보인다. 경제가 어렵게만 느껴진다면 이 책을 안내자로 삼아보라. 그 어느 때보다 화폐-정부-은행의 상호작용에 대한 이해가 필요한 이 시점에 요긴한 책. 심지어 재미있다.

　로라 와틀리(『화폐 사용 설명서Money: A User's Guide』 저자)

멋진 구성과 훌륭한 필력의 경제서. 직원 구내식당, 〈심슨 가족〉 같은 친숙한 예시를 들어가며 경제가 어떻게 돌아가는지를 가르쳐준다. 경제를 이해하고 문제를 제기하라고 독자를 격려할 뿐만 아니라, 더 나아가 독자에게 경제 전문가가 되라고 촉구한다.

　데이비드 스피겔할터(『숫자에 약한 사람들을 위한 통계학 수업』 저자)

경제 전문가들의 말과 생각을 알아듣고 싶을 때, 어디부터 시작해야 할지 모르겠다면 이 책이 답을 알려줄 것이다. 남녀노소 모두 쉽게 경제학을 이해하게 도와주는 책이다. 이런 성과를 낸 잉글랜드은행에 박수를 보낸다.

| **마틴 울프**(《파이낸셜 타임스》수석 칼럼니스트)

'우울한 과학'이라고들 하는 경제학을 유쾌하게 소개하는 책. 두 저자가 경제학의 핵심 요소들을 탁월하고도 유쾌하게 설명해냈다.

|《**타임스**》

중앙은행 안에서 어떤 일들이 일어나는지 알려주며 기본적인 경제 개념을 가르쳐주는 시의적절한 책이다. 온갖 다양한 일화와 누구나 수긍할 수밖에 없는 사례가 가득하다.

|《**가디언**》

인플레이션, 양적완화, 수요와 공급, 세계화 등 경제학 개념을 쉽게 이해하도록 인도하는 경제학 입문서.

|《**뉴 스테이츠먼**》

경제학을 알기 쉽게 설명해주는 책. 중요한 사실들을 흥미진진하게 풀어낸다.

|《**데일리 메일**》

차례

모두를 위한 경제학

나는 1970년대에 중고등학교 시절을 보냈다. 그때는 세계경제가 좋지 않았다. 에너지 파동 때문에 일주일에 사흘은 촛불을 켜놓고 숙제를 했던 기억이 난다. 인플레이션율도 20퍼센트가 넘었다. 그때의 경험 덕분에 나는 경제가 일상에 미치는 충격을 예리하게 바라보게 되었다.

그리고 자연스레 경제 문맹 퇴치 운동에 앞장서게 됐다. 기본적인 경제학만 알아도 일상에 많은 도움이 되기 때문이다. 우선, 경제학을 이해하면 뉴스를 더 잘 이해하게 된다. GDP니 양적완화니 하는 어려운 용어를 알아들을 수 있고, 경제가 성장하거나 위축하는 이유도 더 잘 이해할 수 있다. 경제학은 돈에 관한 것이든 아니든 더 나은 선택을 하는 데 도움을 준다. 파고들수록 흥미진진하고 즐거운 학문이기도 하다.

우리 은행에서 이 책을 기획한 것도 그래서다. 이런 책을 만든 건 잉글랜드은행 역사상 최초다. 잉글랜드은행은 지난 300년 동안 많은 문건을 발표해왔지만, 이 책은 그런 문건들과는 매우 다르다. 예를 들자면, 300쪽이 넘는 이 책에 경제학 개념을 설명하는 방정식은 딱 하나밖에 없다. 그것도 아주 간단한 수식이다.

그렇다고 결코 뜬금없거나 느닷없이 나온 책은 아니다. 이 책은 경제에서 일어나는 일을 되도록 많은 사람에게 쉽게 설명하려고 해온 오랜 노력이 축적된 결과다. 예를 들어, 우리는 분기별 경제 보고서를 만들 때 일상적인 언어와 삽화를 동원해서 되도록 많은 사람이 이해할 수 있게 하려고 애써왔다. 또 잉글랜드은행 홈페이지에 '지식은행Knowledge Bank' 코너를 마련해서 화폐, 은행, 인플레이션, 금리 등의 용어를 알기 쉽게 소개해왔다. 이 코너는 우리 웹사이트에서 사람들이 가장 많이 찾아보는 항목이기도 하다. 이 책을 읽는 독자도 꼭 한번 '지식은행'을 방문해보면 좋겠다.

그러나 모든 사람이 잉글랜드은행 홈페이지를 정기적으로 방문하거나 분기별 경제 보고서를 기다리지는 않는다. 그래서 우리는 시민들을 직접 찾아가기로 했다. 나와 우리 은행 부총재는 정기적으로 시민 패널과의 토론 행사에 참여한다. 생활비부터 취업 문제에 이르기까지 경제 전반에 대한 시민의 경험을 직접 들으려고 마련한 자리다. 시민의 이야기를 들으면서 경제정책을 설명하고 사람들이 궁금해하는 것들을 설명해준다. 또한 시민 단체와 손을 잡고 커뮤니티 포럼을 운영하는데, 사람들이 경제에 어떤 영향을 받고 있는지 살피는 데 도움이 된다.

이 책은 대중에게 경제를 알리고자 우리 은행이 기울이는 노력의 최신 버전이다. 지난 몇 년 동안, 우리는 청년들에게 자산 관리법과 경제 개념을 알려주는 프로그램을 개발했다. 또한 500명이 넘는 직원이 영국 전역의 공립학교에서 경제 교육과 진로 교육을 포함해 다양한 프로그램을 운영하고 있다. 우리는 그동안 다방면으로 쌓아온 경험을 활용해 알기 쉬운 원 스톱 경제학 입문서를 만들고자 했다.

나는 학생들과 토론하는 자리에는 되도록 빠지지 않으려고 노력하는데, 다음에 갈 때는 이 책을 들고 가려고 한다. 학생들이 이 책을 읽고, 우리가 사는 세상을 온전하게 이해하고 빈곤부터 기후변화까지 인류가 직면한 문제들을 해결하는 데 경제학이 도움이 된다는 사실을 깨달았으면 좋겠다. 그러다 보면 학생들 가운데 몇몇은 경제학을 본격적으로 공부하고 싶어질 것이고, 나중에 우리 은행에서 이 책의 저자인 루팔과 잭 곁에서 함께 일하게 될지도 모른다.

나는 잉글랜드은행에서 일하는 것이, 우리 은행의 다소 거창한 사명에 나오듯 "국민의 이익을 증진할 목적으로" 경제학을 활용할 매우 특별한 기회라고 생각한다. 중앙은행의 역할과 책임감을 생각하면 이 책이 무척 자랑스럽다. 경제학을 재미있고 알차게 소개해준 루팔과 잭을 비롯해 동료들에게 고마운 마음을 전한다. 우리가 이 책으로 알리고자 하는 경제학이 세상을 더 낫게 만드는 데 도움이 될 것이라고 나는 확신한다. 이 책을 읽고 나면 당신도 그 이유를 알게 될 것이다.

앤드루 베일리(잉글랜드은행 총재)

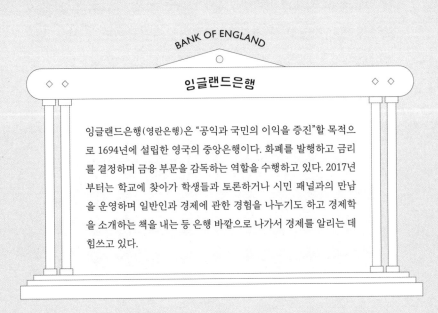

BANK OF ENGLAND

잉글랜드은행

◇ ◇   ◇ ◇

잉글랜드은행(영란은행)은 "공익과 국민의 이익을 증진"할 목적으로 1694년에 설립한 영국의 중앙은행이다. 화폐를 발행하고 금리를 결정하며 금융 부문을 감독하는 역할을 수행하고 있다. 2017년부터는 학교에 찾아가 학생들과 토론하거나 시민 패널과의 만남을 운영하며 일반인과 경제에 관한 경험을 나누기도 하고 경제학을 소개하는 책을 내는 등 은행 바깥으로 나가서 경제를 알리는 데 힘쓰고 있다.

경제학은 도처에 있다

영국의 중앙은행인 잉글랜드은행은 아무나 들어갈 수 없는 금단의 장소 같은 인상을 풍긴다. 시티오브런던런던의 금융 중심지, 여의도보다 조금 좁은 곳에 잉글랜드은행을 비롯한 5000여 개의 금융사가 밀집한 전 세계적인 금융 특구-옮긴이의 중심부에 있는 이 은행은 고전적인 기둥과 아치, 정교하고 화려한 조각으로 장식되어 있다. 이 건물의 웅장한 모습을 보고 있으면 마치 요새 같다는 느낌이 절로 드는데, 보안 요원이 지키고 선 커다란 청동 문은 사람들이 건물 안으로 들어오지 못하게 막을 목적으로 설계된 것처럼 보일 정도다.

이 은행은 300년이 넘는 세월 동안 영국 경제의 중심이자 상징으로 이 자리에 서 있었다. 그러나 스레드니들가런던의 은행 거리-옮긴이에 있는 다른 건물과 마찬가지로 본질적으로는 사무용 건물일 뿐이다. 그래서 평일 아침이면 어쩐지 공부만 잘했지 세상 물정은 모를 것 같은 이코노미스트 'economist'가 직책명으로 쓰일 때는 '이코노미스트'로, 그 밖의 경우에는 '경제학자' 혹은 '경제 전문가'로 번역했다-옮긴이들이 그 위풍당당한 문을 통과해 건물로 들어간다. 그리고 그들 역시 다른 직장인들과 마찬가지로 점심시간이 되면 점심을 먹으

시티오브런던 중심부에 위치한 잉글랜드은행과 상업용 빌딩들의 모습. 잉글랜드은행을 비롯한 중앙은행은 각국 경제의 중심이자 통화정책의 사령탑이다.

러 나온다.

지금부터 배고픈 이코노미스트 한 명을 따라가보자. 그를 따라다니다 보면 경제학이 잉글랜드은행 안에서만 중요한 게 아님을 알 수 있다. 경제학은 도처에 널려 있다. 우선 배고픈 이코노미스트의 점심 메뉴부터 생각해보자. 스퀘어마일 안에는 카페와 레스토랑과 테이크아웃 식당이 500곳 넘게 있다. 이 가게들은 스시부터 이탈리아 음식과 중동식 메제, 피시 앤 칩스까지 온갖 다양한 음식을 판매한다.[1] 그런데 식당 메뉴는 누가 결정할까? 그 많은 가게 주인들은 자기가 파는 음식이 (도넛이든 컵케이크든 스시든 간에) 다른 음식에 비해서 수익성이 높다는 걸 어떻게 알까? 한 블록 안에 카페가 열 곳이 넘는데 장어 젤리소금에 절여 굳힌 후 식초를 쳐서 먹는 영국의 뱀장어 요리 - 옮긴이를 파는 곳은 한 곳밖에 없는 이유는 또 무엇일까?

이런 의문에 대한 답은 개인 한 명 한 명이 내리는 의사 결정에서 시작된다. 우리의 배고픈 이코노미스트는 점심 메뉴를 샌드위치로 정하고 가까운 곳에 있는 비싸고 힙한 베이커리 대신 슈퍼마켓으로 간다. 이건 그저 일상적인 습관일 수도 있다. 그러나 그 선택 뒤에는 경제적인 의사 결정이 놓여 있다. 개인적인 취향과 지갑 사정을 전제로 할 때 시간과 돈을 가장 효율적으로 사용하는 의사 결정을 내린 것이다.

우리의 이코노미스트가 샌드위치와 과자를 계산하려고 계산대 앞에서 줄을 서서 기다리는 동안(경제학의 첫 번째 법칙은 "공짜 점심은 없다"이므로, 자기가 산 상품의 대가를 지불하는 것은 당연하다) 자기가 구매한 음식이 어떤 경로로 슈퍼마켓 매대까지 올라왔는지 생각해본다. 누군가 빵의 재료가 될 밀을 재배했다. 수확된 밀은 제분 과정을 거쳐서 밀가루가 되어 빵 공장으로 옮겨진다. 공장 노동자는 그 재료를 가지고 빵을 구웠다. 그리고 이 빵 사이에 다른 나라에서 수입된 온갖 식재료를 넣어서 샌드위치를 만든다. 이렇게 만든 샌드위치는 슈퍼마켓으로 운송된다.

즉, 수많은 개인이 수행한 수백 가지 아니, 어쩌면 수천 가지 행동과 상호작용이 샌드위치에 녹아들어 있다. 그런데 이 과정에 참여한 개인이나 기업 가운데 그 누구도 우리의 이코노미스트에게 맛있는 점심을 대접해야겠다는 구체적인 목적을 갖고 그런 행동을 한 건 아니다. 바로 이것이 경제학자들이 '시장'이라고 부르는 것이 가진 힘이다. 시장은 모든 사람이 만족하는 결과가 나올 수 있도록 수백만 명의 개인이 내리는 수백만 개의 의사 결정을 조정한다(적어도 이론적으로는 그렇다). 이 조정 과정을 거친 결과 샌드위치가 적절한 시점에 슈퍼마켓 매대에 놓이게 된 것이다.

우리의 이코노미스트는 계산을 마치고 슈퍼마켓을 나와서 샌드위치를 먹기 좋은 장소를 찾는다. 강가에 있는 벤치가 어떨까? 이코노미스트는 템스강이 있는 남쪽으로 걸어가, 강이 보이는 벤치에 자리를 잡고 앉는다. 그런데 오늘따라 템스강의 수위가 높아 보인다. 아마도 만조시간이라서 그럴 것이다. 그러나 우리의 이코노미스트는 템스강 수위가 예전보다 평균적으로 많이 높아졌음을 안다. 잉글랜드은행이 설립되었던 1694년 이후로 템스강의 수위는 1.5미터 넘게 높아졌다.[2] 전 세계적으로 나타나는 해수면 상승 현상을 생각하면, 이런 양상은 앞으로도 계속 이어질 것이다.

그런데 이것은 우리의 이코노미스트가 맛있는 샌드위치를 먹을 수 있게 해준 바로 그 힘, 즉 시장이 가진 힘의 이면이다. 수십억 명의 인류가 내린 온갖 의사 결정이 누적되자 긍정적인 결과(필요할 때 매대에 채워져 있는 음식)뿐만 아니라 부정적인 결과(기후변화)도 함께 나타났다. 이처럼 경제학은 우리를 편리하게 해준 요인뿐만 아니라 우리가 대응해야 할 요인을 이해하는 데도 도움을 준다.

우리의 이코노미스트는 점심을 다 먹고 강을 따라서 산책하기로 한다. 그는 런던탑을 지나서 타워브리지를 지나고 도크랜즈까지 간다. 수십 년 전만 해도 이 부두에는 활기가 넘쳤다. 노동자 수천 명이 화물을 배에 싣기도 하고 배에서 내리기도 하면서 부산하게 움직였고 지게차들도 바쁘게 움직였다. 20세기 대부분 기간에 이런 산업 중심지들은 경제성장의 원동력이었고, 영국 경제의 생산량은 급격히 늘어났다. 부두 노동자의 노동력과 그들이 사용한 기술, 부두라는 자본, 이 세 가지가 결합해서 경제를 키워나갔다. 이렇게 이루어지는 경제성장은 경제학이 중요하게 다루는 주제 가운데 하나다.

이 부두는 리버풀, 벨파스트, 카디프의 여러 부두와 함께 영국을 세계적인 상업 강국으로 만들었다. 이 부두들에서 인도 콜카타나 호주 캔버라 등으로 철강, 석탄, 자동차, 기계 부품 등을 보냈을 것이다. 그러나 지금 이 부두들은 예전과 비교할 수 없을 정도로 조용해지고 부두 창고는 대부분 식당이나 사무실로 바뀌었다. 영국은 왜 그렇게나 많은 상품을 전 세계로 보냈을까? 그리고 왜 지금 영국은 티셔츠와 커피를 대부분 수입하면서 공산품을 훨씬 적게 수출하게 되었을까? 이 질문에 대한 대답을 구하는 데는 무역에 관한 경제학(그리고 비교우위comparative advantage라는 법칙)이 도움이 될 것이다.

점심시간이 끝나가고 우리의 이코노미스트가 다시 사무실로 돌아가야 할 시간이 되었다. 하지만 그는 그전에 카페인 섭취가 필요하다는 판단을 내린다. 그리고 커피를 사려고 키오스크 앞에 선다. 이제는 주머니를 뒤져서 현금을 찾을 필요가 없다. 스마트폰을 몇 번 터치하기만 하면 된다. 그는 몇 년 사이에 많은 사람이 진짜 화폐를 포기하고 대신 〈스타워즈〉에 나오는 제다이의 광선검처럼 신비로운 스마트폰 지불 방식을 선택했다는 사실에 잠깐 경탄한다. 그런데 왜 이렇게 바뀌었을까? 그리고 이 디지털 마법은 예전부터 사용하던 현금이나 잉글랜드은행 지하 금고에 보관된 금괴와는 어떤 관련이 있을까? 화폐는 경제 중에서도 유독 우리 일상생활과 관계가 밀접한 요소다.

커피를 산 이코노미스트는 사무실로 돌아가기 전에 강을 따라 동쪽을 바라보았다. 런던 동부 금융 지구인 카나리워프에 늘어선 고층 건물에 세계적인 대형 은행들의 이름이 박혀 있는 것이 보인다. 이 은행들은 사람들이 힘들게 번 돈을 맡기는 곳이다. 집을 사거나 사업에 필요한 돈을 빌릴 때 손을 벌리는 곳이기도 하다.

어느새 눈앞에 사무실 건물이 보이자 우리 이코노미스트의 머릿속은 오후에 있을 일들로 복잡해진다. 오늘 잉글랜드은행에서는 금리(이자율)를 결정해야 하기 때문이다. 이 결정은 우리의 이코노미스트가 오늘 만났던 모든 사람에게 영향을 준다. 그 결정으로 사람들이 예금한 돈에 이자가 얼마나 더 붙을지, 주택담보대출 이자가 얼마나 더 늘어날지, 다음 휴가 때 환율이 얼마일지 등이 달라질 것이다. 그러나 많은 사람이 이 결정이 어떻게 내려지는지, 그리고 이 결정이 어떤 식으로 자신의 삶에 영향을 주는지 모르고 살아간다.

우리의 이코노미스트는 사무실 입구에 발을 들여놓기 직전,

우연히 고등학교 때 친구를 만났다. 알고 보니 그 친구의 직장도 바로 그 근처에 있었다. 몇 년 만에 만난 두 사람은 날씨 얘기와 간단한 안부를 나누고 우리의 이코노미스트가 하는 일에 관해서도 몇 마디 했다. 친구는 헤어지면서 우리의 이코노미스트에게 질문을 하나 던졌다.

"너네 회사가 중앙은행이라니까 하는 말인데, 중앙은행에서 돈을 그냥 좀 더 찍어내면 안 되는 거야?"

우리의 이코노미스트는 약간 곤란해졌다. 곧바로 대답할 수 없는 질문이기 때문이다. 제법 긴 이야기가 될 수밖에 없으며, 그는 사무실에 들어가자마자 참석해야 하는 회의가 있다. 그래서 자기 대신 누군가가 그 질문에 대해 자세히 설명해주면 얼마나 좋을까 생각했다.

경제학을 알아야 하는 아주 단순한 이유

경제학은 모든 사람의 일상에 영향을 끼친다. 직장을 그만둘지 계속 다닐지, 오늘 기분 좋게 돈을 쓰며 즐길지 아니면 내일을 대비해서 저축할지, 저녁에 외식할지 집에서 냉장고를 털어 먹을지 등의 선택을 할 때마다 우리는 경제적인 의사 결정을 내리는 셈이다. 그리고 무역, 환율, 금리, 정부 지출과 같은 커다란 경제적 변동은 우리 삶의 거의 모든 측면에 영향을 미친다. 그러나 경제학이 실제로 무엇이고 나에게 어떤 의미가 있는지 모르는 사람이 너무도 많다.

경제학은 좁은 의미로 정의하자면 희소성scarcity을 연구하는 학문이다. 토지든 사람이든 시간이든 우리 주변에 있는 자원을 최대한 효율적으로 배분하는 방법을 알아내는 학문이라는 뜻이다. 그러나 넓은 의미의 경제학은 말 그대로 모든 것을 다룬다. 즉 인류가 날마다 내리는 수십억 개의 의사 결정이 누적되어서 나타나는 결과, 그리고 사람들이 이 세상에 있는 온갖 것과 상호작용하는 방식을 다룬다. 우리는 그 사이의 어디쯤에 초점을 맞추어 경제학을 살펴보고자 한다. 진실은 스펙트럼 중간에 있는 법이다.

고대 그리스 시대부터 인류는 조직화라는 렌즈로 세상을 이해하려고 노력해왔다. 경제학이라는 단어 'economics'도 그리스어에서 나왔다. 이 단어는 '가사 관리'라는 뜻으로, '집'을 뜻하는 'eco'와 '계정, 회계'를 뜻하는 'nomos'가 합쳐진 것이다. 물건들을 정리하고 조직화해 사람들의 일상과 연결하는 것이 경제의 핵심이다. 즉 경제학은 사람들이 자기가 가진 시간과 노력과 돈을 지출하는 방식에 관한 공부며 사람들이 서로 그리고 주변 세상과 상호작용 하는 방식에 관한 공부다.

아주 오래전부터 경제학이라는 학문은 자원에 초점을 맞출지, 사회가 작동하는 방식에 집중할지 사이에서 아슬아슬한 줄타기를 해왔다. 아리스토텔레스는 '경제'를 사물들의 조직화라는 의미로 썼지만, 윤리적인 차원에서도 경제를 다뤘다. 그는 사람들 사이에 거래가 이루어지는 적정가격just price을 이야기하면서도 돈 자체를 목적으로 삼는 것은 도덕적으로 옳지 않다고 주장했다. 아리스토텔레스는 경제란 인간이 당연하게 추구하는 것이며, 인간의 선한 본성을 찾는 데 필수적인 부분이라고 생각했다. 그로부터 거의 2000년 뒤에 현대 경제학의 할아버지인 애덤 스미스가 『국부론』을 썼다. 스미스는 사람들이 저마다 자신의 이기심을 따를 때 자원을 효율적으로 사용할 수 있으며, 그래서 모두가 더 잘살게 된다고 주장했다. 그러나 그도 역시 도덕적인 면을 우려했다.[3] 『국부론』을 내기 몇 년 전에 그는 이 책만큼이나 중요하지만 이 책보다는 덜 유명한 『도덕감정론』을 썼는데, 이 책에서는 경제학의 핵심에 놓인 윤리적이고 사회적인 질문을 다뤘다.

경제학을 둘러싸고 서로 충돌하는 두 가지 전망(자원 배분에 초점을 맞추는 차원과, 사회가 어떻게 돌아가는지 이해하려는 한층 더 넓은 차원)을 놓고 경제학자들은 오랜 세월 논의를 해왔다. 영향력 있는 20세기 사상가 존 메이너드 케인스는 "경제학자라면⋯인간 본성과 인간이 만든 제도에 관심을 두어야 한다"라고 말했다.[4] 케임브리지대학교의 경제학자 다이앤 코일Diane Coyle도 경제학의 바탕은 도덕이며, 경제정책을 수립할 때는 특히 더 그렇다고 했다.[5]

경제학이 이렇게 폭넓은 분야에 관심을 두는 이유는, 경제가 진공상태에서 작동하지 않기 때문이다. 우리가 가진 여러 자원을 '가장 효율적으로' 사용하려고 이루어지는 의사 결정마다 가치판단이 개입한다. 즉 그 의사 결정은 우리가 어떤 사회를 지향하느냐에 따라서 달라진다. 경제학을 알면 그 의사 결정과 관련된 정보를 알 수 있다. 경제학은 본질적으로 광범위한 정치적·사회적 문제와 연결되어 있다. 간단히 말하자면, 경제학은 '사회적인 과학'이다.

경제학의 역사를 살펴보면 경제학의 '과학' 부분에 집중한 경제학자들은 만날 수 있다. 이 길을 연 것은 케인스를 지도했던 앨프리드 마셜Alfred Marshall인데, 그는 19세기 후반에 여러 가지 경제법칙을 발견해낸 경제학자다. 마셜은 경제학이 한층 더 과학적이 되기를 바랐으며 철학적·도덕적 논쟁에서 벗어나기를 바랐다.[6] 그 뒤로 경제학자들은 온갖 방정식으로 가득한 수학모델을 만들어내는 데 몰두하기 시작했다. 이 모델들로 사람들이 의사 결정을 내리고 또 서로 상호작용하는 방식을 규명할 수 있다는 것이었으며, 그런 시도는 심리학이나 사회학보다는 물리학에 가까웠다. 어떤 데서는 경제학이 말 그대로 로켓 과학이 되기도 했다. 탄도 발사체의 항법 시스템에 사용된 모델링 기법들까지도 경제학에 차용했던 것이다.[7] 그러나 마셜은 경제학에서 수학은 기껏해야 도구에 지나지 않는다는 견해를 갖고 있었다. 그는 경제학에 수학을 최소한으로 사용해야 한다고 했는데, 수학이 경제학을 연구하는 데 방해가 될 수 있다고 생각했기 때문이다. 그럼에도 그가 물꼬를 튼 '경제학의 형식화 formalisation'는 경제학계를 압도했고, 약 100년 동안 경제학의 표준이 되었다.

그러나 최근에는 경제학이 한층 더 넓어지고 다양해졌다. 행동

경제학behavioural economics 같은 분야는 다른 여러 학문과 연결되어서, 인간은 이성적이거나 합리적이지 않으므로 인간이 하는 경제행위를 이해하려면 인간의 마음을 알아야 한다고 지적한다. 오늘날의 경제학은 사회학과 심리학, 심지어 생물학에서 비롯된 개념을 끌어들이면서 한층 더 포용적인 견해를 갖게 되었다. 마셜이 추구했던 과학적 엄정함과 아리스토텔레스와 스미스가 추구했던 다원론적 윤리를 결합한 셈이다.

그렇다면 오늘날 경제학은 어디쯤 있을까? 현대 경제학은 다양한 분야에 걸쳐 있어 금융시장뿐만 아니라 빈곤, 생태계, 웰빙, 행복까지도 연구하고 있다. 경제학은 사람들이 어떻게 그리고 왜 일하는지, 사람들이 무엇을 만들고 소비하는지, 사람들은 어떻게 소통하는지, 우리 주변에 있는 천연자원을 어떻게 해야 할지 등을 다룬다.

지금 꼭 필요한 경제 문해력

경제학은 중요하다. 경제학은 어두컴컴한 방에서 숫자를 분석하는 음침한 경제학자들에게만 중요한 게 아니다. 경제학은 나와 내 주위 사람 모두에게 중요하다. 우리가 살아가면서 내리는 중요한 의사 결정은 대부분 경제학과 관련 있다. 부유한 나라에서 태어나든 가난한 나라에서 태어나든 사람이 누리는 생활은 여러 경제적인 요인에 따라서 결정된다. 경제성장과 그 결과로 나타난 기후변화 역시 경제학과 관련 있다. 또한 경제학은 점점 심각해지는 기후비상사태기후변화climate change라는 문제의식은 기후위기climate crisis를 거쳐 기후비상사태climate emergency 개념으로 확대되었다 - 옮긴이를 해결할 방법을 찾는 데도 도움을 줄 것이다. 우리가 가진 유한한 자원을 효율적이고 지속 가능한 방식으로 사용할 수 있게 해주기 때문이다.[8]

하지만 지구 전체나 인류와 관계된 거대한 문제가 아니라 가족 혹은 개인 차원에서 일어나는 더 일상적인 문제들도 있다. 내 월급을 결정하는 것은 무엇이며, 매달 돈을 얼마나 쓰는 게 적절할까? 지금 돈을 쓰는 것과 미래를 위해 저축하는 것 중에 무엇을 선택해야 할까? 경제학의 도움을 받으면 한층 더 나은 결정을 내릴 수 있다. 경제를 이해하는 것은 내 삶의 다양한 영역에 큰 영향을 미친다는 뜻이다. 경제학은 우리를 더 행복하고 더 건강하며 더 부유하게 만들어줄 수 있다. 기대 수명 연장, 정신적인 행복 향상, 생애 소득 증가 등이 모두 경제 문해력이 가져다주는 이점이다.

그러나 인식과 실천 사이에는 괴리가 있다. 사람들은 경제를 알아야 한다는 것도 알고, 경제에 대해서 알고 싶어 하지만, 경제를 공부하는 건 쉽지 않다. 2020년에 이루어진 연구에 따르면, 평균에 속하는 많은 사람이 실업률과 인플레이션율 같은 기본적인 경제지표가 어떻게 나오는지 제대로 알지 못하며, 여러 가지 오해도 하고 있었다.[9] 조지워싱턴대학교의 글로벌금융문해력우수센터GFLEC의 연구에 따르면, 전 세계 인구의 3분의 1만이 기본적인 금융 문해력을 갖고 있으며, 이런 상황은 금융 수용성financial inclusion개인과 기업이 필요로 하는 금융 상품과 서비스에 접근할 수 있는 기회 - 옮긴이 저하 같은 부정적인 결과로 이어졌다.[10] 많은 언론과 경제 기관 심지어 정치인까지도 경제에 관해 열심히 설명하려고 하지만 '경제는 내가 다가갈 수 있는 분야가 아니야'라고 생각하는 사람이 많았다.[11]

이 문제에 경제학자들은 별로 도움이 되지 않았다. 그들은 흔히 복잡한 수학 공식들로 도배되어서 기괴하게 보이는 온갖 추상적인 모델을 동원하는 바람에 사람들을 경제학과 더욱 멀어지게 했다. 다른 사람들과 소통하는 일에 적극적이지도 않았다.

이런 점을 두고 우리 잉글랜드은행 임직원은 종종 죄책감을 느꼈다. 잉글랜드은행은 "공익과 시민 개개인의 편익을 높인다"는 목적으로 설립되었기 때문이다.[12] 이것이야말로 잉글랜드은행과 같은 중앙은행의 가장 핵심적인 목적이라 할 수 있다.

그러나 잉글랜드은행이 지금까지 걸어온 역사를 살펴보면, 영국 경제에 중요한 역할을 하면서도 시민의 경제적 삶과는 거리가 멀었다. 1920~1944년 잉글랜드은행 총재였던 몬터규 노먼Montagu Norman은 "누구에게든 사과하지도 설명하지도 말아야 한다"라고 말했는데,[13] 일반 시민도 경제에 대한 이해가 필요한 오늘날에는 썩 유용한 말은 아니라는 생각이 든다. 한편 시티오브런던의 몇몇 사람들은 잉글랜드은행 총재의 눈썹 모양만 봐도 경제에 어떤 일이 일어날지 예측할 수 있다고 주장한다. 이래서는 중앙은행의 가장 중요한 임무를 달성하지 못한다. 300년이나 된 우리의 목표를 효과적으로 달성하려면 총재의 눈썹을 바라보기만 할 게 아니라 우리가 봉사하기로 한 사람들에게 필요한 것을 상황에 맞게 설명해줘야 한다.

그래서 최근 몇 년 동안 우리는 사람들에게 경제정책을 포함해 경제에 대해 설명하려고 노력해왔다. 홈페이지에 다양한 자료를 올리고, 어린이 만화 잡지 《베아노Beano》와 손을 잡고 어린이에게(그리고 일부 성인에게도) 유익한 경제 상식을 알려주기도 했으며, 학교에서 활용할 수 있는 프로그램을 개발하기도 했다. 요새는 영국 전역을 순회하면서 포럼을 개최하고 있다. 중앙은행이라는 울타리를 벗어나 평범한 사람들이 현실에서 실제로 겪는 경제 경험을 파악하고, 그들에게 영향을 미치는 경제 요인들을 설명하려는 시도다.[14]

이 책도 그런 노력의 결과로 나온 것이다. 우리는 독자들을 둘러싼 세상을 구성하는 핵심적인 경제 개념을 파악하도록 안내하려고 한다. 각각의 장은 우리가 잉글랜드은행에 취직한 뒤 친구나 가족에게 흔히 받는 질문들을 선별해서 다루었다. 예컨대 우리가 입는 옷은 왜 모두 '메이드 인 차이나'인지부터 암호화폐는 과연 화폐인지에 이르기까지 다양한 질문에 답하려고 한다.

우리는 이른바 미시경제학microeconomics, 즉 개인과 기업이 내리는 의사 결정과 관련된 경제 현상 이야기부터 시작하고자 한다. 시장이 무엇이며 또 시장에서 상품의 가격은 어떻게 결정되는지 알 수 있을 것이다. 시장이 제대로 작동하지 않는 원인을 다루면서 독점부터 기후변화에 이르는 다양한 문제도 살펴볼 것이다. 독자들은 연봉을 높이는 궁극적인 방법부터 인구가 줄어든다는데 왜 실업이 사라지지 않는지도 알게 될 것이다.

그다음에는 경제학자들이 거시경제학macroeconomics이라고 부르는 것, 즉 개인과 기업이 내리는 의사 결정의 총체적인 합을 보는 관점, 다시 말해서 경제를 하나의 통합적인 체계로 바라보는 관점을 다루겠다. 우선 경제성장에 대해서 알아볼 것이다. 천연자원, 사람, 기계, 노하우 등이 어떻게 경제적 산출economic output(생산량)을 창출하는지, 그로 인해서 우리의 생활수준이 어떻게 개선되는지 알아보려고 한다. 또 무역은 왜 하게 되었는지, 과연 우리가 무역을 통해 더 잘 살게 되었는지 알아볼 것이다. 돈의 가치가 점점 줄어드는 인플레이션(물가 상승)을 살펴보고, 이것이 항상 나쁘지만은 않다는 것도 확인할 것이다.

그리고는 사람들의 지갑 속에 들어 있는 '돈'을 살펴볼 것이다. 돈은 단순한 종이나 금속, 플라스틱 조각이 아니다. 돈은 사회적 신뢰 체계이며 인류 역사에서 가장 오래된 제도로 꼽힌다. 덧붙여 중앙은행을 포함한 은행들이 경제에서 어떤 역할을 하는지도 소개하려 한다.

그러나 모든 일이 늘 순탄하게 진행되지는 않는데, 경제도 마찬가지다. 그래서 9장에서는 경제 위기가 왜 일어나는지 알아보려고 한다. 10장에서는 경제 위기에 빠졌을 때 중앙은행과 정부가 동원하는 도구에는 어떤 것들이 있는지 알아볼 것이다. 책의 맨 뒤에는, 경제에 관해 사람들이 가장 많이 하는 질문 51가지를 정리해서 실었다.

이 책이 이렇게나 많은 질문에 제대로 답을 할 수 있을지 의문이 든다고 해도 이해한다. 하지만 크게 염려하지 않아도 된다. 우리 저자들은 수십 년 동안 복잡한 경제학을 연구해왔으며, 우리가 배운 것들을 브렉시트부터 코로나19 팬데믹에 이르기까지 크고 작은 사건들에 적용해왔다.[15] 이 책은 저자로 이름이 적힌 우리 두 사람만의 작품이 아니다. 이 책 각 장에 담긴 내용 하나하나는 잉글랜드은행에서 일하는 경제 전문가 수십 명의 지식을 모은 것이다. 이 책의 모든 장은 잉글랜드은행의 정책 입안자들과 협의를 거쳐 완성했으며 인플레이션, 성장, 실업, 통화정책 등의 내용은 각 분야 전문가들의 의견과 검증을 받았다. 그렇기에 독자들이 이 책을 신뢰해도 된다고 자부한다.

우리는 독자들이 이 책을 다 읽었을 때 자신이 속한 세상을 한층 더 잘 이해하게 되길 바란다. 당신은 술자리에서 인플레이션이나 금리 이야기가 나올 때 자신 있게 대화에 낄 수 있게 되고, 연봉 협상할 때 상사나 사장에게 연봉을 올려야 하는 이유를 정확하게 설명할 수 있게 될 것이다. 또한 기후변화나 GDP 같은 중요한 문제를 놓고 하고 싶은 말을 분명히 할 수 있게 될 것이다.

경제학이 이 세상의 전부는 아니다. 그러나 거의 전부라고 할 수 있다. 더 많은 사람이 경제학을 알게 된다면 우리가 사는 세상은 조금 더 나아질 것이다.

루팔 파텔, 잭 미닝(잉글랜드은행 이코노미스트)

내가 먹는 아침 메뉴는
누가 정하는 걸까?

수요와 공급,

시장이 (가끔씩) 보여주는 마법,

그리고 픽앤믹스가 사라진 이유에 대해서

Q. 내가 내리는 결정은 경제에 어떤 영향을 미칠까?

Q. 수요의 법칙이란 무엇일까?

Q. 어떤 물건의 가격이 변하면 다른 물건의 가격은 어떻게 될까?

Q. 우리가 누리는 재화와 서비스는 어디에서 올까?

Q. 공급의 법칙이란 무엇일까?

Q. 시장이란 무엇일까?

토요일 아침, 당신은 친구들과 만나서 늦은 아침을 먹기로 했다. 그런데 뭘 먹어야 할까? 동네 식당에서 엄청나게 싼 튀김을 먹을 수도 있고, 제빵 체인점에서 아침 메뉴로 파는 롤빵을 먹을 수도 있다. 아니면 세련된 브런치 식당에 가서 밀레니얼 세대의 취향에 맞춘, 으깬 아보카도를 얹은 토스트를 먹을 수도 있다.

튀김, 롤빵, 아보카도 토스트… 이 수많은 선택지가 어떻게 내 앞에 놓이게 된 걸까? 그것도 아침을 먹고 싶은 그 순간에 적절한 가격으로 말이다. '경제'가 뭘 어떻게 했길래 이게 가능한 걸까?

이것이야말로 가장 근본적인 경제학 질문이라고 할 수 있다. 자원을 필요한 사람에게 제때 전달하려면 어떻게 해야 할까? 이 질문에 대한 답은 시장에 있다. 즉 개인과 기업 사이에 이루어지는 상호작용, 그리고 그들이 재화와 서비스를 제공하기 위해 작동하는 방식에 달려 있다.

그리고 이 모든 것의 중심에 당신이 있다. 그리고 당신이 아침 메뉴로 고른 튀김이나 롤빵이나 아보카도 토스트가 있다. 우리 각 개인도 경제를 구성하는 필수 요소로, 경제의 한 부분이다. 만약 내가 오늘 먹은 아침이 어디에서 왔는지 알고 싶다면, 우리에게 주어진 선택지들에 관한 '선택의 경제학'부터 이야기를 풀어나가야 한다.

결정 내리기가 어려운 당신에게, 경제학을 추천합니다

우리는 매일 수많은 결정을 내린다. 수백 개까지는 아니라도, 적어도 수십 개의 결정은 할 것이다. "아침으로 베이글을 사서 먹을까, 아니면 집에서 먹고 나올까?" "버스를 탈까, 아니면 택시를 탈까?" 이런 사소한 결정도 있다. 물론 더 심각하고 중요한 결정도 있다. "이 회사를 때려치울까?" "남은 돈은 저금할까, 아니면 아보카도 토스트나 사 먹을까?"[1]

그런데 우리는 왜 이렇게 많은 결정을 내려야 할까? 답은 간단하다. 우리가 사는 이 세상에서는 모든 걸 다 가질 수 없기 때문이다. 우리는 날마다 수많은 제약 앞에서 욕망을 억눌러야 한다. 이 제약은 우리가 쓸 수 있는 돈, 즉 예산과 관련된 제약일 수도 있고 물질적인 제약, 즉 자원과 관련된 제약일 수도 있다. 또는 하고 싶은 걸 다 하기엔 시간이 부족해서 생기는, 시간과 관련된 제약일 수도 있다.

의사 결정은 매우 복잡한 방식으로 이루어진다. 평범한 노동자인 우리가 날마다 맞닥뜨리는 의사 결정을 놓고 생각해보자. 당신은 일과 여가 가운데 무엇을 더 중요하게 생각하는가? 일을 많이 하면 더 많은 돈을 벌 수 있고, 더 많은 물건을 살 수 있다. 그러나 그럴수록 여가 시간은 점점 줄어든다. 더 많은 시간을 일할수록, 노동의 성과를 즐길 시간은 그만큼 줄어든다.

이번에는 소비자로서 맞닥뜨리는 의사 결정을 생각해보자. 가진 돈을 몽땅 써버릴까, 아니면 만일의 경우를 대비해서 저축할까? 저축한다면 얼마나 할까? 있는 돈을 저축하지 않고 다 써버리기로 했다고 하자. 그 돈으로 빨간색 원피스를 살까, 아니면 파란색 원피스를 살까? 땅콩버터를 살까, 초콜릿을 살까? 코카콜라를 살까, 펩시콜라를 살까? 튀김을 먹을까, 아보카도 토스트를 먹을까? 선택에 따라서 일을 더 해야 할 수도 있고, 심지어 직장이나 직업을 바꿔야 할 수도 있다.

이런 결정들이 실제로 어떻게 이루어지는지 알아보기 위해 2009년으로 돌아가보자. 2009년 2월 21일, 그날은 100년 동안 이어졌던 한 시대가 끝나는 날이었다. 울워스 픽앤믹스가 사라졌기 때문이다. 용돈을 모아 울워스에서 온갖 종류의 사탕과 젤리, 초콜릿을 골라 담던 사람들에게 그날은 정말 슬픈 날이었다. 지난 100년 동안 울워스의 픽앤믹스는 아이들에게 환상의 나라이자 실존하는 낙원이었다. 우리는 콜라 모양 젤리, 색색의 젤리빈, 동전 모양 초콜릿 등 온갖 사탕과 초콜릿을 종이봉투에 담으며 마치 영화 〈찰리와 초콜릿 공장〉에 나오는 윌리 웡카의 초

픽앤믹스는 울워스의 가장 유명한 제품 라인으로 고객이 각종 초콜릿과 사탕, 젤리가 담긴 통에서 원하는 것을 골라서 종이봉투에 담는 코너였다. 잘나가던 소매 유통업체였던 울워스는 소비 지형이 바뀌면서 2009년 문을 닫았다.

콜릿 공장에 들어온 것처럼 설레곤 했다.

온갖 사탕과 초콜릿이 넘쳐나던 그곳은 소비자 행동의 완벽한 예시를 보여주는 곳이기도 했다. 용돈을 아무리 많이 받았어도 원하는 걸 다 살 수는 없었다. 예산 내에서 최적의 선택을 해야 했다. 그리고 우리는 각자 취향이 있었다. 그래서 어떤 사람은 콜라 모양 젤리를 쓸어 담았고, 어떤 사람은 건포도가 들어간 초콜릿을 잔뜩 샀다.

쓸 수 있는 돈이 한정되어 있다는 것을 알기에 절충trade-off을 받아들였다. 픽앤믹스의 가격은 사탕과 초콜릿을 담은 종이봉투의 무게로 계산되었다. 그래서 왕사탕 하나를 선택할 것인지 아니면 작은 사탕 세 개를 선택할 것인지 결정해야 했다. 만약 종이봉투에 담은 것에 비해 용돈이 부족하다면, 종이봉투에서 무언가를 꺼내놓아야 했다. 이렇게 뭔가를 포기해야 할 때, 아마도 우리는 종이봉투에 딱 하나 들어 있는 사탕보다는 스무 개 넘게 들어 있는 사탕 중에 몇 개를 빼는 선택을 할 것이다. 픽앤믹스에서 우리는 무의식적으로 선호를 바탕으로 절충을 하고 있었다.

사람들은 날마다 자기의 선호와 현실적인 제약을 비교하며 내가 가진 시간과 노력을 어디에 쓸지 결정한다. 이런 결정을 내릴 때 따르는 기본적인 원리는 무엇일까? 경제학자들은 소비자가 내리는 의사 결정은 자기가 가진 자원을 최대한 활용하려는 노력에서 비롯된다고 본다. 즉, 효용utility을 추구하는 것이다. 효용은 무언가를 하거나 소비함으로써 얻는 즐거움이나 만족 또는 편익이라고 정의한다. 그것은 내 마음에 꼭 드는 새 티셔츠일 수도 있고, 햄버거를 먹고 난 뒤의 포만감일 수도 있다. 경제학에 따르면 사람들은 효용이 극대화되기를 바란다. 우리가 픽앤믹스 종이봉투를 채울 때마다 고심했던 바로 그것이다. 우리는 최고의 만족을 줄 사탕과 초콜릿과 젤리의 조합을 찾아내려 애썼다.

사람들은 자신이 가진 자원으로 최대한의 효용을 누리길 바란다. 이를 효용극대화utility maximization라고 한다. 예를 들면 픽앤믹스에서 가장 만족감 높은 조합으로 종이봉투를 채우는 것, 같은 일을 한다면 급여가 높은 회사에서 일하는 것 등을 들 수 있다. 그런데 어떤 사람들은 다른 일을 하면 더 많은 돈을 벌 수 있는데도 그보다 적게 버는 일자리를 선택한다. 왜 그럴까? 그건 직장에서 얻는 효용이 급여에만 달려 있는 게 아니기 때문이다. 물론 돈도 효용의 일부지만 다른 것들도 있다. 예컨대 일에서 느끼는 즐거움, 그 일을 하면서 충족되는 자존감 등도 효용에 포함된다. 다양한 요소를 고려해야 그 사람이 일자리에서 얻는 효용을 따져볼 수 있다. 모든 개인은 이처럼 일련의 절충을 통해서 자기가 얻는 총효용을 극대화하고자 한다.

이는 사람들이 '비용이 얼마나 드는지' 생각한다는 뜻이기도 하다. 비용은 여러 형태를 띤다. 대표적인 것이 금전적인 비용(가격)이다. 사람들은 비용 대비 최대한의 효용을 얻으려고 하며, 그럴수록 기꺼이 대가를 지불한다.

하지만 비용에는 금전적인 비용만 있는 게 아니다. 경제학자들은 비용을 폭넓게 생각한다. 기회비용opportunity cost이라는 말이 그래서 나왔다. 어떤 것에 들어가는 비용은 단지 그것을 살 때 지불하는 것만이 아니라, 그 선택을 하면서 포기한 다른 선택까지 포함된다는 것이다. 예를 들어보자. 미용실에 가서 머리를 하면 집에서 직접 하는 것보다 돈이 많이 든다. 그러나 당신이 직접 머리를 손질하는데 쓰는 시간도 생각해야 한다. 아마도 직접 머리를 손질하면 숙련된 미용사보다 훨씬 시간이 오래 걸릴 것이다. 그 시간을 다른 일을 하는 데 쓸 수 있다. 즉, 당신이 머리를 직접 손질하면 그 시간에 할 수 있는 다른 일을 못하게 되는 것이다. 최선을 다했지만, 당신이 직접 한 헤어스타일이 엉망이었고, 그래서 취업 면접에서 면접관에게 나쁜 인상을 주었다고 해보자. 직접 머리를 손질하지 않았다면 잡을 수 있었던 일자리를 놓쳤다면, 엄청난 기회비용을 치른 셈이 된다.

저널리스트이자 작가인 팀 하포드Tim Harford는 기회비용의 관점에서 생각하면 의사 결정의 질을 높일 수 있다고 설명한다.

하포드의 제언은 특히 거절을 잘 하지 못하는 사람에게 유용하다.[2] 간단히 말하면, 자기 앞에 놓인 선택을 뒤집어보라는 것이다. '예'라고 대답할지 고민하는 대신에 '아니오'라고 대답할 구실을 찾아보라는 것이다. 야근을 하겠다고 동의하는 것은 사랑스러운 딸에게 동화책을 읽어주지 않겠다는 것에 동의한다는 뜻이다. 밤늦게까지 술을 마시는 것에 동의한다는 것은 아침 일찍 일어나서 조깅을 한 다음에 맑은 정신으로 일하는 데 동의하지 않겠다는 뜻이다.

기회비용은 모든 경제 영역에 적용된다. 사람들이 종종 값싼 물건을 찾다가 허위 절약false economy**얼핏 보면 절약하는 것 같지만 실제로는 지출을 더 많이 하는 것-옮긴이**을 하거나, 더 저렴한 대체품이 있지만 '제값을 하는' 물건을 사려고 돈을 더 쓰는 것은 모두 기회비용으로 생각해볼 수 있다. 대학교에 진학하거나 하지 않는 것부터 이직 결정까지 기회비용은 이 책의 전반에 걸쳐 계속 이야기할 주제다.

결정하는 게 어려운 경제적 이유

모든 선택과 절충의 결과, 당신은 자신이 무엇을 얼마나 원하는지, 즉 각각에 대한 당신의 요구(수요)가 얼마나 큰지 결정하게 된다. 당신이 아침 메뉴로 무엇을 먹을지, 혹은 아침을 거를지를 결정할 때마다 수요를 실천하는 셈이다. 수요는 경제를 구성하는 기본 요소다. 경제학에는 이름도 참 밍밍하기 짝이 없는 수요의 법칙law of demand이라는 규칙이 있다.

수요의 법칙은 아주 보편적이다. 간단히 말하면, 어떤 것이 비쌀수록 사람들이 덜 원하게 되고, 쌀수록 더 원하게 된다는 것이다. 기업들이 재고가 너무 많이 쌓여서 제품을 빨리 처분해야 할 때 할인을 해서 가격을 내리는 것도 바로 이 때문이다. 수요의 법칙은 경험적으로도 알 수 있지만, 데이터와 이론 연구를 통해서도 입증되었다.

술집의 '해피 아워'를 예로 들어보자. 해피 아워는 보통 늦은 오후에 시작된다. 아직 술을 마시기는 이른 시간이다. 하지만 영국의 통계를 보면 술 판매량의 60퍼센트 이상이 해피 아워 때 나온다고 한다.[3] 왜 그럴까? 같은 술이고, 술꾼들의 술에 대한 선호도 변하지 않는다. 달라진 것은 가격뿐이다. 해피 아워 때는 술값이 싸고, 술값이 싸면 사람들은 술을 더 많이 마시게 된다. 같은 아마존 에코닷인공지능 스피커-옮긴이인데도 할인가로 판매하는 프라임데이 때의 판매량이 다른 날보다 훨씬 많은 것도 같은 이유다.

경제학자들은 이 현상을 두 가지 요소로 나누어 본다. 첫째, 가격이 낮으면 같은 제품을 더 많이 살 수 있다. 저렴한 가격으로 물건을 산 소비자는 상대적으로 더 부유해지는 셈이다. 1만 원으로 맥주를 두 잔이 아니라 세 잔 살 수 있다.[4] 이것을 소득효과income effect라고 한다. 둘째, 가격이 저렴해지면 그 물건의 매력이 올라간다. 사람들은 저렴한 물건을 선호한다. 해피 아워 사례를 놓고 보자. 할인된 맥주와 할인에서 제외된 맥주가 있다면, 자연히 할인된 맥주를 마시게 될 것이다. 할인을 받으려고 해피 아워 시간에 맞춰 술집에 들어가는 것은 물론이다. 해피 아워 이용자들이 원하는 것은 '미래의 비싼 술' 대신 '현재의 싼 술'을 마시는 것이다. 이렇게 상대적으로 저렴한 제품으로 쏠리는 현상을 대체 효과substitution effect라고 부른다.

수요의 법칙은 제품에 따라 달라진다. 어떤 상품은 가격이 아주 조금만 바뀌어도 수요가 크게 변한다. 그러나 어떤 상품은 가격이 크게 바뀌어도 수요는 거의 변동이 없다. 가격 변화에 따라 구매 욕구가 민감하게 변하는 정도를 수요의 가격탄력성 price elasticity of demand이라고 한다.

비닐봉지를 예로 들어보자. 2010년 영국에서는 그동안 무료로 제공하던 비닐봉지에 5펜스(약 90원)의 값을 매겼다. 일회용품 사용을 줄이자는 취지였다. 5펜스는 큰돈은 아니었지만, 비닐봉지 사용량은 90퍼센트나 줄어들었다.[5]

반면 가격이 크게 올라도 수요는 잘 변하지 않는 것도 있다. 어떤 기생충이 당신의 뇌 속으로 들어가서 눈을 멀게 하고 몸을 마비시키며 목숨을 앗아갈지도 모른다고 상상해보자. 그런데 다행히 이 기생충을 안전하게 없앨 수 있는 약이 있다. 당신은 이 약에 얼마를 지불할 의향이 있는가? 아마 큰돈도 선뜻 내놓을 것이다. 적어도 튜링제약의 전 CEO 마틴 슈크렐리는 그렇게 판단했다. '미국인이 가장 혐오하는 미국인'으로 꼽히기도 한 슈크렐리는 톡소플라즈마증 치료제인 다라프림의 가격을 13달러에서 750달러로 올렸다.[6] 슈크렐리는 다라프림이 필요한 사람은 아무리 비싸도 살 수밖에 없으니 수요가 가격 변동에 그다지 민감하지 않다고 믿었던 것이다. 그러나 이것은 오판이었다. 대중이 거세게 반발했으며, 몇 년 사이 저렴한 다른 약이 개발되는 바람에 다라프림의 매출은 뚝 떨어졌다.

그러나 가격이 올라도 수요가 줄어들지 않는, 덜 극단전인 사례들도 있다. 예를 들면 휘발유 가격이 어느 정도 오른다고 해도 자가용으로 출퇴근하는 사람이 크게 줄어들지는 않을 것이다. 이런 비탄력적인 수요는 특히 담배처럼 중독성 있는 상품에서 나타난다. 담배를 끊어본 사람이라면, 금연을 시도한 지 얼마 안되어서 금단증상이 폭발할 때 담배 한 개비에 얼마를 제시하든 그 돈을 지불할 용의가 있다는 것을 잘 알 것이다. 그래서 담배는 가격을 올려도 수요가 크게 줄어들지 않는다. 2013년에 이루어졌던 한 연구에 따르면 담배 가격이 1퍼센트 오를 때마다 담배 수요는 1퍼센트의 3분의 1밖에 줄지 않았다.[7] 20개들이 담배한 갑의 가격이 평균 10퍼센트 상승할 때, 즉 한 갑당 약 약 1파운드 늘어날 때 수요는 3퍼센트(담배 한 개비 미만) 줄어들었다는 뜻이다.

소비자, 수요에 관해

그러나 수요의 법칙이 전부가 아니다. 가격과 관련 없는 요인으로 수요가 증가하거나 감소하기도 한다. 이번에도 흡연이 좋은 사례다. 미국에서는 1960년대 중반에 담배 수요가 절정에 달했다. 1963년에는 미국 성인 인구의 약 40퍼센트가 담배를 피웠는데, 거의 모든 성인이 하루에 반 갑을 피운 셈이다.[8] 그때는 흡연이 멋진 행동이었다. 그 시대의 유명 인사들은 담배를 공개적으로 많이 피웠다. 영화배우 존 웨인은 그가 출연한 모든 서부극에서 담배를 입에 물고 있었다. 랫팩1960년대 샌즈 호텔의 나이트클럽인 코파룸에서 활동했던 다섯 명의 연예인-옮긴이 가운데 프랭크 시나트라, 새미 데이비스 주니어, 딘 마틴도 줄담배를 피웠다. 당연히 담배 수요가 많았다.

하지만 1960년대 이후 흡연이 건강에 나쁘다는 사실이 널리 알려졌다. 흡연의 부정적인 면을 강조하는 캠페인 덕에 흡연에 대한 인식이 바뀌었다. 아직도 흡연을 쿨하게 여기는 사람들이 있긴 하지만, 흡연에 대한 전반적인 인식은 예전과 많이 달라졌다. 11세에서 15세 사이 영국 청소년을 대상으로 한 최근의 조사에 따르면, 19퍼센트가 적어도 한 번은 담배를 피웠다고 했다. 놀라운 수치긴 하지만, 30년 전에는 이 수치가 50퍼센트에 육박했었다. 이런 추세는 상습적인 흡연자에게서도 비슷하게 나타나는데, 30년 전에는 10퍼센트이던 청소년 상습 흡연자가 2016년에는 3퍼센트로 줄어들었다.[9] 취향과 유행이 변하면서 담배에 대한 수요는 지속적으로 줄어들고 있다. 영국에서는 2011년에서 2018년 사이 담배 수요가 25퍼센트 감소하여, 담배 소비는 거의 250억 개비 줄어들었다.[10]

이 모든 사실은 가격이 전부가 아님을 보여준다.[11] 취향과 유행 그리고 선호의 변화는 수요를 변화시킨다. 예를 들어서 유명인이 사용하는 제품은 수요가 늘어나고 SNS에서 악평을 받은 제품은 수요가 줄어든다. 또한 사람들이 자기의 소비로 인해서 나타나는 윤리적·환경적 영향에 더 신경 쓰게 되면서, 비윤리적이거나 환경에 유해한 제품의 수요는 줄어들고 있다.

소득 또한 수요에 영향을 미친다. 소득이 늘어나면, 예전에는 너무 비싸서 사지 않았던 물건이나 서비스도 구입하게 되면서 자연히 지출이 늘어난다. 상대적인 수요도 증가한다. 국가가 부유해짐에 따라, 사람들은 절대적인 기준에서뿐만 아니라 소득에서 차지하는 비율 기준으로도 고기를 더 많이 소비하는 경향을 보인다. 1961년 중국의 1인당 연간 고기 소비량은 4킬로그램이었다.[12] 그런데 지금은 1인당 고기 소비량이 63킬로그램에 육박한다. 절대적인 소비량도 늘었지만 소득 가운데서 차지하는 소비 비율로 따져도 과거보다 훨씬 많은 양이며, 미국이나 영국 같은 나라의 비율에 육박하는 수준이다.[13]

마지막으로, 수요는 해당 제품과 무관한 요인으로 인해 변화하기도 한다. 세계에서 가장 인기 있는 탄산음료를 놓고 생각해보자. 코카콜라의 가격이 오르면, 펩시콜라의 수요는 어떻게 변할까? 충성심 높은 일부 소비자들은 죽어도 코카콜라를 고집할 것이다. 무엇도 이 사람들의 선택을 바꿀 수 없다. 그러나 많은 소비자는 잽싸게 펩시콜라로 갈아탈 것이다. 코카콜라와 펩시콜라는 대체재인데, 하나의 가격이 오르면 사람들은 다른 것을 선택할 수 있다. 이처럼 하나의 가격이 다른 것의 수요에 영향을 미치는 것을 교차탄력성cross-elasticity이라고 한다.

코카콜라와 펩시콜라의 경우 교차탄력성은 양수다. 하나의 가격이 올라가면 다른 것의 수요가 늘어난다는 뜻이다. 그러나 교차탄력성이 음수로 나타나는 경우도 있다. 하나의 가격이 오르면 다른 것의 수요도 줄어든다는 말이다. 엑스박스의 가격이 오를 때 엑스박스 게임 수요가 어떻게 되는지, 도넛을 먹을 때 커피를 꼭 함께 마셔야 한다는 영국에서라면 도넛 가격이 오를 때 커피 수요가 어떻게 되는지 생각해보라. 이런 것들은 보완재라고 부른다. 하나에 대한 소비가 다른 것의 소비로도 연결되어서, 하나의 가격이 올라서 덜 사게 되면, 다른 것도 덩달아 덜 사게 되는 것이다.

그러나 이 모든 경우에도 수요의 법칙은 여전히 유효하다고 말할 수 있다. 아무리 잘 나가는 인플루언서가 광고하는 제품이라고 하더라도, 너무 비싸면 사람들은 다른 제품을 찾을 것이다. 아무리 월급을 많이 받는 사람이라고 하더라도 동일한 자동차 두 대 중 하나를 선택하라고 하면 가격이 싼 쪽을 택할 것이다. 코카콜라의 가격이 오르면 사람들은 코카콜라 대신에 펩시콜라를 산다. 수요는 가격에 영향을 받는데, 사람들은 보통 가격이 낮은 쪽을 원한다.

그러나 수요의 법칙이 항상 유효한 것은 아니다. 때로 사람들은 가격이 비쌀수록 더 많이 원하기도 한다. 이런 일이 일어나는 한 가지 이유로는 과시욕을 들 수 있다. 당신이 데이트를 하러 고급 식당에 갔다고 해보자. 데이트 상대자가 맞은편에 앉아있고, 웨이터가 당신에게 다가와서 와인 목록을 내밀면서 무엇을 주문할지 묻는다. 그럼 당신은 포도 품종, 빈티지, 생산지를 꼼꼼히 따져 주문할 음식과 완벽하게 어울리는 와인을 고를 수도 있겠지만… 아마도 적당히 두 번째로 싼 와인을 고를 것이다. 의외로 21퍼센트에 달하는 사람이 상대방에게 좀생이처럼 보이고 싶지 않는 한편 와인에 대해 잘 모르거나 거기에 별로 신경을 쓰지 않아서 이런 선택을 한다.[14] 이 경우에 수요의 법칙은 빗나가고 만다. 만일 두 번째로 싼 와인이 가장 싼 와인보다 더 싸진다면 오히려 사람들이 덜 찾게 될 것이다. 여기에서는 가격이 비쌀수록 수요가 늘어나는 효과가 작동한다.

두 번째로 싼 와인을 주문하는 것은 사치스러운 선택은 아니다. 그러나 이것과 동일한 원리가 스포츠카부터 명품에 이르는 다양한 사치품에 적용된다. 사람들은 비싼 것을 살 때 주변에 보내는 신호를 소중하게 여긴다. 그래서 가격이 높을수록 좋다. 1899년에 미국 경제학자 소스타인 베블런Thorstein Veblen은 이런 현상에 과시적 소비conspicuous consumption라고 이름 붙였고, 이 법칙을 따르는 상품은 '베블런 상품'으로 일컬어진다.

그런데 이보다 앞서 스코틀랜드 경제학자 로버트 기펜Robert Giffen이 과시적 소비보다는 덜 극적이지만 여전히 수요의 법칙에 어긋나는 경우를 발견했다.[15] 기펜은 빅토리아 시대 영국에서 빵의 가격이 올라갈수록 도시 빈민가에 사는 가난한 사람들의 빵 수요가 늘어난다는 사실을 발견했다. 특이한 일이었다. 왜 가난한 사람들은 비싸질수록 빵을 더 많이 원했던 걸까? 이 현상은 베블런 효과Veblen effect와는 다르게 과시욕이 작동한 것도 아니었다. 오히려 그들은 지출에서 필수적인 것(빵)과 사치스러운 것(고기)을 나누어서 생각했다. 빵 가격이 오르자 가난한 사람들은 필수품(빵)을 사느라 사치품(고기)을 살 여유가 없었다. 그래서 그들은 전보다 많은 돈을 빵을 사는 데 썼던 것이다.

이런 경향을 따르는 재화를 기펜재Giffen good라고 부른다. 비록 19세기보다는 드물지만 기펜재는 지금 우리 주변에서도 볼 수 있다. 2008년 미국 경제학자 로버트 젠슨Robert Jensen과 놀런 밀라Nolan Millar는 중국의 쌀 수요를 연구한 끝에, 기펜이 빅토리아 시대 영국에서 발견했던 것과 동일한 양상을 발견했다.[16]

이런 것이 모두 수요에 영향을 미친다. 즉, 수요는 소비자로서 또 노동자로서 당신이 선택한 결과이며, 이것은 수많은 절충 끝에 전체 경제로 확장되어서 나타난다. 그러나 수요가 전부는 아니다. 소비자의 반대편에는 공급하는 임무를 맡은 다른 경제 주체가 있다. 바로 기업이다.

판매자, 공급에 관해

기업은 상품으로 판매할 재화나 서비스를 창조하는 집단이다. 기업은 노동자, 기계, 원재료 등 다양한 인풋input을 동원해 상품을 생산한다. 기업이 무엇을 생산하느냐에 따라서 인풋도 달라진다. 채광採鑛 회사는 시추 시설과 땅과 기술자가 있어야 철광석을 캐낼 수 있다. 뜨개질 회사는 편물 기계와 실로 스웨터를 짜서 온라인 판매를 한다. 수제 빵집은 아보카도와 빵을 멋지게 조합해서 맛있는 음식을 만든다.

기업도 소비자와 마찬가지로 의사 결정을 한다. 무엇을 생산할 것인지, 얼마나 생산할 것인지, 생산한 것에 가격을 얼마로 책정할 것인지 등을 결정해야 한다. 경제학에서 통용되는 가정에 따르면, 기업의 최종 목표는 돈을 최대한 많이 버는 것이다. 정확하게 말하면, 수익을 극대화하려면 들어가는 비용을 모두 제하고 남는 돈을 극대화해야 한다.

그러면 기업은 어떻게 이윤을 극대화할까? 이것은 많은 기업가가 고민했고 지금도 여전히 고민하는 질문이다. 경제학자의 대답은, 상품을 생산하는 데 들어가는 추가 비용이 그것을 팔아서 얻게 될 추가 수익을 초과하기 직전까지만 그 상품을 생산하라는 것이다.

추가 생산품이 가져다주는 충격을 한계충격marginal impact이라고 한다. 당신이 티셔츠 회사를 운영한다는 가정을 해보자. 당신은 티셔츠 100장을 하나에 2만 원씩 받고 파는데, 이 티셔츠를 만드는 데는 1장에 1만 5000원이 든다. 그러면 당신의 총수익은 200만 원이고 총비용은 150만 원이라서 순이익이 50만 원이다.

자, 당신이 티셔츠를 1장 더 생산하기로 했다고 치자. 티셔츠 101장을 모두 팔려면 여태껏 당신의 티셔츠를 사지 않았던 누군가를 유인해야 한다. 그래서 당신은 전체 티셔츠의 가격을 1만 9990원으로 내린다. 이렇게 되면 101벌을 판 총수익은 201만 8990원으로 늘어나고, 따라서 101번째 티셔츠의 한계수익, 즉 추가 매출액은 1만 8990원이다. 티셔츠를 만드는 데 드는 비용이 변하지 않는다면, 티셔츠 하나를 추가로 생산하는 데 필요한 비용의 증가분, 즉 한계비용은 1만 5000원이다. 그 결과 순이익은 3990원 늘어난다. 티셔츠 하나를 추가로 생산할 때 발생하는 추가 수익(1만 8990원)이 추가 비용(1만 5000원)보다 높으니까 티셔츠를 101장 생산하는 것은 아무 문제가 없다.

그런데 여기에 다시 1장을 추가해서 102장을 생산하면 어떻게 될까? 이 티셔츠를 모두 팔기 위해 가격을 1만 9990원이 아니라 1만 9900원으로 매기고 말이다. 이때 한계수익은 1만 810원 증가한다. '1만 9990원짜리 티셔츠 101장의 총수익'과 '1만 9900원짜리 티셔츠 102장의 총수익'의 차이가 이만큼이라는 뜻이다. 그런데 이 1만 810원의 한계수익은 티셔츠 102장을 생산하는 한계비용 1만 5000원보다 적다. 티셔츠 가격 1만 9900원은 1만 5000원보다 큰 숫자이긴 하지만, 티셔츠를 102장 생산하는 것과 101장 생산하는 것을 비교하면, 비용이 수익을 초과한다. 그러므로 티셔츠를 더 생산하면 안 된다.

기업이 완벽하게 합리적이라면 한계수익이 한계비용과 정확하게 일치할 때까지만 상품을 생산할 것이다. 바로 이 지점이 그 기업의 수익이 최대가 되는 지점이기 때문이다. 여기에서 생산량을 줄이면 추가 이윤을 놓치게 되고 생산량을 늘리면 이윤이 불필요하게 갉아먹힌다.

어떤 사람의 눈에는 수익 추구를 무엇보다 우선하는 이런 모습이 혐오스럽게 보일 수도 있다. 그러나 경제라는 맥락에서는 다른 의미가 있다. 수익 추구를 우선하기에 소비자가 원하는 것을 생산하도록 기업에 동기를 부여할 수 있다. 기업의 이윤 추구는 효율만 좇는 게 아니라 도덕적 의무를 다하는 것이라고 말하는 경제학자도 있다. 20세기의 가장 영향력 있는 경제학자 가운데 한 명인 밀턴 프리드먼Milton Friedman은 1970년 《뉴욕 타임스》에 기고한 "기업의 사회적 책임은 이윤을 창출하는 것이다 The Social Responsibility Of Business Is to Increase Its Profits"라는 글에서 이런 주장을 펼쳤다.[17]

사람들이 기업의 사회적인 책임을 중요하게 여긴다면, 사회적 책임을 지는 기업에서 생산된 상품에 돈을 쓸 것이라는 게 프리드먼의 주장이었다. 만약 많은 사람이 기후위기를 중요하게 여긴다면, 사람들은 기후위기를 막으려고 노력하는 기업에 돈을 쓸 것이다. 만약 사람들이 그 활동을 자기 돈을 쓸 만큼 중요하게 여기지 않는다면, 기업은 굳이 그런 활동에 나설 이유가 없다. 그건 오히려 사회적으로 해롭기만 할 뿐이라고 프리드먼은 주장했다. 즉 기업이 돈을 적게 버는 선택을 하는 것은, 궁극적으로 주주와 직원들에게 손해를 끼치는 것이고, 사람들이 정말로 소중하게 여기는 것에 쓸 돈이 그만큼 줄어들게 된다는 것이다. 이 논리는 나중에 프리드먼 독트린Friedman doctrine으로 일컬어졌다.

이 주장은 당연히 커다란 논란을 불러일으켰으며 지금까지 여러 가지 비판을 받아왔다. 비판자들은, 특히 개인이 구매 과정에서 '윤리적'인 선택을 할 충분한 정보와 권한이 있다는 발상 자체가 오류라고 지적한다. 게다가 프리드먼 독트린은 기업의 사회적 책임corporate social responsibility, CSR을 바라보는 오늘날의 인식과도 어긋난다. 실제 현실에서 기업은 영혼 없이 이윤만 추구하는 기계가 아니다. 오늘날 많은 기업이 윤리와 환경을 고려해 의사 결정을 하고 있으며, 이런 노력이 이윤 추구만큼이나 중요하다고 천명한다(냉소적인 독자라면 이런 것 역시 이윤극대화의 한 방편일 뿐이라고 말할지도 모른다. 요즘 사람들은 도덕적인 자격moral credential을 중요하게 여기기 때문에 이런 고객을 끌어들이려고 기업들이 자기가 경쟁사보다 윤리적인 기업인 척 꾸민다는 것이다).

많은 비판에도 불구하고, 기업은 이윤 추구를 우선시하는 게 옳다는 프리드먼 독트린은 경제모델이 현실에서 실제로 어떻게 작동하는지 보여주는 가장 대표적인 사례로 남아 있다. 모든 기업은 순이익이 가장 많아질 때까지 재화든 서비스든 계속 생산한다. 그래서 그 사회에 속한 모든 사람이 그 결실을 누린다.

결국 땅 주인이 이기는 이유

동기가 무엇이든 기업은 사람들이 사고 싶어 하는 것들을 생산한다. 그리고 공급도 수요와 마찬가지로 자기만의 법칙이 있다.

수요의 법칙을 뒤집으면 공급의 법칙law of supply이 나온다. 기업은 가격이 오를수록 공급을 늘리려 하고 가격이 내릴수록 공급을 줄이려 한다. 수요의 경우와 마찬가지로, 이것은 경험적으로 알 수 있는 사실이다. 상품을 싸게 팔아서 돈을 많이 벌기란 매우 어렵다. 생산 비용이 늘어날 때는 상품을 생산해봐야 남는 게 없다. 그러나 가격이 오르면, 수익성이 없어서 죽어가던 회사가 갑자기 기운을 차리고 살아난다.

셰일 가스와 셰일 오일(혈암유) 시장을 보면 이 과정이 어떻게 작동하는지 알 수 있다. 셰일(혈암)이라는 이름으로 알려진 암석에 석유와 천연가스가 존재한다는 사실은 오래전부터 알려져 있었다. 그러나 셰일에서 가스와 석유를 뽑아내는 기술은 최근에 와서야 개발되었다. 이 분야에서 일어난 기술 혁신 덕분에 물과 모래와 화학물질을 혼합한 다음 고압으로 분사하는 방법으로 가스와 석유를 뽑아낼 수 있게 되었다. 이 공정은 기술적으로 충분히 가능하지만 비용이 많이 든다. 이 공정에 투입되는 시추기가 비싸기 때문에 유가가 배럴당 40달러나 50달러 아래로 떨어지면 셰일 가스와 석유 채굴은 수익성이 없어진다.[18] 최근 몇 년 동안에 유가가 그 한계점 위로 오를 때마다 셰일 시추기가 눈에 띄게 늘어나서 셰일 가스와 석유 공급이 늘어났다. 바로 이것이 공급의 법칙이 작동하는 방식이다.

수요처럼 공급도 재화나 서비스에 따라서 가격 변동의 폭이 달라진다. 2021년에 잉글랜드 축구 팬들이 했던 경험을 예로 들어보자. 7월 11일 일요일, 런던 웸블리 스타디움에서 유로 2020 결승전이 열렸다. 1966년 이후 처음으로 열린 중요 대회 결승전이었다. 이 입장권을 미리 샀던 사람들은 일반석 좌석 하나에 250파운드(약 40만 원) 정도를 지불했다. 그런데 잉글랜드가 결승전에 진출하자 입장권 수요가 급증했다. 잉글랜드의 결승 진출은 예상 밖이었고, 이 기회를 놓치면 잉글랜드의 결승전

경기를 다시는 직접 보지 못할 수도 있었다.

그런데 수요가 늘어나도 공급이 대응할 수 없다는 게 문제였다. 웸블리 스타디움은 한 곳뿐이며, 이 경기장의 수용 인원은 9만 명이었지만, 2020년 여름에는 코로나19 팬데믹 때문에 거리두기 원칙이 적용되어서 6만 7000명밖에 들어갈 수 없었다. 가격이 아무리 많이 올라도 입장권이 더 공급될 수 없다는 뜻이다. 그 경기 입장권 공급은 거의 완벽하게 비탄력적이어서, 가격이 엄청나게 올랐는데도 공급 변화는 둔감했다. 암표상들은 (암표상이야말로 공급의 비탄력적인 특성을 잘 이해하는 이들인데, 공급이 통제될 때는 특히 더 그렇다) 입장권 가격을 3만 5000파운드(약 5000만 원)까지 올렸는데, 1만 4000퍼센트에 육박하는 상승폭이었다.[19]

이것은 극단적인 사례지만, 공급이 비탄력적인 사례는 일상에서도 쉽게 찾아볼 수 있다. 작가 마크 트웨인은 이왕이면 땅을 사라고 말한 적이 있다. 그 이유는 "땅은 더 만들어내지 못하기 때문"이다. 트웨인이 이 발언을 한 뒤로 100년 동안에 땅의 가치는 50배 넘게 증가했다(이 증가폭은 다른 제품들의 평균적인 가치 증가폭과는 비교도 되지 않을 정도로 크다).

가격이 공급을 결정하는 유일한 요인이 아니다. 예를 들어서, 기업이 생산 공정에 들이는 인풋의 가격이 낮아지면(예컨대 노동자의 임금이 하락하는 경우), 기업은 가격은 그대로 유지하면서 공급을 늘림으로써 보다 많은 이윤을 얻고자 할 것이다. 또, 당신이 자주 찾아가는 술집 주인이 유통기한이 얼마 남지 않은 맥주를 정상가격보다 저렴하게 샀다고 하자. 술집 주인은 그 맥주를 최대한 많이 팔려고 할 것이다. 즉 수요보다 많은 공급을 내놓을 것이다.

수요와 공급이 만나는 지점, 시장

지금까지 우리는 수요와 공급, 소비자와 기업을 살펴보았다. 하지만 우리가 아직 살펴보지 않은 것이 있다. 바로 수요와 공급이 만나는 지점이다. 바로 이 지점에서 가격이 결정된다. 이 지점은 진짜 마법이 일어나는 장소인데, 우리는 그곳을 시장이라고 부른다.

시장이라는 단어를 들으면 머릿속에 어떤 장소가 떠오를 것이다. 하지만 경제학에서는 구매자와 판매자가 만나는 모든 장소를 시장이라고 한다. 오래된 전통 시장일 수도 있고, 미술품 경매장일 수도 있으며, 증권거래소일 수도 있고, 직접 구운 쿠키를 파는 온라인 매장일 수도 있다. 사치품 시장이 있고, 노동 시장이 있고, 심지어 사랑을 사고파는 시장도 있다.[20] 간단히 말해서, 구매자와 판매자가 만나서 가격을 합의하는 곳이면 모두 시장이라고 할 수 있다. 시장은 수요가 공급을 만나는 장소다.

이런 시장은 실제로 어떻게 작동할까? 호주 시드니에서 있었던 사례를 하나 들어보자. 2014년 12월 15일 아침, 시드니의 중심지에 있는 한 카페에서 총을 든 괴한이 직원과 손님 20여 명을 인질로 붙잡았다. 부근에 있던 사람들은 공포에 질렸고, 빨리 시내에서 벗어나서 집으로 돌아가려고 했다. 많은 사람이 한꺼번에 우버를 부르자 승차 요금이 갑자기 치솟았다. 그것도 놀라서 눈이 뒤집힐 정도로! 엄청나게 오른 요금에 며칠 동안 우버를 향한 사람들의 분노가 빗발쳤고, 결국 우버는 그날 테러 현장에서 벗어났던 사람들에게 받았던 승차 요금 일부를 돌려주어야 했다. 이 사건은 공급의 법칙과 수요의 법칙이 엮여서 벌어지는 시장의 작동 방식을 잘 보여준다.

우버의 승차 요금은 알고리즘을 기반으로 책정되는데, 이 알고리즘은 해당 지역의 운전자 공급량과 수요량을 계산한 다음에 이 둘의 균형을 찾아 가격을 매긴다. 우버는 손님보다 운전자가 많으면 가격을 낮추고, 손님이 운전자보다 많으면 가격을 올린다. 이렇게 하면 두 가지 효과가 발생한다. 첫째, 우버 운전자들이 손님이 많은 지역으로 유입되게 해서 공급이 늘어난다. 점심을 먹으면서 쉬려고 했던 운전자가 손님을 한 번 더 태운 다음에 점심을 먹는 편이 낫다고 판단할지도 모른다. 둘째, 손님들이 우버를 부르는 것을 다시 한번 생각하게 해서 수요를 줄이는 효과다. 가격이 계속 올라가면 우버를 타려던 사람들은 버스를 타거나 걸어가는 게 낫겠다고 생각하게 된다. 이렇게 해서 결국 운전자의 수와 고객의 수가 균형을 이루게 된다.

2014년 12월 15일 시드니의 우버 요금이 급등했던 것도 시장의 조절 방식에 따라 수요와 공급의 균형을 맞추려 했기 때문이다. 이렇게 공급보다 수요가 넘치면 시장은 균형을 이루려 한다. 이 균형을 경제학자들은 수요와 공급 사이의 평형equilibrium

이라고 부른다.

만약 제시된 가격에 팔고자 하는 사람보다 사고자 하는 사람이 많다면, 수요가 공급보다 크다. 여유 있는 구매자라면 제시된 가격보다 높은 가격으로라도 상품을 사고 싶어 할 것이다. 이렇게 해서 가격이 올라가면, 올라가기 전의 가격으로 사려고 했던 사람들 가운데 일부는 구매를 포기하는데, 이때 수요가 줄어든다. 그리고 어떤 기업들은 약간의 추가 수익을 낼 기회를 포착하고는 공급량을 늘리기 시작할 수 있다. 이 과정에서는 수요와 공급이 다시 새로운 균형을 찾을 때까지 가격이 계속 올라간다.

효과가 있기만 하다면 이것은 정말 매혹적인 과정이다. 수요와 공급 사이에 상호작용이 이루어진다는 것은, 궁극적으로 모든 사람이 자기가 가장 필요로 하는 것을 얻을 수 있다는 뜻이기 때문이다. 적어도 이론적으로는 그렇다. 가격은 일종의 신호다. 이 신호는 상품을 더 많이 만들어야 할지 아니면 더 적게 만들어야 할지를 생산자에게 일러준다. 가격이 오른다는 것은 수요가 공급에 비해서 커진다는 뜻이므로, 기업은 상품을 더 많이 만들어낼 것이다. 반대로 가격이 내려간다는 것은 공급이 수요에 비해 커진다는 뜻이므로 기업은 생산을 줄일 것이다. 이 신호들은 매우 효과적이다. 사람들이 날마다 내리는 결정에서 비롯되는 이 신호들은 세계에서 가장 강력한 힘 가운데 하나인 시장의 힘의 원천이다.

시장이 정해준 아침 식사

오늘 아침 식사로 무엇을 먹었는가? 싸구려 튀김? 제과점의 아침 메뉴? 아니면 아무것도 못 먹고 서둘러 버스 정류장으로 달려 나갔는가? 앞에서 아보카도 토스트 이야기를 했으니까, 그걸 먹었다고 치자. 그 토스트가 먹고 싶은 바로 그때, 그곳에 토스트가 놓여 있기까지 도대체 어떤 일이 일어났을지 잠깐 생각해보자.

당신이 그 아보카도 토스트를 먹기 몇 년 전에, 지구 반대편에 사는 누군가가 아보카도씨를 심고 키웠다. 그리고 지구의 어느 구석에 사는 또 다른 누군가는 토스트의 원료가 될 밀을 재배했다. 그 아보카도를 당신이 사는 동네로 운송한 트럭 운전사도 있고, 당신이 먹게 될 빵을 만든 제빵사도 있다. 당신의 아침 식사를 만드는 일에 관련된 사람은 수없이 많다.

그런데 이보다 놀라운 것은, 아무도 그 과정을 직접 나서서 조직하지 않았다는 것이다. 아보카도 재배 농민에게 아보카도를 얼마나 많이 심어야 할지 그리고 그 아보카도를 얼마에 팔아야 할지 알려주고 지시한 사람은 없다. 당신의 아침 식사였던 아보카도 토스트를 만드는 과정에 관여한 사람들 대부분은 서로 만난 적도 없다.

더 놀라운 사실은, 그 사람들 가운데 그 누구도 당신의 아침 식사에 신경 쓰지 않았다는 것이다. 당신의 아보카도 토스트에 기여한 이들은 그렇게 하는 것이 자기에게 유리하기 때문에 그 행동을 했을 뿐이다. 현대 경제학의 토대를 닦은 애덤 스미스의 표현을 빌자면, "우리가 저녁을 먹을 수 있는 것은 푸줏간 주인이나 양조장 주인이나 빵집 주인의 자비심 덕분이 아니라 개인적인 이익을 추구하려고 하는 그들의 욕구 덕분이다."[21] 스미스는 이 과정을 보이지 않는 손invisible hand이 이끈다고 했다. 개인들이 사회에 유익한 일을 하도록 보이지 않는 손이 유도해서, 결과적으로 사회 전체가 효율적으로 돌아간다는 말이다.

아보카도 재배 농민은 당신에게 어떤 의무감을 느껴서 아보카도를 생산한 게 아니다. 그 사람은 당신을 만난 적이 없고 앞으로도 그럴 일은 없을 것이다. 그 사람은 아보카도를 재배해서 이익을 얻을 수 있기에 그 일을 선택한 것이다. 만약 그 사람이 아보카도가 아닌 다른 것을 생산해서 더 많은 수익을 거둘 수 있다면(그래서 효용을 누릴 수 있다면) 아보카도 대신 그것을 생산할 것이다. 그리고 지금까지 살펴본 것처럼, 사람들이 원하는 것이 부족하면 그것이 더 많이 공급될 때까지 가격이 오른다. 이런 식으로 시장은 사람들이 원하는 것을 거의 마법과 같은 힘으로 공급한다.

오늘날 세계 대부분에서는 시장 주도로 경제가 움직이고 있다. 다른 경제 운영 방식도 시도되었지만, 대부분 성공하지 못했다. 가장 유명한 것은 소련과 같은 공산주의 정권이 시도한 방식으로 시장 대신 국가가 나서서 자원을 배분하는 것이다. 그러나 이런 체제는 수많은 개인의 개별적인 욕구를 충족하지 못해서 고전했다. 시장은 이런 일을 매우 자연스럽게 수행한다.

시간이 지나면서 사회의 몇몇 부분에는 정부의 감시가 필요하지만, 전반적으로는 시장을 활용하는 게 바람직하다는 쪽으로 합의가 이루어졌다. 시장 경제는 경제단위(경제권, 국가 등) 내의 다양한 사람들의 의지를 가장 잘 반영하기 때문에 다른 경제 체제보다 효율적이다. 바로 이것이 당신이 원하는 음식을 제때 적당한 가격으로 먹을 수 있는 이유다.

적어도 이론적으로는 그렇다. 실제 현실에서는 다를 수도 있다는 말이다. 사실, 시장이 제대로 작동하지 않는 사례를 찾기는 어렵지 않다. 지속 불가능한 화석연료 시장도 있고, 대기업이 막강한 힘을 휘두르며 사회를 지배하는 시장도 있으며, 정보에 취약한 외부 집단을 희생시키면서 내부 집단의 편을 드는 시장도 있다. 경제학자들은 이런 현상들을 잘 알고 있다. 심지어 스미스도 시장이 공익에 거스르는 방향으로 작동할 때가 있다는 걸 알았다. 이런 일들은 다음 장에서 살펴보려고 한다.

기후위기 문제를 시장에 맡겨놔도 될까?

완벽한 경쟁이라는 환상, 시장 실패의 이유,

그리고 잉글랜드은행 이코노미스트들이 감자튀김을

지나치게 많이 퍼 담는 이유에 대해서

Q. 시장은 언제나 문제없이 작동할까?

Q. 왜 어떤 것은 한 회사만 생산할까?

Q. 때로는 독점도 필요한 이유는 무엇일까?

Q. 왜 너무 많거나 너무 적게 생산하게 될까?

Q. 적절한 양을 생산하려면 어떻게 해야 할까?

Q. 사람들에게 충분한 정보가 없으면 어떤 일이 일어날까?

잉글랜드은행 꼭대기 층에는 직원 식당이 있다. 예전에는 와인 바와 고급 식당을 직원 복지의 일환으로 제공했지만, 그건 좋았던 시절의 이야기다. 지금은 그저 그런 평범한 직원 식당이 있을 뿐이다. 이 식당에서는 다른 곳과 크게 다를 게 없는 음식들을 판다. 샌드위치, 샐러드, 그리고 가장 중요한 감자튀김… 한 접시 가득 퍼 담는 감자튀김!

배고픈 이코노미스트들은 날마다 수북하게 쌓인 뜨거운 감자튀김을 식판에 퍼 담는다. 이 감자튀김은 길고 긴 오후 내내 숫자와 씨름하고 보고서를 작성하기 위한 연료다. 점심시간은 머릿속 스위치를 끄고 경제에서 해방되는 찰나의 시간이기도 하다.

하지만 머릿속 스위치를 끄지 않는다면, 직원 식당에서도 경제가 시퍼렇게 살아서 작동하고 있음을 알아차렸을 것이다. 최근까지 직원 식당에서는 감자튀김을 얼마나 많이 담든 추가 요금을 받지 않아서 누구나 여한 없이 담아갈 수 있었다. 그런데 그렇게 하자 문제가 생겼다. 사람들은 먹을 수 있는 양보다 훨씬 많은 감자튀김을 담아 갔고, 매번 남겨서 음식물 쓰레기로 만들었다. 그리고 일찍 온 사람들이 욕심껏 감자튀김을 퍼 가는 바람에 늦게 온 사람들은 감자튀김을 구경도 하지 못할 때가 많았다.

이런 일이 빚어진 것은 이코노미스트들이 유독 탐욕스럽기 때문만은 아니다. 물론 식탐이 대단한 사람들도 분명히 있긴 하다(그 사람들이 누구인지 굳이 여기에서 밝히지는 않겠다). 이런 문제는 전 세계의 뷔페식당에서 공통적으로 발생하는데, 집단이 공동으로 소유하는 자원이 있고 구성원들이 그 자원을 개인적으로 재량껏 확보할 수 있으면 자연스럽게 벌어지는 일이다. 이런 상황에서는 모든 개인이 공동 자원을 과도하게 소비해서 자신도 모르게 자원을 고갈시키거나 손상하거나 파괴하는 경향이 나타난다.

1960년대에 경제학자이자 생태학자 개릿 하딘Garrett Hardin은 이 현상에 공유지의 비극tragedy of the commons이라는 이름을 붙였다. 그는 공동 방목장에 개인이 키우는 가축을 풀어놓을 수 있으면 사람들이 경쟁적으로 더 많은 가축을 풀어놓아서 결국 방목장이 황폐해지고 만다고 했다. 이런 상황을 놓고 하딘은 "이 사람들은 자기가 기르는 가축의 수를 무한하게 늘리도록 강요받는 체계에 갇혀 있다"고 표현했다.[1] 잉글랜드은행 직원 식당을 놓고 말하자면, 이코노미스트들은 감자튀김을 자기 식판에 최대한 많이 퍼 담도록 강요받는 체계에 갇혀 있는 셈이다.

이것은 1장에서 이야기한 시장의 법칙에 위배되는 것처럼 보인다. 1장에서 우리는 전 세계의 자원을 효율적으로 배분하는 시장의 힘을 알아보았다. 개인과 기업이 합리적으로 행동하면 재화나 서비스가 적절한 가격으로 제공되어 모든 사람이 혜택을 보게 된다고 했다. 그러나 공유지의 비극은 그렇지 않은 경우도 있다는 것을 분명하게 일러준다. 시장의 힘에도 한계가 있다. 잉글랜드은행 직원 식당에서도 각 개인은 자신의 효용을 극대화하기 위해 매우 합리적으로 행동했다. 그런데 이런 행동이 개인 차원에서는 효율성을 높여줄지 몰라도 집단 전체 차원에서 보자면 오히려 효율성을 낮춘다. 경제학자들은 이런 상황을 시장 실패market failure라고 부른다.

시장 실패는 도처에서 일어난다. 수십 가지의 소셜네트워크가 있는데 사람들은 굳이 페이스북에 몰리는 것도 시장 실패로 설명할 수 있다. 뒤에서 살펴보겠지만, 지구가 기후위기에 처한 것도, 여기에 대응해서 인류가 취할 수 있는 조치도 시장 실패로 설명할 수 있다.

'완벽한 경쟁'이 가능할까?

경제학자들은 모델을 좋아한다. 경제모델은 복잡한 현실을 단순하게 설명하고 다양한 상황에 적용할 수 있기 때문이다. 경제모델은 그래프의 선일 수도 있고 여러 방정식의 집합일 수도 있고 일련의 논리적 주장일 수도 있다. 통계학자 조지 박스George

Box는 "모든 모델은 틀리지만 몇몇 모델은 유용하다"라고 말했다. 이 말의 요점은 모든 모델은 세상을 단순화하기 위해서 일련의 가정을 한다는 것이다. 단순화 과정을 거치지 않은 모델이라면 우리를 둘러싼 실제 세상 그 자체가 되고 말 것이고, 결국 우리가 이 세상을 이해하는 데 그다지 도움이 되지 않는다. 그러므로 경제모델을 사용할 때는 모든 상황에 오류 없이 들어맞느냐보다는 던지는 질문에 적절한지가 중요하다. 박스의 말을 빌리자면, "그 모델이 올바른지 물을 게 아니라(그런 경우는 절대로 없으니까) 그 모델이 그 상황에 적용하기에 충분한지 물어야 한다."[2]

박스가 깨달은 사실 가운데 하나는 경제학자들이나 그들을 비판하는 사람들 모두 때때로 이것을 망각한다는 사실이다. 경제모델은 모든 상황에 완벽히 들어맞지는 않지만(이런 사실을 일부 경제학자들은 망각한다), 때때로 유용하다(일부 비판자들은 이런 사실을 무시한다). 박스의 분석은 특히 시장을 살펴볼 때 유용하다. 초보 경제학자들은 '완벽한 경쟁'이라는 가정 아래 시장 및 시장 과정market process을 모델링하는 경향이 있다. 완벽한 경쟁은 수많은 가정을 토대로 하는데, 그 가정들이 모두 충족되는 일은 좀처럼 일어나지 않는다. 이 가정이 상대적으로 제한적인 몇몇 경우에는 맞을지 몰라도 그 가정들을 토대로 한 모델은 세상이 실제로 돌아가는 방식을 그대로 드러내는 것은 아니다. 그저 경제가 어떻게 돌아가는지 이해할 수 있도록 도와주는 보조 도구일 뿐이다. 모든 가정은 완벽하지 않지만, 초현실주의

화가 살바도르 달리가 말했듯이 "완벽을 두려워할 필요 없다. 왜냐하면 완벽에 도달할 일은 절대로 없기 때문이다."

실제 시장에서 완벽한 경쟁이 이루어지려면 많은 조건이 충족되어야 한다. 그 조건들을 열거하면 다음과 같다. 첫째, 모든 판매자는 완벽하게 똑같은 상품을 판다. 경제학자들은 이것을 동일한 재화homogenous good라고 부르는데, 이것은 여러 회사에서 파는 상품들 사이에 어떤 차별점도 없다는 뜻이다. 다시 말해서 회사별로 브랜드가 다를 수 없고 품질의 차이도 없다는 뜻이다. 둘째, 시장에는 상품을 팔겠다는 사람과 사겠다는 사람이 충분히 많아야 하며 진입 장벽barriers to entry이 없어서 시장에 새로 들어오겠다는 판매자가 아무런 제약도 받지 않아야 한다. 셋째, 구매자와 판매자는 전지전능해서 시장의 모든 것을 알아야 한다. 즉 그들은 자기가 사거나 파는 상품의 질, 다른 사람들이 원하는 수요량과 공급량, 그리고 모든 대안적인 선택에 뒤따르는 비용이나 가격 등을 훤하게 꿰뚫고 있어야 한다. 그래서 그 누구도 정보 측면에서 유리하거나 불리하지 않아야 한다.

이 모든 조건을 갖춘 시장이라면 몇 가지 흥미로운 특성을 보일 것이다. 우선, 그 어떤 판매자나 구매자도 상품의 가격에 영향을 주지 못한다. 이런 시장에서는 모든 사람이 가격을 결정할 권한이 없는 가격 수용자price taker가 된다. 그리고 시장에서 결정되는 가격은 모든 판매자가 받아들일 수 있는 최소한의 선 즉, 최소한의 이익을 남길 수 있는 정도지, 그보다 많은 이익은 남길 수 없다.

이런 작동 원리를 이해하기 위해, 완벽한 경쟁이 이루어지는 시장에서 다이제스티브 비스킷을 파는 회사 중 하나가 가격을 올리기로 했다고 치자. 이 시장의 소비자들은 다른 판매자들에게서도 똑같은 비스킷을 살 수 있다는 것을 잘 알고 있다. 다른 판매자들은 비스킷 가격을 올리지 않으면 고객을 뺏어올 수 있다는 것을 안다. 게다가 모든 판매자가 동시에 가격을 올리기로 했더라도, 새로운 판매자가 등장해 다이제스티브 비스킷을 올리지 않은 가격으로 판매하면, 다른 모든 판매자에게서 고객을 뺏어갈 수 있다(진입 장벽이 없으므로 이런 일은 얼마든지 가능하다). 이런 시장에서는 기업이 사업을 계속 이어갈 수 있을 최소한의 이익만 얻는 선에서 가격이 결정된다.

이런 완벽한 경쟁 상태를 '효율적'이라고 한다. 그런데 경제학자들이 '효율적'이라고 하는 것은 우리가 흔히 생각하는 것과는 다른 의미다. 예컨대 완벽한 경쟁에 대해서 경제학자들은 두 가지 개념을 언급한다. 하나는 시장이 생산적으로 효율적productively efficient이라는 것이다. 이 시장에서 제품은 동원 가능한 모든 자원을 사용해서 최대한 낮은 비용으로 생산된다. 어떤 것을 더 생산하려면 다른 것의 생산을 줄여야 한다. 시장이 배분적으로 효율적 allocatively efficient이라는 말도 있는데, 소비자가 물건을 살 때 얻는 효용은 생산자가 물건에 들인 비용의 총합과 같다는 뜻이다. 이것은 얼마나 많은 사람이 그 물건을 원하는지가 직접 반영된 것이다. 배분적으로 효율적이라는 말은 한 사회가 가진 여러 자원이 효율적으로 배분되고 있다는 뜻이기도 하다.

이처럼 완벽하게 경쟁적인 시장은 현실에서 찾기 어렵지만 그런 기준에 근접하는 시장들이 있긴 하다. 식물성, 유당 제거, 저지방 등 옵션이 없다면 우유는 기본적으로 다른 우유와 별 차이가 없다. 마찬가지로, 정제 설탕은 누가 판매하든 본질적으로 같은 제품이다. 두 경우 모두 판매자가 많고 브랜드 충성도가 낮아서 저렴하게 가격이 책정된다.

그러나 대부분의 시장은 완벽한 경쟁과 거리가 멀다. 우선 진입 장벽이 있다. 또 시장에서 경쟁하는 모든 기업의 상품이 동일하지 않다. 모든 구매자와 판매자가 전지전능하지도 않다. 완벽한 경쟁을 전제로 하는 경제모델은 말 그대로 하나의 모델일 뿐이다. 박스가 상기시켜준 것처럼, 최고의 모델도 틀릴 수 있다.

독과점의 폐해

지금 당신이 입고 있는 바지나 점퍼에 달려 있는 지퍼를 살펴보면, 아마도 'YKK'라는 글자가 보일 것이다. 10년 전까지만 해도 YKK라는 일본 회사가 옷과 가방 등에 사용하는 거의 모든 지퍼를 만들었다. 세상에서 가장 강력한 독점이었다고 할 수 있을 것이다. 하지만 최근 몇 년 동안 중국에서 새로운 경쟁자들이 나타나, YKK의 점유율은 절반 정도로 줄어들었다.

경제학자가 생각하는 완벽한 경쟁 모델이 실제 세상에서 얼마나 빨리 허물어지는지 보여주는 사례는 YKK 외에도 많다. 우선, 많은 판매자가 동등하게 경쟁하는 시장은 전혀 현실적이지 않다. 테니스 라켓 같은 틈새 제품을 생산하는 기업이 몇 개나 되겠는가? 또, 같은 라켓이라고 해도 모든 면에서 똑같지는 않다. 비슷한 제품을 판매하는 회사들은 각자 자기 브랜드의 제품을 차별화하려고 애를 쓴다. 테니스를 좋아하는 사람이라면 던롭 라켓과 테크니화이버 라켓이 같다고 볼 일은 절대로 없다.

대부분의 시장은 소수의 판매자가 물품을 공급한다. 극단적으로는 판매자가 하나뿐인 시장도 있다. 독점monopoly 시장이다 (고대 그리스어로 'mono'는 '하나'라는 뜻이고 'polein'은 '판다'라는 뜻이다). 만약 어떤 시장에 어떤 물건을 판매하는 회사가 두 곳만 있다면 그 시장은 복점duopoly 시장이고, 소수의 회사만 물건을 판다면 과점oligopoly 시장이다.

이런 시장들에서는 불완전한 경쟁이 벌어진다. 소수의 판매자는 시장의 작동 규칙을 파괴할 수 있다. 경쟁자가 없을 때 독점기업이나 과점기업은 수동적인 가격 수용자로 남지 않고, 생산량을 조절하는 방식으로 시장가격을 좌우한다. 시장 지배력이 높은 기업일수록 가격에 더 큰 영향력을 행사할 수 있다. 극단적인 독점 시장에서는 판매자 마음에 따라 시장가격이 결정된다. 과점 시장에서도 소수의 판매자가 힘을 합쳐 가격을 자기들 마음대로 정하기도 한다. 이런 행태를 담합collusion이라고 부른다. 애덤 스미스 시대에도 경제학자들은 "같은 업종에 속한 사람들은 심심풀이나 기분 전환 목적으로 만나는 경우가 드물었는데, 이들이 만나서 대화를 나누면 그 대화의 결말은 대중을 상대로 음모를 꾸미는 것이나 가격을 올리려는 시도로 끝난다"

라고 말했다.[3]

경쟁이 치열하지 않은 시장에서는 기업이 생산량을 줄이는 것만으로도 가격을 올릴 수 있다. 경쟁 기업 때문에 가격을 낮출 필요가 없기 때문이다. 독과점 기업은 기업을 유지하는 데 필요한 가격 이상으로 상품을 판매해 더 많은 돈을 벌 수 있다.

이는 기업에게는 좋은 소식이겠지만 소비자에게는 좋은 소식이 아니다. 독과점 기업이 벌어들이는 수익은 경쟁이 치열하다면 얻어낼 수 없었던, 경쟁이 없기 때문에 소비자에게서 쉽게 얻어낸 돈이다. 완벽한 경쟁은 시장에 최적의 공급량을 제공하지만, 경쟁이 없는 독점 시장에서는 적정량에 못 미치는 소량의 물건만 유통된다. 그래서 어떤 사람들은 적절한 가격이었으면 기꺼이 샀을 상품을 구매하지 않게 된다. 그 제품으로 얻는 편익은 예전과 동일하지만, 더 많은 금액을 지불해야 하기 때문이다.

독과점 시장은 효율성이 떨어진다. 또한 경제적인 자원이 잘못 배분되기 때문에 사회 전체에 손해를 끼치는 자중손실 deadweight loss이라는 쓰레기도 발생한다. 독점기업은 경제적 이득을 독점함으로써 다른 사람들에게 돌아갈 이득을 갉아먹는다. 결국 독점기업은 더 잘 살게 되고 독점기업을 제외한 나머지는 더 열악해진다.

독점의 단점은 낮은 생산량과 높은 가격만이 아니다. 장기적으로 보면 시장에 혁신과 진보가 부족해져서 경기 침체로 이어질 수 있다. 독점기업은 경쟁의 두려움이 없기 때문에 혁신을 시도할 이유가 없다. 그러나 제대로 돌아가는 시장에서는 경쟁이 늘 계속되므로 기업들은 뒤처지지 않기 위해 긴장의 끈을 늦추지 않고 개선을 멈추지 않는다. 역사를 돌아보면, 독점이 형성될 때는 혁신의 속도가 느려지고 결국 발전이 멈췄음을 알 수 있다.

마이크로소프트의 인터넷 익스플로러가 대표적인 사례다. 1999년에 미국 법무부는 마이크로소프트를 반反경쟁 행위로 기소했다. 인터넷 익스플로러를 컴퓨터 운영체제에 끼워 넣어 판매함으로써 사용자들이 다른 회사의 웹 브라우저를 사용하기 어렵게 한 마이크로소프트의 전략이 반反독점법에 위배된다고 보았던 것이다. 경쟁사들이 시장에 진입하지 못하도록 마이크로소프트가 인위적으로 진입 장벽을 만들었다는 말이다. 청문회에서 마이크로소프트가 지속적으로 경쟁사들의 혁신을 방해했다는 사실이 밝혀졌다. 혁신이 이루어지면 소비자들에게는 이익이지만, 독점 시장에서 마이크로소프트가 혁신을 추구할 이유가 없었기 때문이다.

독점은 시장 실패의 전형적인 사례라고 할 수 있다. 그리고 시장 실패가 발생하면 정부가 규제를 강화하고 독과점 금지 정책으로 시장에 개입하기도 한다. 영국에서는 경쟁시장청Competition and Markets Authority이 반경쟁 행위를 단속하는 임무를 맡고 있다. 기업들 사이에서 이루어지는 합병을 조사하고, 덩치가 너무 커진 기업이 방만하게 운영되지 않는지 감시한다. 미국에서는 대통령 직속의 연방거래위원회Federal Trade Commission와 법무부가 비슷한 역할을 하는데, 대기업이 시장 지배력을 남용하지 못하도록 제어한다 한국에서는 공정거래위원회가 이런 역할을 한다 - 옮긴이.

때로는 독과점도 필요해

독과점이 이렇게 비효율적인데, 우리 주변에는 어째서 독과점이 그렇게나 많은 걸까? 항공과 같은 교통이나 통신, 기술, 의료 분야에서 독점이나 독점에 가까운 것을 많이 봤을 것이다. 왜 우리는 그런 독점을 완전히 뿌리 뽑지 못하는 걸까?

이유는 단순하다. 독점이 유용할 때가 있기 때문이다. 아이스크림 트럭을 생각해보자. 더운 여름날이면 누구나 한번은 아이스크림 트럭 장사를 생각해봤을 것이다. 아이들은 아이스크림을 좋아하고, 하루 종일 좋아하는 음악을 들으며 일할 수 있으며, 언제든 시원한 아이스크림을 마음껏 먹을 수 있으니까 말이다. 용감하게 아이스크림 트럭 장사에 나설 사람을 위해서 일러두자면, 중고 아이스크림 트럭 구매에만 3000만 원 가까이 든다. 이 돈을 들여서 아이스크림 트럭을 산 다음에 사업자 등록을 해야 하고, 다양한 관련 규정을 확인해야 하며, 아이스크림 기계 작동법도 익혀야 한다. 이 모든 창업 과정에 들어가는 비용은 약 5000만 원쯤 된다. 이 비용을 고정비용fixed cost이라고 하는데, 아이스크림을 얼마나 많이 팔든 상관없이 고정적으로 치러야 하는 비용이기 때문이다. 트럭에서 팔 아이스크림도 사야 한다. 도매상에서 아이스크림 1개에 1000원을 주고 샀다고 하자. 이 비용은 변동비용variable cost이다.

당신의 목표는 지금까지 들인 비용을 회수하는 것이라고 하자. 첫날에 아이스크림 딱 1개를 팔았다. 지금까지 당신이 들인 비용을 그 아이스크림 하나를 팔아서 뽑아내려면, 아이스크림 하나에 5000만 1000원을 받아야 한다. 하지만 그건 너무 비싸다. 그래서 당신은 사람들이 바글바글한 해수욕장 앞에 트럭을 세우고 장사를 시작했다. 주변에 다른 편의점이나 아이스크림 트럭은 없고, 더운 날씨에 지친 사람들이 몰려들어 아이스크림 3만 개를 팔았다. 변동비용은 1000원에서 3000만 원으로 올랐지만 고정비용은 그대로다. 아이스크림 장사에 든 비용을 모두 합하면 8000만 원이고, 아이스크림 하나당으로 계산하면 약 2500원밖에 되지 않는다. 아이스크림 하나에 2500원이면 5000만 1000원에 비해서 훨씬 합리적인 가격이다.

물론 이것은 극단적인 예지만, 고정비용이 높은 산업이 독점이나 과점에 집착할 수밖에 없는 이유를 짐작할 수 있다. 규모가 큰 회사는 상품을 훨씬 더 싸게 생산할 수 있으므로 가격을 낮게 책정할 수 있다. 이것을 규모의 경제economies of scale라고 한다. 높은 고정비용은 진입 장벽으로 작용하기도 하는데(아이스크림 트럭을 시작하는 데 들어간 5000만 원이 비싸다고 생각한다면, 발전소를 짓거나 새로운 철도를 놓을 때 드는 비용이 얼마인지 들으면 까무러칠지도 모른다), 이로 인해 자동으로 경쟁이 줄어들게 된다.

이런 사례들을 놓고 보면 "경쟁은 무조건 좋고, 독점은 무조건 나쁘다"라고 단순하게 말할 수 없어진다. 규모의 경제는 소비자에게 유익할 수 있다. 대형 슈퍼마켓이 동네 가게보다 물건을 싸게 팔 수 있는 이유나, 많은 나라에서 철도가 독점적으로 운영되는 이유도 규모의 경제 때문이다. 1800년대 미국에서는 고만고만하게 작은 철도 회사들이 철도망을 분할해서 경쟁을 벌였다. 이것은 엄청나게 비효율적이었다. 시간이 흐르면서 합병, 도산, 정부 개입 등으로 철도 회사는 규모가 큰 몇 개만 남았고 한층 더 효율적인 체제로 바뀌었다. 철도망을 새로 건설할 때 들어가는 고정비용이 워낙 크기 때문에, 소비자로서는 공급자가 소수일 때 한층 더 유리한 가격으로 기차를 탈 수 있다.

고정비용이 많이 드는 시장이라면 정부가 나서서 독점을 유도하기도 한다. 그것이 사회에 유용한 상품을 생산하도록 하는 유일한 방법이기 때문이다. 특허를 놓고 생각해보자. 특허는 법으로 보호받는 독점이다. 특허는 독점과 마찬가지로 생산량을 제한함으로써 가격 상승을 초래할 수 있다. 2021년 옥스팜 1942년 영국 옥스퍼드에서 시작된 국제구호개발기구 – 옮긴이은 특허권을 가진 화이자-바이오엔텍, 모더나가 코로나 백신 생산비를 추정가보다 410억 달러나 많이 청구했다고 밝혔다.[4]

그렇다면 왜 각국 정부는 이런 독점을 법률로 정하면서까지 인정할까? 여기에는 경제적인 이유가 있다. 여러 추정에 따르면, 신약을 개발해서 시장에 출시하는 데 드는 평균비용은 약 1조 원에 달한다. 이렇게 큰돈을 투자할 때는 투자금을 회수할 수 있으리라는 확신이 필요하다. 만약 당신이 큰돈을 들여 신약을 개발했는데, 다른 사람이 당신이 개발한 제조법을 그대로 베껴서 이름만 바꾼 제품을 내놓으면 어떨까? 당신은 시장에서 그 사람과 경쟁하면서 매출을 나눠 가져야 할 것이다. 게다가 그 사람은 투자한 연구비가 없으니 약을 당신보다 싸게 팔 수 있다.

이런 일이 예상된다면, 당신은 애초에 신약 개발에 투자하지 않았을 것이다. 바로 이것이 제약사들의 특허를 보증해주는 이유다. 즉, 특허를 가진 기업(또는 사람)만 판매할 수 있게 해서 위험을 감수하고 혁신적인 투자를 감행할 수 있게 해주는 것이다. 역설적이게도, 이런 경우의 독점은 혁신을 방해하지 않고 오히려 혁신을 촉진한다.

큰 고정비용이 들어가는 시장 외에도, 단일한 재화나 서비스를 이용하는 게 많은 사람에게 이득일 때 자연독점natural monopoly 이 형성되기도 한다. 소셜미디어를 예로 들어보자. 당신은 어떤 소셜네트워크서비스를 사용하는가? 아마도 친구들이 사용하는 것일 가능성이 높다. 이유가 뭘까? 아무도 사용하지 않는 소셜미디어는 사용할 이유가 없기 때문이다. 소셜미디어는 사용자가 많을수록 활용도가 높아진다.

이런 현상을 네트워크 효과network effect라고 한다. 페이스북 사용자는 현재 전 세계적으로 약 30억 명이며, 트위터 사용자는 4억 명이고 인스타그램 사용자는 14억 명이다.[5] 이 소셜미디어에 이렇게 많은 사람이 가입해 있다는 것은 당신이 소통할 사람도 그만큼 많다는 뜻이다. 자, 그럼 이제 막 개발되어서 사용자가 당신을 포함해 세 명밖에 없는 새로운 소셜미디어가 있다고 하자. 당신을 제외한 두 사람은 이 책의 저자인 우리다. 그런데 당신은 딱히 우리와 소통하고 싶지 않다. 우리로선 슬픈 일이지만, 당신이 우리를 잘 알지 못하니 그럴 수도 있다. 이런 상황이 빚어지는 것은 그 소셜미디어에 가입하는 것의 가치가 매우 낮기 때문이다. 자연독점은 이렇게 형성된다. 이런 시장에 새로 진입한 업체들은 힘겨운 경쟁을 해야 한다.

이런 일은 소셜미디어에서만 나타나는 게 아니다. 만약 당신이 아이폰과 아이패드를 사용하고 있다면, 당신은 아마도 갤럭시 이용자보다 애플워치로 더 많은 효용을 누릴 것이다. 왜냐하면 애플워치는 당신이 가지고 있는 다른 기기의 네트워크에 한층 더 쉽게 통합될 것이기 때문이다.

고정비용이 많이 들거나 네트워크 효과가 강력한 경우에는 독점이 소비자에게 유리할 수 있다. 경쟁 부족이 혁신의 동기를 줄인다고 하지만, 신약 개발처럼 독점이 오히려 혁신을 촉진하기도 한다. 이런 경우에는 독점 업체가 전횡을 휘두르거나 소비자를 과도하게 착취하지 않도록 국가가 제대로 감시하고 방향을 잡아주어야 한다. 철도나 에너지, 금융처럼 자연독점 경향이 있는 산업이 정부의 감시 대상이 되는 이유도 여기에 있다.

등록금과 기후위기의 공통점

1998년 이전에는 영국 대학생들은 등록금을 한 푼도 내지 않았다. 물론 책값이나 기숙사비는 부담해야 했지만, 그런 것들도 장학금으로 해결할 수 있었다. 그런데 1997년 11월에 대학이 입학생에게 1년에 1000파운드(약 160만 원)까지 등록금을 받을 수 있도록 하는 법안을 제안했다. 한 보고서는 영국 대학교들의 위태로운 재정 상태를 강조하면서 이 문제를 학생들이 내는 등록금으로 해결할 수밖에 없는 경제적·사회적 이유를 설명했다. 나중에야 깨달은 사실이지만, 1997년의 등록금 도입은 시작에 불과했다.[6] 2006년에 1년 등록금이 3000파운드로 올랐고, 2012년에는 9000파운드로 다시 세 배나 올랐는데, 이때 많은 학생이 분개해서 가두 시위를 벌이며 항의했다.

등록금 액수를 놓고, 또 누가 등록금을 부담해야 하는지를 놓고 벌어지는 논쟁은 복잡하고 종종 걱정스럽다. 하지만 이 논쟁의 뿌리에는 핵심적인 경제 개념이 자리 잡고 있다. 바로 외부효과 externality다.

외부효과는 어떤 경제활동이 그와 관련 없는 사람들에게까지 미치는 여파다. 어떤 사람이나 집단이 한 행동이 사회 전체에 손해나 혜택을 주기도 한다는 것인데, 당사자는 이득을 볼지라도 사회 전체는 손해를 입는 일이 생기기도 한다.

외부효과는 어떤 모습일까? 대학교 진학을 예로 들어서 살펴보자. 대학교에 진학하는 학생은 학교를 다니는 동안 취직이 미뤄진다는 기회비용을 부담해야 하지만, 졸업하고 나면 평생에 걸쳐서 더 많은 돈을 벌 수 있다. 대학교에 진학하면 대학 도서관의 책들을 무료로 볼 수 있고, 내로라하는 학자들 가까이서 공부할 수도 있다. 동아리나 과외활동을 하며 즐거운 시간을 보낼 수도 있다. 물론 등록금을 비롯한 비용, 공부에 쏟아야 하는 시간과 노력 등도 따져볼 것이다.

하지만 개개인이 내리는 경제적 결정은 사회 전체에도 영향을 미친다. 예를 들어서 대졸자 비율이 높은 사회는 더 생산적이고 법과 규칙을 잘 지키며 시민 참여 수준도 높은 경향이 있다.[7] 즉 대학교 진학자가 많아질수록 사회 전체에 이득이 된다. 이런 것이 긍정적인 외부효과다.

교육처럼 사회적 편익이 개인적 편익보다 크다면(긍정적인 외부효과가 있다면) 시장은 사회 전체적으로 바람직한 것보다 낮은 수준의 편익만 제공하는 경향이 있다. 왜냐하면 개인이 어떤 것을 구매하는 이유는 개인적인 차원의 욕구를 충족하기 위해서기 때문이다. 그래서 자기 욕구가 충족되고 나면 더는 구매하지 않는다. 만약 개인적인 부담이 너무 크다면 아무리 사회적으로 유익한 것이라고 해도 구매하지 않을 것이다. 바로 여기에서 문제가 발생한다. 개인의 판단에 모든 것을 맡기면, 시장은 사회 전체가 필요로 하는 것을 충분히 제공하지 못한다. 그래서 정부의 개입이 필요한 것이다. 정부의 목표는 사회 전체에 필요한 만큼 해당 재화나 서비스의 공급을 늘리는 것이다.

등록금 시위가 한창일 때, 외부효과에 대한 서로 다른 의견이 신문 사설란을 장식했다. 대학교 진학으로 생기는 이익은 학생 개인에게만 돌아간다고(즉, 긍정적인 외부효과가 작다고) 믿는 사람들은 대학교에 진학하는 학생들이 등록금을 부담하는 게 정당하다고 주장했다. 반면 대학교 등록금을 낮춰서 많은 사람이 대학 교육을 받을 수 있을 때 사회 전체에 큰 이익이 돌아간다고(즉, 긍정적인 외부효과가 크다고) 믿는 사람은 정부가 나서서 등록금을 보조해줘야 한다고 주장했다.

긍정적인 외부효과만 있는 게 아니다. 부정적인 외부효과도 있다. 기후변화가 대표적이다. 1990년에는 석탄을 태워서 전기를 생산할 때 드는 비용이 1킬로와트시kWh당 1파운드였다. 그런데 풍력이나 태양열로 전기를 생산할 때의 비용은 15배가 넘었다. 그러니 전기 회사는 당연히 석탄을 사용했다. 1990년 영국에서 소비된 에너지 가운데 화석연료가 차지하는 비율은 91퍼센트였다.[8] 당시로서는 당연한 일이었다.

그러나 현재 우리는, 당시 저렴한 석탄 가격으로 인한 후폭풍을 잘 알고 있다. 석탄을 태워서 전기를 생산할 때 발생하는 탄소는 풍력 발전의 약 20배나 된다. 그래서 결국 지구 기온이 상승하고 기상이변이 속출하며 기후비상사태가 임박하게 되었다.[9] 가정에서도 그렇다. 추울 때 옷을 하나 더 입는 것보다 난방을 더 트는 게 훨씬 간편하고 비용도 그리 많이 들지 않는 선택 같아 보인다. 그러나 이 비용이 적게 드는 것, 혹은 적게 든다고 보이는 것은, 그 난방비에 우리가 지구에 미치는 영향이 포함되어 있지 않기 때문이다.

이것이 부정적인 외부효과다. 석탄을 태울 때 부정적 외부효과가 크게 발생하지만, 전기를 생산하는 사람이나 그렇게 생산된 전기를 사용하는 사람은 이런 사실을 고려하지 않는다. 모든 것을 시장에 맡겨버리면 교육 서비스가 충분히 제공되지 않는다. 반대로 모든 것을 시장에 맡겨두고 아무도 개입하지 않으면 전기가 과잉 생산될 수밖에 없다. 기후위기 해결을 시장에만 맡겨두면 안 되는 이유도 바로 여기에 있다.

물론 기후비상사태는 부정적인 외부효과로만 설명할 수 없다. 사실 기후비상사태는 수많은 시장 실패가 엮여서 빚어진 결과다. 잉글랜드은행 직원 식당에서 벌어졌던 감자튀김 사태를 떠올려보자. 하딘이 말한 전형적인 공유지의 비극이다. 개인들의 욕심을 제어하지 못하자 우리의 공공재인 감자튀김이 원활하게 공급되지 않았다. 아마도 당신은, 직원 식당에서 감자튀김을 양껏 먹지 못하게 된 잉글랜드은행 직원들이 공유지의 비극 때문에 손해를 가장 많이 본 집단은 아니라고 생각했을 것이다. 이 이론은 황폐화된 수많은 공유 자원 사례에 적용할 수 있다. 그 가운데 가장 유명한 것을 소개하면 다음과 같다.

어업을 놓고 생각해보자. 어부들이나 어업 회사들은 툭하면 남획에 나선다. 왜 자기들의 생계가 달린 물고기의 씨를 말려서 삶의 터전인 바다를 황폐하게 만드는 행위를 망설이지 않고 하는 걸까? 될 수 있는 한 물고기를 많이 잡아야 한다는 개인적인 차원의 이익이 미래 세대를 위해서 바다 생태계를 보존해야 한다는 집단적인 차원의 이익과 충돌하기 때문이다. 어족 자원뿐만 아니라 산림자원도 마찬가지다. 어째서 열대우림 파괴가 해마다 계속될까? 지금 당장 나무를 베서 목재로 팔아 이득을 남기겠다는 벌목 회사의 이익과 장기적으로 숲을 보존해야 한다는 집단적인 이익이 상충하기 때문이다.

어부나 벌목꾼도 자기가 하는 행동이 미래의 자기 수입에 영향을 준다는 사실을 잘 알지 않을까? 조업에 나선 어부가 그날 고기를 얼마나 잡을지 결정할 때 그 사실을 고려하지 않을까? 문제는 사람들이 어떤 결정을 내릴 때 먼 미래보다는 지금 당장의 이익을 훨씬 중요하게 여긴다는 데 있다. 일반적으로 사람들은 기후변화나 산림 보존이나 보건 인프라 투자 같은 문제 앞에서 다음 세대에 미칠 영향을 고려하지 않는다. 잉글랜드은행 전 총재인 마크 카니Mark Carney는 이 현상을 '시간 지평의 비극tragedy of the horizon'이라고 불렀다. 시장 실패로 이어지고 마는 근시안적인 선택으로 미래의 우리와 자손들에게 문제를 떠넘기는 것이다.[10]

그래도 경제학은
기후위기에 도움이 된다

안타깝게도 경제학이 세계를 기후위기에서 구할 수 없지만, 적어도 몇 가지 해결책을 제시할 수는 있다. 첫 번째 해결책은 규제다. 정부는 특정한 재화의 생산을 규제할 수 있고, 재화의 생산량을 엄격하게 제한할 수도 있다. 예를 들어서 국가가 석탄 채굴량을 정할 수 있다. 이 조치는 이론상으로는 효과가 있을 수 있다. 그런데 실제 현실에서는 그렇지 않다는 게 문제다. '적정 생산량'이 얼마인지 알기가 매우 어렵고, 할당량을 설정하기도 매우 어렵기 때문이다. 정확한 적정 생산량을 알려면, 지금 당장의 외부효과뿐만 아니라 지난 수백 년에 걸친 외부효과와 사회에 미친 비용을 정확하게 계산할 수 있어야 한다. 이 계산에 동원할 숫자들을 생각하는 것만으로 현기증이 난다. 상호작용하는 수많은 효과를 고려해야 하는데, 그렇게 해서 나온 결과도 기껏해야 어림짐작일 뿐이다. 이처럼 방대하고 복잡한 계산을 보통 시장에 맡기는 것도 바로 이런 이유 때문이다. 그러나 이 경우에는 시장이 작동하지 않는다. 바로 이게 문제다.

사회가 부담하게 될 비용을 더 잘 반영하도록 사람들이 내는 비용을 다시 산정하는 것이 하나의 대안이 될 수 있다. 가장 쉬운 방법은 세금을 부과하는 것이다. 기후변화로 야기되는 위협이 명백하게 드러나기 훨씬 전인 1920년에 영국 경제학자 아서 세실 피구Arthur Cecil Pigou는 외부효과에 관한 유명한 논문을 썼다. 이 논문에서 그는 피구세Pigouvian tax로 일컬어지는 세금을 주창했는데, 부정적인 외부효과를 일으키는 재화에 세금을 물려서 가격을 인상하자는 것이었다. 이 세금은 외부효과로 발생하는 비용을 상쇄하는 수준으로 높게 매겨져야 한다. 예를 들어서, 환경에 미치는 영향을 고려할 때 화석 연료 비용이 현재 시장가격의 두 배라면, 화석연료에 매기는 세금은 시장가격의 100퍼센트가 된다.[11] 이 세금 액수를 책정하는 일이 어렵긴 하지만, 시장에서 작동하는 여러 힘과 가격탄력성 그리고 수요의 법칙을 고려할 때 어떤 재화의 값을 올리면 수요가 줄어들 것임은 합리적인 추론이다.

이런 세금을 도입하면 시장 메커니즘과 인센티브를 사용해서 구매와 관련된 사람들의 의사 결정에 영향을 미칠 수 있다고 피구는 주장했다. 가격과 구매 결정은 실제로 지불하는 비용을 토대로 이루어지므로 사회적으로 유익한 결과가 나올 수 있다. 마찬가지로 긍정적인 외부효과에는 정부가 보조금을 지원해서 개인이 부담하는 비용을 낮춰야 하는데, 이 보조금은 사회적 차원에서 발생하는 편익을 반영해야 한다. 비록 100년 전에 등장한 개념이지만 피구의 발상은 여전히 유효하다. 피구세를 지지하는 '피구 클럽Pigou club'에는 세계에서 가장 유능한 경제학자들을 비롯해 정치인과 과학자, 일론 머스크와 빌 게이츠와 같은 유명 인사가 가입해 있다. 이 단체는 화석연료 사용을 줄이고 기후 재앙을 막아야 한다는 목적 아래 피구의 발상이 현실에 적용되도록 20년 가까이 노력해왔다. 무료 등록금 제도도 피구가 주장했던 정부 보조금과 같은 맥락이다.

두 번째 해결책은 시장의 역할을 늘리는 것이다. 어떤 이들은 부정적인 외부효과가 시장이 작동하지 않기 때문이 아니라 시장이 충분하지 않기 때문에 나타난다고 주장한다. 즉 시장 실종 missing market이 문제라는 것이다. 만약 사람들이 화석연료의 실제 비용을 거래할 수 있다면(즉, 외부효과로 인한 충격을 사고팔 수 있다면) 시장은 그 비용이 반영된 가격을 찾을 거라는 주장이다.

이 발상은 1960년대에 경제학자 로널드 코스Ronald Coase가 피구를 비판하며 제기한 것인데, 기후변화를 포함한 여러 문제를 해결할 실용적인 제안으로 발전했다. 2005년에 유럽연합EU은 탄소배출권거래제emissions trading scheme, ETS를 마련했다. 유럽연합은 기업별로 이산화탄소를 비롯한 온실가스 배출량 상한선을 설정했다 정부가 기업별로 정해준 탄소배출량보다 배출량이 많으면 거래소나 장외 시장에서 배출권을 사야 하고, 반대로 배출량이 적으면 남은 배출권을 팔 수 있다-옮긴이. 지금까지는 규제가 잘 작동하고 있다. 그렇다면 시장은 어떻게 형성될까? 탄소를 배출하는 기업들은 자기 몫의 할당량을 사야 한다. 이 할당량보다 많은 탄소를 배출하는 기업은 탄소배출권을 다른 기업에서 사야 하고, 반대로 탄소배출량이 할당량에 미치지 않아서 여유가 있는 기업은 이 권리를 다른 기업에 팔 수 있다. 이것은 시장 기반 인센티브를 도입해서 탄소를 배출할 때 금전적인 비용을 물게 하자는 것이다. 탄소배출권 시장은 수요와 공급의 원칙에 따라 부정적인 외부효과를 한층 더 정확하게 반영하는 가격을 매길 것이라는 주장이다. 탄소배출권 거래제와 같은 제도들은 2010년대를 지나면서 탄력을 받았다. 이 책을 쓰는 시점을 기준으로 뉴질랜드부터 한국에 이르기까지 그런 시장은 50개가 넘는다.[12]

노벨상을 수상한 경제학자 고故 엘리너 오스트럼Elinor Ostrom은 시장이 환경에 미치는 유해한 영향에 대응하는 방법을 제시했다. 오스트럼은 인도, 미국, 케냐, 터키 등 전 세계의 '공유지'를 연구했다. 그 결과 공유지의 자원이 하딘이 말한 것처럼 늘 황폐화되지는 않으며 거기에는 이유가 있다고 설명했다. 정부가 공동 자원을 통제할 때는 자원이 고갈되지 않았다. 사회 전체가 하나로 뭉쳐서 지속 가능성을 보장했기 때문이다. 오스트럼은 하딘이 무조건 틀린 것은 아니지만, 공유지의 비극이 늘 일어나지는 않는다는 것을 보여주었다. 오스트럼에 따르면 가장 중요한 것은, 자원 고갈로 피해를 입는 사람들이 의사 결정에 참여하는 것이었다.

오스트럼의 연구는 공유지의 비극이 되풀이되는 이 세상에 대안을 제시한다. 이 대안은 공동체의 협력을 바탕으로 기후위기 같은 공유지의 비극을 막을 수 있다고 일러준다. 오스트럼이 제시한 처방을 실천하기만 한다면, 다른 시장 실패도 극복할 수 있을 것이다.

우리가 중고차 딜러를 믿지 못하는 이유: 레몬 시장

중고차 판매원은 모두 사기꾼이라는 말이 있다. 로알드 달Roald Dahl의 책에 나오는 마틸다의 아버지나 각종 영화나 드라마에 등장하는 중고차 판매원을 떠올려보라. 이 사람들은 구매자를 속여서 바가지를 씌우려고 온갖 수단을 동원한다.

성실한 중고차 판매원은 이런 평판이 부당하다고 할지도 모른다. 공격적인 협상 및 판매 전술은 다른 곳에서도 얼마든지 찾아볼 수 있으며, 비양심적인 판매원이 있다면 소문이 퍼져서 결국 장사가 잘 안될 것이기 때문이다. 하지만 우리는 여전히 중고차 판매원을 신뢰하기가 쉽지 않다. 구매자와 판매자 사이에는 정보 불균형이 엄연히 존재하기 때문이다. 중고차 판매원은 자기가 팔려는 차가 얼마나 관리가 잘 되었는지, 사고나 침

수 여부 등 차에 관한 정보를 구매자보다 훨씬 많이 또 정확히 알고 있다. 구매자로서는 성능이나 이력이 미심쩍은 중고차를 아무것도 모른 채 사게 될 위험을 감수할 수밖에 없다.

노벨 경제학상 수상자인 조지 애컬로프George Akerlof는 이런 시장을 레몬 시장the market for lemons이라고 지칭했다 애컬로프는 1970년에 발표한 논문에서 중고차 시장의 나쁜 차와 좋은 차를 각각 레몬과 복숭아에 비유했다 - 옮긴이. [13] 애컬로프는 불량 중고차의 경제학을 탐구했다. 그는 사람들이 자기가 사려는 자동차의 품질을 정확하게 알 수 없을 때는 자동차의 품질이 평균일 거라고 가정할 수밖에 없고, 따라서 평균 가격을 지불하려 한다는 사실을 입증했다. 이는 품질이 좋은 자동차를 파는 사람은 평균 가격에 자동차를 팔려고 하지 않는다는 뜻이기도 하다. 동시에 '레몬'을 팔려는 사람들은 모든 사람이 모든 정보를 가지고 있을 때보다 훨씬 유리한 가격에 자동차를 팔 수 있기 때문에 평균 가격에 기꺼이 자동차를 팔려고 한다는 뜻이다.

이런 이유로, 중고차 시장에서는 품질이 낮은 상품을 판매할 때 보상이 주어진다. 그래서 시장에는 '레몬'만 늘어나고 '복숭아'는 줄어든다. 결국 품질이 떨어지는 자동차만 계속 시장에 나오는 악순환이 이어진다. 이것은 모든 사람이 모든 정보에 접근할 수 있는 완벽한 경쟁 모델이 작동하지 않는 시장의 대표적인 사례다. 이런 정보 비대칭information asymmetry 시장은 우리의 기대를 저버리고 우리를 실망시킨다.

레몬 시장은 다른 곳에서도 발견할 수 있다. 예를 들어, 보험사는 '레몬'을 다루는 데 능숙하다. 예를 들어 자동차보험에 가입하려는 두 사람이 있고, 보험사는 두 사람에 대한 아무 정보도 없다고 하자. 보험사는 어느 쪽이 위험한 운전자이고 어느 쪽이 신중한 운전자인지 구분할 수 없기 때문에 모든 운전자를 평균적인 수준으로 가정할 수밖에 없다. 따라서 위험한 운전자일수록 유리하게 보험 계약을 체결하게 되고, 위험한 운전자가 점점 더 많이 보험에 가입하게 된다.

보험사는 이 문제를 극복하려고 보험에 가입하려는 사람들과 관련된 정보를 최대한 많이 확보하려고 한다. 보험 가입 서류에 질문이 그렇게나 많은 것도 이 때문이다. 보험사는 고객이 어떻게 운전하는지 파악하기 위해 자동차에 블랙박스를 설치하도록 유도하기도 한다. 그러나 블랙박스조차도 애컬로프가 말한 역선택adverse selection의 한 예다. 운전이 미숙하거나 난폭한 사람이라면 정보를 제공하지 않는 게 유리하기 때문에 블랙박스 설치를 꺼릴 것이다. 반면 안전하게 운전하는 사람일수록 블랙박스를 설치하는 것이 이득이고, 그래서 더 많은 모범 운전자가 블랙박스를 선택한다. 그렇지만 난폭한 운전자도 마냥 마음을 놓을 수는 없다. 보험사들도 이를 알고 있기 때문에, 블랙박스를 설치하지 않는 운전자를 미숙하거나 난폭한 운전자라고 가정하고 보험료를 높게 매길 수 있기 때문이다.

애컬로프의 통찰은 돈을 받고 상품 리뷰를 써주는 인터넷 세계에서도 찾아볼 수 있다. 2020년 아마존은 돈을 받고 별 다섯 개 평점을 준 사람들을 적발하고 리뷰 약 2만 개를 삭제했다. 영

국 아마존에서 판매되는 상품 가운데 약 60퍼센트에 허위 리뷰가 달려 있다는 연구 결과도 있다.[14]

판매자들이 돈을 주고라도 좋은 리뷰를 쓰게 하는 이유도 정보 비대칭 때문이다. 구매자는 구매하려는 제품에 관한 정보를 최대한 많이 확보하려고 한다. 판매자는 이를 잘 알고 있다. 그래서 비양심적인 판매자들은 정보 측면에서 자기가 가진 강점을 이용하고, 더 나아가 이 정보 불균형을 한층 더 공고하게 해서, 아무런 의심도 하지 않는 구매자에게 더 많은 '레몬'을 팔려고 한다.

불완전한 정보의 결과는 기후위기 논쟁에서도 볼 수 있다. 이 주제는 복잡하고 혼란스럽기까지 하다.[15] 많은 사람이 자기가 내리는 결정이 초래할 결과를 제대로 알지 못한다. 오래된 내연기관 자동차를 전기 자동차로 교체하는 게 나을까? 전기 자동차용 배터리를 생산할 때 나오는 환경오염이 배기가스 배출 감소보다 심각하지 않을까? 정보가 부족하면 정보에 입각한 결정을 내리기가 불가능하므로 완벽하지 않은 선택을 할 가능성이 높아진다.

주행거리가 짧은 중고차를 샀다고 생각했는데 알고 보니 곧 폐차해야 할 상태일 때와 마찬가지로, 부정적인 외부효과를 줄이려고 올바른 선택을 했다고 생각했는데, 알고 보니 전혀 그렇지 않을 때가 있다. 이런 이유로 기후위기가 오히려 가속화될 수 있다.

무제한 감자튀김이 사라진 이유

몇 년 전에 잉글랜드은행 직원 식당은 중요한 결정을 내렸다. 오랫동안 사람들이 감자튀김을 얼마나 많이 퍼 담아가든 동일한 가격을 받았는데(그래서 몇몇 직원은 감자튀김을 반反사회적으로 많이 퍼 담았다), 감자튀김을 담은 양만큼 가격을 매기기로 한 것이다.

처음에는 불평이 많았고 소동도 일어났다. 감자튀김을 제한 없이 먹는 데 익숙해져 있었으니 당연한 일이다. 그러나 얼마 지나지 않아서 바람직한 효과가 나타났다. 음식 쓰레기가 줄어든 것이다. 감자튀김을 담은 양만큼 가격을 매기자 사람들은 자기가 먹을 만큼만 감자튀김을 가져갔다. 그래서 식당에 늦게 가더라도 감자튀김을 못 먹을 일도 없어졌다.

잉글랜드은행의 감자튀김 딜레마는 시장과 경제에 대해 놀라울 정도로 많은 것을 가르쳐준다. 사람들이 그렇듯 시장도 완벽함과는 거리가 멀다. 시장은 사람들이 선택하는 것에 대한 비용을 완벽하게 계산하지 못해서 유한한 자원(예를 들면 감자튀김)이 과잉 소비되게 한다. 시장이 실패하는 이유는 이것뿐만이 아니다. 시장은 또한 유용한 것들(예를 들면 교육)이 과소 생산되게 하고, 해로운 것들(예를 들면 이산화탄소)이 과잉 생산되게 한다. 또, 소비자와 사회 전체를 희생시키더라도 자기 이익만 추구하는 독점이 나타나게 만든다. 그러면서 호구가 되지 않으려면 완벽한 정보를 수집해야 한다고 사람들에게 강요한다.

그러나 잉글랜드은행 직원 식당에서 본 것처럼, 시장을 없애야 한다는 뜻은 아니다. 시장 홀로 기후비상사태를 해결하지 못하겠지만, 시장도 문제를 해결하는데 도움을 줄 수 있다. 때로는 제대로 작동하는 시장이 없는 것이 문제일 수도 있다. 탄소배출권거래제에서 보듯이 필요하고 유용한 시장을 만드는 것이 도움이 될 수 있다. 환경을 파괴하는 활동에는 피구세를 매길 수도 있다. 즉, 시장 기반의 인센티브를 마련해서 사람들의 행동을 바람직한 방향으로 유도할 수 있다.

물론 기후변화는 직원 식당의 감자튀김 배분보다 훨씬 어렵고 복잡한 문제다. 기후비상사태를 해결하려면 사람들이 경제적인 이해를 해야 하고, 정치적인 의지가 있어야 하며, 사회적인 변화를 이끌어내고자 해야 한다. 경제 이론과 모델 들은 우리를 그 길로 안내해준다. 하지만 실천은 우리 각자의 몫이다. 그리고 우리가 각자 역할을 제대로 수행하려면 시장이 효과적으로 운영될 때와 그렇지 않을 때를 구분할 줄 알아야 한다.

어떻게 하면 월급을 올릴 수 있을까?

고임금의 원천, 스프링필드 노조가 결성된 이유,

그리고 성급하게 박사 학위를 받는 것의

위험성에 대해서

Q. 노동시장은 어떻게 작동할까?

Q. 일자리를 찾는 게 왜 이렇게 힘들까?

Q. 내 월급은 왜 지금 이 수준일까?

Q. 내 연봉은 어떻게 높일 수 있을까?

2019년 7월, 뉴욕의 아서 애시 스타디움에 수천 관중이 모였다. US 오픈 경기장인 이곳에서는 역사적으로 중요한 경기들이 열리곤 했는데, 그날 펼쳐진 경기는 다른 경기와 약간 달랐다. 관중들은 테니스 팬이 아니라 게임광이었고, 이틀 동안 테니스 경기 대신 세계 최고의 게이머들이 벌이는 포트나이트 게임을 지켜보았다.

게임 팬들에게 포트나이트 월드컵은 US 오픈 못지않게 유명하다. 결승전에 진출한 100명은 4000만 명을 이기고 올라온 사람들이었다. 결승 진출자 대부분은 게임을 직업으로 삼은 프로들로, 결승전에 오르기 위해 수천 시간 동안 훈련해왔다.

이들에게 게임은 한가로이 즐기는 취미가 아니다. 프로 e스포츠 선수가 되면 돈을 엄청나게 많이 벌 수 있다. 게임단에 소속되어 선수로 활동하는 e스포츠 선수들의 연봉은 약 5만 달러(약 6000만 원) 정도다. 대회에서 우승하면 추가로 상금을 받는데, 이런 대회는 대개 대기업의 후원을 받는다. 2019년 포트나

이트 월드컵에서 우승한 10대 소년 카일 기어스도프는 300만 달러(약 38억 원)를 벌었고, 지금도 자기가 하는 게임을 보려는 구독자들 덕분에 한 달에 5만 달러씩 번다. 연예인으로 변신한 게이머는 1년에 수천만 달러를 우습게 벌기도 한다.

포트나이트 월드컵은 노동시장labor market이 어떻게 작동하는지 잘 보여주는 예시다. 노동시장은 일자리와 노동력이 거래되는 시장이다. 노동시장을 이해하면, 어떤 사람은 게임을 하면서 엄청난 돈을 버는데 어떤 사람은 힘들고 지루한 일을 하면서 적은 돈을 받는 이유를 알 수 있다.

노동자의 임금은 노동자가 고용주에게 얼마나 가치 있느냐에 따라 결정된다. 경제학자들이 한계생산물marginal product이라고 부르는 개념이 있다. 다른 생산요소는 고정해두고 특정 생산요소를 증가할 때 늘어나는 생산물로, 여기서는 고용주가 노동자를 추가로 투입할 때 얼마나 추가 이득을 얻을 수 있느냐가 될 것이다. 당신이 임금을 받는 노동자라면, 당신의 생산성이 높을수록 즉, 당신이 시간당 생산하는 금전적 가치가 높을수록 당신의 임금은 높아질 것이다. 하루에 케이크 10개를 만드는 제빵사는 5개밖에 만들지 못하는 제빵사보다 가치가 높으며, 당연히 임금도 더 많이 받는다. 대개는 이 한계생산물이 어떤 사람이 다른 사람보다 임금을 많이 받는 이유를 설명해준다.

게이머들도 다르지 않다. 사람들은 대부분 돈을 받으면서 게임을 하지 않는다. 오히려 게임을 하려고 돈을 지불한다. 그러나 최고의 게이머들은 게임을 하면서 몇억 원씩 받는다. 이 사람들은 고용자에게 높은 한계생산물을 제공하기 때문이다. 포트나이트 프로 경기는 인기가 많다. 엔터테인먼트 수요가 매우 높다는 뜻이다. 아서 애시 스타디움을 가득 메운 관중이나 게임 중계 플랫폼의 구독자와 광고를 보면 쉽게 알 수 있는 사실이다. 프로 게이머들이 벌어다주는 돈에 비하면 그들이 받는 수백만 달러의 연봉이 오히려 적을 정도다.

만약 우리 저자들이 마리오 카트 게임을 하는 동영상을 유튜브에 올린다고 치자. 과연 우리는 이 동영상으로 얼마를 벌 수 있을까? 아마도 얼마 벌지 못할 것이다. 아니, 땡전 한 푼 벌지 못할 것이다. 우리 동영상이 유튜브가 챙길 추가 수익을 창출하지 못하기 때문이다. 우리가 하는 게임을 보고 싶어 할 사람은 없다. 게이머로서 우리가 내는 한계생산물은 매우 낮은 수준이라서 그렇다.

언뜻 보면, 노동시장은 다른 시장들과 다를 게 없어 보인다. 구매자(고용주)와 판매자(노동자)가 거래를 하는 시장이다. 그렇지만 실제로는 그렇게 단순하지 않다. 노동시장은 대체로 수요와 공급의 법칙을 따르지만, 온갖 마찰friction로 가득 차 있다. 마찰이 존재한다는 것은 시장이 수요와 공급 변화에 즉각적으로 대응하지 못한다는 뜻이다. 노동 수요가 매우 높을 때라고 해도 노동비용(임금)은 공급을 늘리기 위해서 높아지지 않는다. 많은 경우, 고용주도 노동자도 지금 어떤 일자리가 필요한지 모른다. 자기가 게임으로 돈을 벌 수 있다는 사실을 알지 못하는 재야의 고수가 얼마나 많은지 생각해보라.

보수를 더 많이 받을 수 있는 일자리를 찾으려면 시장이 어떻게 작동하는지 알아야 할 뿐만 아니라 시장이 고용과 상호작용하는 방식도 알아야 한다. 이를 제대로 파악한다면 당신도 얼마든지 연봉을 올릴 수 있다. 게임에 재능이 없다고 하더라도 말이다.

노동시장의 공급과 수요

어떤 면에서 보면 노동시장은 다른 시장들과 매우 비슷하게 돌아간다. 1장에서 시장에서 상품의 가격이 공급과 수요에 따라 결정되는 과정을 살펴보았는데, 노동시장도 마찬가지다.

노동은 노동자가 공급한다. 얼마나 많은 사람이 일자리를 갖고 있으며, 또 얼마나 많은 사람이 일자리를 찾고 있는가? 점심시간에 잠깐 쉬면서 사무실에서 이 책을 읽는 사람이든 집에서 빈둥거리며 취업 사이트에 들어가 일자리를 찾는 사람이든 모두 노동시장의 노동 공급자다.

이 공급의 크기 즉, 노동 공급량은 여러 가지 요인으로 결정된다. 거시적으로 보자면, 일단 노동인구가 얼마나 많은지에 달려 있다. 그러나 노동인구의 크기는 여러 이유로 바뀐다. 우선 인구의 순유입 때문에 노동인구가 늘어날 수 있다. 예를 들어서 1980년에 마이애미의 노동인구가 7퍼센트 늘어났는데, 쿠바에서 발생한 급격한 경제 침체로 쿠바인이 대거 미국으로 이주했기 때문이다.[1] 문화의 변화도 노동인구에 영향을 주는데, 20세기 중반에 비해서 지금 훨씬 더 많은 여성이 가정 바깥에서 일하고 있다. 그래서 지금은 수백만 명의 여성이 노동인구에 포함되어 있다.[2]

그러나 노동자가 되는 것은 어디까지나 개인의 결정에 달려 있다. 미시적으로 보면, 어떤 사람이 노동을 공급하는 노동자로 노동시장에 들어갈지 결정할 때, 이 결정은 자기가 벌어들일 소득이 얼마일지 그리고 그 임금이 자기가 받을 비非근로소득(예를 들면 실업수당, 이자, 배당금 등)보다 얼마나 많을지 등에 따라 달라질 것이다. 얼마나 일을 하고 싶은지도 중요한 요인이다. 만약 일하기가 끔찍하게 싫은 사람이 있다면, 이 사람은 수입이 줄어든다고 해도 일을 덜 하는 쪽을 선택할 것이다. 또 어떤 사람은 자기가 속한 조직의 문화가 좋다는 이유로 돈을 더 많이 주는 다른 직장을 포기하고 그곳에 남기도 한다.

일을 하지 않는 사람들도 있다. 솔직히 말하면 우리 저자들을 포함해 많은 이가 그런 사람들을 부러워한다. 직장에 다니며 일하는 동안에는 개인 시간이 줄어들 수밖에 없다. 우리 저자들도 이 책을 쓰지 않기로 했다면 원고를 쓰려고 고생하는 시간에 어디 시원한 데 가서 가볍고 재미있는 책이나 뒤적이며 뒹굴뒹굴 놀았을 것이다. 그러다가 문득 정책 브리핑 자료를 준비하는 것을 그리워할지도 모르지만. 게다가 생활비를 마련하고 맛있는 커피도 마시려면 어떤 식으로든 돈을 벌어야 한다. 어떤 사람들(예를 들어 은퇴자들)은 일하지 않고 여유롭게 보내려고 꾸준히 저축을 해왔다. 또 어떤 사람들은 학생이거나 돌볼 가족이 있거나 투병 생활을 하느라 일을 하지 않을 수도 있다. 이런 사람들은 실업자로 치지 않고, 따라서 노동인구에도 포함되지 않는다 '경제활동인구'와 '비경제활동인구'라는 용어로 이 구분을 하기도 한다 — 옮긴이.

그런데 노동인구와 관련된 전체 그림은 한층 더 복잡하다. 평생 일을 하거나 전혀 하지 않는 사람은 없다. 사람들은 일을 하다가도 그만두고, 하지 않다가도 일을 한다. 그리고 돈을 더 많이 벌 수 있다고 해도 깨어 있는 시간 내내 일하지 않는다. 또한 시간당 임금이 높아지면 일을 적게 하는 경향이 있다. 2019년 스페인에서는 한 방송 기자가 복권에 당첨되자 일을 그만두겠다고 생방송 중에 선언했는데, 나중에 알고 보니 당첨금이 소액이라서 땅을 치며 후회한 일이 있었다. 돈이 많을수록 일을 덜하려 한다는 강력한 경제원칙이 작동하는 사례다. 임금이 적은 사람은 생활을 유지하는 데 필요한 돈을 마련하기 위해 장시간 일해야 한다. 어느 정도 높은 임금을 받는 사람은 굳이 그렇게까지 일을 많이 하지 않아도 된다. 이런 여러 가지 사정을 고려해야 하므로 노동 공급량은 간단하게 추정할 수 없다. 노동 공급량은 문화적 규범, 경제정책, 노동인구의 변화 등으로 늘어나기도 하고 줄어들기도 한다.

노동시장에는 공급 말고 수요도 있다. 수요는 고용주에게서 비롯된다. 고용주가 필요로 하는 직원의 수에 따라서 수요량이 달라진다. 그런데 노동 수요는 공급보다도 복잡하다. 노동 수요는 다른 수요들과는 다르다. 노동 수요는 그 자체가 목적이 아닌 파생수요derived demand로, 노동자가 생산하는 재화나 용역의 수요에서 파생되는 간접적인 수요다. 노동 수요량은 노동 공급량과 마찬가지로 변동적이다. 경기가 나쁠 때는 소비가 줄어들고 사업체가 문을 닫거나 생산을 줄이는 바람에 노동 수요량이 줄어든다. 노동 수요량은 노동자를 대신할 수 있는 기술(예를 들면 로봇)에 따라서도 달라진다.

노동시장은 독특한 특성이 있지만, 다른 시장과 마찬가지로 수요와 공급이 만나는 지점에서 가격(임금)이 결정된다. 노동 수요(노동자를 찾는 사람의 수)와 노동 공급(일자리를 찾는 사람의 수) 사이에서 발생하는 상대적 불균형이 임금이 오르거나 내려가는 이유를 설명해준다. 특정 분야에서 일할 사람이 부족할 때, 예를 들어서 극도로 희소한 기술이나 높은 수준의 교육이 필요한 일이거나 혹은 매우 힘들거나 더러운 일이라서 그 일을 하겠다고 지원하는 사람이 부족할 때는 임금이 높아진다. 최근 IT 전문가들의 높은 연봉이 화재인데, 코딩 업무의 필요성에 비해 이 일을 할 수 있는 사람이 많지 않기 때문이다. 심해 잠수부도 돈을 많이 받는다. 배에서 많은 날을 보내야 하고, 해저라는 위험한 환경에서 장시간 일하는 것을 사람들이 좋아하지 않기 때문이다.

이것은 사람들이 기피하는 일을 하도록 시장의 보이지 않는 손이 작동하기 때문이다. 이는 우리가 궁금한 질문인 "어떻게 하면 내 연봉을 올릴 수 있을까?"에 대해서도 간단한 답을 제시한다. 심해 잠수부가 되거나, 남들이 쉽게 하기 어려운 일을 하면 된다.

일자리 찾기가 어려운 이유: 실업의 여러 유형

그러나 취직하려고 고군분투한 적이 있는 사람에게는 이런 대답은 의미 없을 것이다. 오히려 화를 낼지도 모른다. "남들이 쉽게 하기 어려운 일을 하라"는 충고는 말로 하긴 쉽지만 행동으로 실천하기는 어렵다. 노동시장은 완벽하게 또 즉각적으로 작동하지 않기 때문이다. 노동시장에는 마찰 요소들이 끼어 있어서 수요와 공급이 매끄럽게 일치하지 않는다. 그러므로 언제나 실업자는 존재할 수밖에 없다.

이른바 '고전주의 경제학자'로 일컬어지는 18~19세기 경제학자들의 실업 이론은 요즘에는 받아들이기 어렵다. 그들은 실업을 단순히 공급 과잉의 결과라고, 즉 일자리보다 노동자가 많아서 생긴 일이라고 결론을 내렸다. 예를 들면 이런 식이었다. 어떤 나라에 유리창 청소부가 남아돈다고 하자. 청소할 유리창보다 청소부가 많다면 청소부의 임금은 계속 떨어질 것이다. 청소부들이 그 돈을 받고 일하느니 차라리 실업자가 되겠다고 할 수준까지 말이다.

이런 관점에서 보면 실업은 하나의 선택이라고 할 수 있다. 사람들이 시장에서 결정된 임금을 받고는 일을 하지 않기로 마음먹는다는 말이다. 바꿔 말하면, 시장에서 제시된 임금은 노동자를 일터로 끌어내기에 충분히 높지 않다. 노동자가 최소한으로 받고자 하는 임금인 유보임금reservation wage에 미치지 못한다는 말이다 임금이 300만 원이면 그 일을 하겠다는 게 노동자의 마음이지만, 시장에서 설정된 임금이 200만 원일 때, 임금이 250만 원이면 공급자와 수요자 모두 받아들일 수 있다면, 이 250만 원이 유보임금이다 - 옮긴이.

그러나 그 이후 경제학자들이 이 이론의 문제점을 발견했고, 결국 고전주의 이론은 폐기되었다. 문제점을 찾아낸 대표적인 사람이 존 메이너드 케인스John Maynard Keynes다. 케인스는 실업은 노동자를 필요로 하는 수요의 부족에서 발생한다고 봤다. 다른 경제학자들도 노동시장은 사람들이 기대하는 것처럼 원활하게 작동하지 않는다는 것을 깨달았다. 경제 상황이 바뀐다고 모든 사람이 자기가 하던 일을 내팽개치고 다른 업종에 취업하려고 재교육받는 일은 현실에서는 일어나지 않는다. 세상에 어떤 일자리들이 있는지 모든 사람이 다 아는 것도 아니다. 오늘날 경제학자들은 실업이 노동자의 자발적인 선택이 아니라고 본다. 고전주의 이론은 노동의 공급량 변화에 초점을 맞춘 신고전주의 이론에 자리를 내주고 물러났다.

실업은 여러 가지 형태로 나타날 수 있다. 첫째, 주기적인 실업이 있다. 9장에서 살펴보겠지만, 경기는 주기적으로 순환한다. 호경기와 불경기가 번갈아 나타난다는 말이다. 그런데 경기는 노동자에게 커다란 영향을 미친다. 경기순환에 따라서 일자리의 수도 변하기 때문이다. 기업은 호경기에 생산 규모와 고용을 늘리지만, 불경기에는 고용을 줄인다. 그러나 노동 공급량은 그보다 훨씬 느리게 변화한다. 따라서 경제가 어려워지면 많은 사람이 실업 상태로 내몰린다.

일자리와 실업의 관계는 단순한 경제 분석으로도 포착할 수 있다. 어느 나라의 구인 광고 수(비어 있는 일자리 수)를 살펴보고 이것을 일자리를 찾는 사람의 수(실업률)와 비교한 다음에 이 둘을 하나의 그래프에 올려놓고 분석하는 것이다. 경기순환 주기에 따라 경기가 하강할 때 발생하는 실업인 경기적 실업 cyclical unemployment(주기적 실업)이라는 개념이 옳다면, 불경기 동안에는 비어 있는 일자리의 수가 줄어들고 실업률이 높아질 것이다. 1950년대에 크리스토퍼 다우Christopher Dow와 레슬리 아서 딕스미로Leslie Arthur Dicks-Mireaux는 경기적 실업이 일상적으로 나타난다는 사실을 증명했다. 두 사람은 실업-결원이라는 개념을 그래프로 표현하고 베버리지 곡선Beveridge curve이라고 이름을 붙였다. 영국의 복지국가 설립자 중 한 명인 윌리엄 베버리지William Beveridge의 이름을 딴 것이지만, 베버리지는 이 곡선과 아무런 관련이 없다.

그러나 경기적 실업으로 모든 실업을 설명할 수는 없다. 어느 나라든 노동자를 구하지 못한 일자리와 일자리를 찾는 노동자가 동시에 존재한다. 예를 들어, 2008년 경제 위기 이후 많은 나라에서 실업률과 결원율이 동시에 높아졌다.

이것은 실업의 두 번째 형태인 구조적 실업structural unemployment 으로 이어진다. 구조적 실업은 노동시장의 구조적인 수급 불균형으로 발생하는 실업이다. 2000년대 후반 미국 건설업은 구조적 실업이 어떻게 생겨나는지 잘 보여준다. 당시 미국에서는 주택 수요가 줄면서 많은 건설 노동자가 일자리를 잃었다. 그래서 이 사람들은 다른 일자리를 찾았다. 그런데 이 사람들이 할 수 있는 일이 많지 않았다. 다른 일에 필요한 자격을 갖추지 못했던 것이다. 당시 파산 전문 변호사를 찾는 수요가 높았지만 건설 노동자를 찾는 수요는 없었다. 이 실업은 경제의 구조적 변화로 발생했으며, 건설업 실업자들은 그 변화에 대응할 준비가 되어 있지 않았다. 이런 구조적 실업을 바로잡는 데는 오랜 시간이 걸린다. 실업 상태의 노동자가 결원이 발생한 일자리를 채울 수 있도록 기술과 소양을 가르쳐야 하기 때문이다.

경제학자들은 경기적 실업과 구조적 실업을 파악해왔고, 정부는 이런 실업이 발생할 때마다 실업을 줄이려고 다양한 시도를 해왔다. 그러나 최근 몇 년 동안에는 많은 경제학자가 세 번째 실업 형태인 마찰적 실업frictional unemployment에 초점을 맞추었다. 이 실업은 노동자가 새로운 일자리를 찾거나 직장을 옮기는 과정에서 일시적으로 발생하는 실업이다.

마찰적 실업은 호황이나 불황과 상관없이 발생한다. 당신이 마지막으로 이력서와 입사 지원서를 썼던 때를 생각해보라. 취업 기간이 길었을 수도 있고, 더 좋은 일자리를 찾으려고 겨우 들어간 직장을 그만두었을 수도 있다. 한 직장을 나와서 다음 직장을 찾기까지 시간이 걸릴 수밖에 없다는 사실은, 아무리 시장이 효율적이고 호황기라 하더라도 실업자가 있을 수밖에 없다는 뜻이다. 한마디로 일자리를 찾는 사람과 일자리 사이에 '마찰'이 존재한다.

노벨 경제학상을 받은 피터 다이아몬드Peter Diamond, 데일 모

텐슨Dale Mortensen, 크리스토퍼 피사리데스Christopher Pissarides
는 이 마찰적 실업을 설명하고자 이른바 검색 및 매칭search and
matching 모델들을 개발했다. 이 모델들은 노동자와 적절한 일자
리를 연결하는 데 시간이 얼마나 걸리는지 보여준다. 영국과 경
제 규모가 비슷한 나라에서는 해마다 1000만 개가 넘는 일자리
광고가 나온다.[3] 그런데 사람들은 이 일자리들을 어떻게 찾을
수 있을까? 잘못된 일자리를 선택했다가 좋은 기회를 놓치면
어떻게 될까? 현재의 일자리를 그만두고 더 좋은 일자리로 옮
길 수 있을지 어떻게 알 수 있을까? 이 모든 마찰이 노동시장이
원활하게 돌아가는 것을 막는다. 이 마찰들은 경제학자들이 말
하는 일자리의 매칭 효율matching efficiency을 낮춘다.

최근 몇 년 동안 개발된 기술은 이런 마찰을 줄이는 데 어느
정도 도움이 되었다. 예를 들어 링크드인이나 인디드 같은 취업
사이트 덕분에 사람들은 세상에 어떤 일자리가 있으며 그 일자
리에 내가 지원할 수 있을지 예전보다 훨씬 많이 알게 되었다.
그러나 마찰적 실업은 사라지지 않았다. 아마 앞으로도 계속될
것이다. 경제가 얼마나 잘 돌아가든 상관없이, 비어 있는 일자
리의 수와도 상관없이 0퍼센트 실업률은 결코 존재할 수 없다.
노동의 세계는 그야말로 너무 복잡하다.

노동자가 단결해야 하는
심플한 이유

〈심슨 가족〉의 〈스프링필드로 가는 마지막 비상구Last Exit to Springfield〉 에피소드에서 스프링필드 원자력발전소 사장 번스는 직원들에게 새로운 고용계약을 맺자고 제안한다. 계약 내용은 한 가지만 빼고 예전과 동일하다. 직원이 받는 의료 혜택에서 가족의 치과 치료 항목을 제외하는 대신 맥주 한 병을 무료로 주겠다는 것이었다. 처음에는 직원들이 무척 좋아했다. 공짜 맥주를 누가 마다하겠는가? 그런데 호머 심슨은 잠깐 좋아하다가 말았다. 딸 리사에게 새로운 치아 교정기가 필요하다는 사실을 떠올린 것이다. 동료들과 투쟁에 나선 호머 심슨은 의자에 올라가 문제의 계약서를 갈기갈기 찢는다.

그 뒤로 몇 주 동안 스프링필드 원자력발전소의 노동자들은 기존에 누렸던 복지를 계속 누리기 위해서 과감한 시도를 한다. 한편 번스는 노동자들을 누르려고 점점 더 대담한 시도를 한다. 직원들 대신 발전소를 직접 가동하기도 하고 깡패를 고용해서 노동자 집회를 방해하기도 한다. 노사 양측이 동원한 이 방법들은 노동자의 고용 조건이 어떻게 정해지는지, 그리고 새로운 일자리를 구하지 않고도 연봉을 올릴 수 있는 방법은 무엇인지 명쾌하게 보여준다.

힘의 측면에서 보면 이 관계는 단순하다. 노동자와 고용주의 협상력은 같지 않다. 고용주는 자기 노동자가 간절하게 필요할

만화영화 〈심슨 가족〉의 에피소드 〈스프링필드로 가는 마지막 비상구〉. 호머 심슨은 직원 복지를 지키려고 동료들과 힘을 모을 수밖에 없었다.

때도 있지만, 때로는 그들을 얼마든지 다른 노동자로 대체할 수도 있다. 고용주가 노동자를 얼마나 쉽게 대체할 수 있는지에 따라서 노동자가 임금 인상(그리고 치과 치료 혜택)을 요구할 수 있는지가 결정된다.

그렇다면 노동자를 얼마나 쉽게 대체할 수 있는지 결정하는 요인은 무엇일까? 그것은 고용의 양에 달려 있다. 임금과 고용의 관계는 뉴질랜드 경제학자 윌리엄 필립스William Philips가 집요하게 매달린 주제인데, 그는 괴짜지만 선견지명이 있는 학자이기도 했다. 1949년 필립스는 물로 작동하는 아날로그 컴퓨터인 모니악MONIAC, Monetary National Income Analogue Computer(국민소득 분석 아날로그 컴퓨터)을 만들어서 경제를 모델링했다. 이 컴퓨터는 여러 탱크 사이에 서로 다른 속도로 물을 통과시키는 방식으로, 유통되는 화폐의 양에 따라 경제의 각 부분이 어떻게 반응하는지 보여주었다.

하지만 필립스는 오늘날 모니악보다 실업과 임금 사이의 관계를 보여주는 필립스 곡선Phillips Curve으로 더 잘 알려져 있다.[4] 실업률이 높을 때는 임금 상승률이 낮고, 실업률이 낮을 때는 임금 상승률이 높다. 일자리가 충분하지 않을 때는 노동자를 대체할 실업자가 많으므로 노동자의 임금 인상 협상력이 낮다는 것이 이 곡선의 기본 개념이다. 동시에, 고용주들은 제품에 대한 수요가 낮을 때는 사업을 확장할 생각을 하지 않고, 임금을 올려달라는 노동자의 요구에 시큰둥하게 반응한다.

반대로, 호경기에 기업은 생산 규모를 늘리고 노동자를 더 많이 고용하려고 한다. 이것은 실업 상태로 대기하는 노동자의 수가 줄어든다는 뜻이고, 따라서 고용주는 일할 사람을 찾아서 자기 회사로 끌어들이기 위해 돈을 더 많이 써야 한다. 그래서 임금 상승 폭이 커진다. 이때 노동시장은 경색tight되어 있다고 하며, 이런 조건에서는 노동자의 협상력이 강해진다.

필립스는 1950년대 후반의 어느 주말에 이 관계를 떠올렸다고 하는데, 그 뒤로 이 관계는 경제모델들 가운데서도 가장 중요하게 여겨지고 있다. 이것은 특히 인플레이션율(물가상승률)을 예측하는 데 중요한데, 6장에서 살펴보겠지만 임금 인상은 물가 상승에 큰 영향을 미치기 때문이다. 많은 나라에서 정책을 수립할 때 실업-임금 관계를 중요하게 여긴다. 그러나 이 개념도 논란의 여지가 없지는 않다. 일부 경제학자들은 실업과 임금 사이의 관계 자체를 의심한다. 또 다른 학자들은 그 관계가 존재하기는 하지만 노동시장은 무수하게 많은 요인이 영향을 미치는 너무나 복잡한 시장이므로, 그 관계가 썩 유용하지 않다고 주장한다.

예를 들어서 설령 나라 전체에는 일자리가 많다고 하더라도, 그것이 내가 속한 업종에 일자리가 많아진다는 뜻은 아니다. 종류와 성격이 다른 일자리를 넘나드는 것을 이동성이라고 할 때, 노동자의 이동성은 완벽하지 않다. 〈심슨 가족〉 이야기로 돌아가서 보면, 스프링필드 주민이 일자리를 찾아서 옆 마을로 이사 갈 수도 있지만, 웬만해서는 오래 살아온 곳을 쉽게 떠나려 들지 않는다. 그리고 원자력발전소는 스프링필드에서 압도적으로 규모가 큰 회사로, 이곳을 빼면 노동자들이 갈 수 있는 회사가 없다. 말하자면 이 회사가 스프링필드 노동 수요에서 차지하는 비중이 압도적으로 높아서 수요 독점monopsony 현상이 나타난 것이다. 노동자가 아무리 임금을 인상하고 복지 혜택을 늘리라고 요구해도 번스는 들은 체 만 체 하면서 임금을 동결할 수 있다는 말이다. 그러므로 노동자의 이동성은 노동자들의 협상력을 가늠할 수 있는 지표가 된다.

기술 발전에 대해서도 생각해보자. 원자력발전소 노동자들이 떠나가버리자 번스는 조수 스미더스와 함께 발전소를 직접 가동하기로 한다. 그들은 "충성도 100퍼센트"라는 로봇을 현장에 투입한다. 그러나 불행하게도 얼마 지나지 않아서 로봇들은 공장을 점거하고는 "부숴라! 죽여라! 파괴해라!"라고 외쳐대고, 번스와 스미더스는 가까스로 도망쳐서 목숨을 건진다. 그러나 모든 기술혁신이 이렇게 심한 역효과를 내지는 않는다.

새로 등장한 기술이 인간을 대체하는 이른바 '자동화'는 오래전부터 존재해왔으며, 노동자의 협상력을 감소시켰다. 자동화가 노동자에게 늘 나쁜 것은 아니지만(일부 로봇은 기존의 노동자를 보조해서 생산성을 높이고, 그래서 노동자의 임금을 높여주기도 한다), 스프링필드 원자력발전소의 번스는 그럴 의도가 아니었던 것 같다.

노동자의 협상력은 무엇보다도 노동자들의 조직화에 따라서 결정된다. 다시 〈심슨 가족〉 이야기로 돌아가보자. 호머는 번스를 혼자서 상대하려 들지 않는다. 호머는 직원이 모두 모인 자리에서 지금까지 받아왔던 치과 진료 혜택을 잃어버릴 위험에 처했다고 밝히며 함께 싸우자고 설득해서 동료들과 노동조합을 조직한다. 그리고 노동자들은 파업에 돌입한다.

번스는 파업 노동자의 사기를 꺾으려고 이런저런 시도를 하지만 모두 실패하고, 결국 노동자의 요구를 받아들인다. 자, 그렇다면 스프링필드 원자력발전소에서 노동자들의 요구가 받아들여진 이유는 무엇일까? 그것은 바로 노동자 집단의 협상력이 개별 노동자들의 협상력보다 컸기 때문이다. 노동자들은 노동조합이라는 깃발 아래 단결함으로써 고용 조건을 개선했다. 그러나 이런 파업이 언제나 노동자에게 유리한 결과를 안겨주지는 않는다. 만일 필립스에게 물어본다면 그는 파업의 성공 여부는 그 노동자들의 대체 가능성에 따라서 즉, 그 노동자들을 다른 노동자나 기계로 얼마나 쉽게 대체할 수 있느냐에 따라서 판가름 날 것이라고 대답할 것이다. 예를 들어 스프링필드 원자력

발전소에서는 노동자를 로봇으로 대체했지만 로봇들이 폭동이라는 오작동을 일으켰기 때문에 파업 노동자들을 로봇으로 대체할 수 없었고, 그 덕분에 노동자들의 협상력은 유지되었다. 그렇지만 일이 늘 이렇게만 진행되지는 않는다. 고용주는 얼마든지 파업 중인 노동자들의 일자리에 로봇을 투입해서 자동화하거나 다른 노동자들을 투입해서 파업을 무력화할 수 있다.

파업이 성공하든 실패하든 이로 인한 파장은 경제 전반으로 파급된다. 임금 상승은 생산되는 재화의 가격 상승으로 이어진다. 스프링필드 원자력발전소에서 파업이 이어지자 번스는 회사 안에 있는 비밀의 방으로 후퇴해서 스프링필드에 공급되던 전기를 끊어버린다. 애니메이션에서 이 행동은 번스가 노동자들에게 앙심을 품고 저지르는 복수로 묘사된다. 그러나 일부 경제학자들은 그렇게 보지 않는다. 이것이 단순한 복수 행위가 아니라, 노동자가 생산 현장에서 이탈함으로써 빚어진 발전 비용 증가 때문에 원자력발전소가 사업을 존속할 수 없어서 내린 필연적인 결과라고 볼 수 있다. 호머가 주도한 파업으로 스프링필드 주민들은 한층 더 혹독한 대가를 치르게 되었다.

그러나 이 모든 경우에도 노동시장의 기본적인 규칙은 여전히 지켜진다. 노동자가 회사에 고용되려면 한계생산물을 내놓을 수 있어야 하며, 임금을 올리려면 한층 더 높은 수준의 한계생산물을 내놓아야 한다는 것이다. 모든 사람이 합리적으로 행동한다고 가정한다면, 고용주가 노동자의 임금을 인상하지 않고 새로운 노동자로 대체하는 쪽이 오히려 비용이 훨씬 많이 든다. 그래도 임금을 올려주기 싫다면 고용주는 그냥 "싫어"라고 말하면 된다.

연봉을 높이는 가장 확실한 방법

노동자가 협상력을 높이려면 함께 목소리를 내줄 동료를 모아야 한다. 그런데 만약 회사 내에서 동료를 찾을 수 없다면 어떻게 해야 할까? 방법은 있다. 바로 자기 자신에게 투자하는 것이다. 이 경우에도 목표는 한계생산물을 늘리는 것이다. 미국 경제학자 게리 베커Gary Becker에 따르면, 새로운 기술을 배우는 데 투자하면 본인의 생산력도 늘어날뿐더러, 고용주에게도 더 많은 이익을 가져다준다. 사람들이 새로운 기술을 배우는 데 투자할 때 경제는 한층 더 생산적이 되고, 따라서 경제성장이 촉진된다. 경제학자들은 노동자가 교육이나 직업훈련 등으로 높이는 생산력을 인적 자본human capital이라고 부른다.

인적 자본을 늘리는 방법은 많다. 가장 확실한 방법은 대학교에 진학하는 것이다. 2장에서 살펴보았듯이, 대학교 진학은 생애 소득을 크게 높여준다. 만약 석사나 박사 학위가 있다면 소득은 훨씬 더 늘어날 것이다. 높은 수준의 교육을 받은 사람은 고도로 기술적인 업무를 수행할 수 있으며, 그런 업무는 더 높은 가치를 창출하기 때문이다. 휴대전화를 설계하는 일은 슈퍼마켓에서 매대에 정리하는 일보다 한계생산물이 높다. 이런 업무를 수행하려면 학위가 필수적이다.

그러나 학력이 높다고 해서 반드시 임금을 더 많이 받는 것은 아니다. 영국에서는 석사 학위를 가진 사람이 박사 학위를 가진 사람보다 돈을 더 많이 버는 경향이 있다(우리 저자 두 사람 중에도 한 사람은 석사 학위가 있고, 다른 한 사람은 박사 학위가 있다).[5] 박사 학위를 가진 사람들은 일반적으로 투자은행가가 되기보다는 교수가 되기를 원하며, 박사 학위는 석사 학위에 비해 상업적이지 않은 분야에 많기 때문이기도 하다. 비슷한 맥락으로, 모든 학위가 동일하지도 않다. 즉 어떤 학위 소지자는 다른 학위 소지자보다 소득이 높은 경향이 있다. 대학교 졸업 5년 뒤를 기준으로 한 조사에서 의학, 경제학, 수학을 전공한 사람이 돈을 가장 많이 벌고 예술, 농업, 심리학을 전공한 사람이 돈을 가장 적게 벌었다.[6]

그러나 꼭 학위를 받지 않아도 인적 자본에 투자할 수 있다. 현장학습도 방법이 될 수 있고, 포트나이트 게임 우승자처럼 밤새 게임을 할 수도 있다. 많은 회사에서 생산성 향상을 목적으로 직원들에게 훈련 프로그램을 제공하고 있다.

그런데 안타깝게도 인적 자본도 가치가 하락할 수 있다. 예를 들어서 프로 운동선수가 부상을 당해 경기에 나갈 수 없게 되었다고 상상해보자. 몇 달 동안 치료를 받은 뒤에 몸 상태를 회복하려고 노력하지만, 예전 같지 않다. 부상을 당하기 전보다 체력이나 기술이 확실히 떨어졌다. 이런 경우처럼 오랫동안 실업 상태인 사람의 인적 자본 가치는 예전보다 떨어진다.

인적 자본의 가치 하락이 영구적일 때 이것을 이력현상履歷現狀

(히스테리시스)이라고 한다. 경제적 충격이 크면 경기가 나아지더라도 고용은 원래대로 회복되지 않는다. 불경기로 일자리를 잃은 사람은 의욕을 잃거나 적절한 훈련을 받지 못하거나 혹은 예전에 배웠던 기술을 잊어버릴 수 있다. 이런 이력현상은 경제의 활력을 좀먹는 가장 위험한 요소 가운데 하나로 꼽히는데, 경제에 돌이키기 어려운 영향을 미치기 때문이다. 불경기 직전에 졸업한 학생들은 호경기 때 졸업한 학생들보다 10년 동안 수입이 적다는 연구 결과도 있다.[7]

그래서 많은 경제학자가 교육을 강조하며, 노동자와 고용주 모두 인적 자본 관리를 중시한다. 그러나 분명하게 밝히는데, '많은' 경제학자가 그렇게 생각하지만 '모든' 경제학자가 그렇게 생각하는 것은 아니다. 교육을 바라보는 또 다른 시각이 있다. 교육을 신호 보내기signalling의 한 형태로 보는 것이다. 노벨 경제학상 수상자인 마이클 스펜스Michael Spence는 교육 자체는 개인의 한계생산물이나 임금을 올리는 데 도움이 되지 않는다고 보았다. 스펜스는 선천적으로 다른 사람보다 생산적인 사람이 있고, 고용주의 과제는 생산적인 노동자와 그렇지 않은 노동자를 구별하는 것이라고 보았다.

스펜스는 교육의 역할은 고용주에게 누가 생산적인 노동자인지 신호를 보내는 것이라고 주장한다. 이 관점에서 보면 가장 수준 높은 교육이 가장 높은 생산성을 담보하지 않는다. 하지만 좋은 성적은 높은 생산성에 대한 '신호'가 될 수 있다. 이 이론은 교육정책에 심대한 영향을 주고 있다. 만약 어떤 직원이 선천적으로 생산성이 낮은 노동자라면 이 사람의 교육·훈련에 많은 비용을 들이는 것은 어리석은 짓이다. 아무리 비용을 들여봐야 그 직원의 한계생산물은 늘어나지 않을 것이기 때문이다. 그럼에도 인적 자본을 늘려서 그런 것이든 단지 어떤 '신호'를 보내서 그런 것이든 간에, 노동자가 어떤 자격을 갖추고 교육을 이수하면 그 사람의 생애 소득이 늘어난다는 점에는 모든 경제학자가 동의한다. 인적 자본은 연봉을 높이는 가장 어렵지만 동시에 가장 효과적인 수단이다.

부자가 되는 방법:
"아빠 전 오늘부터 게임을 할 거예요!"

2000년대 초 데이브 월시는 헤일로 게임을 하겠다면서 아버지와 함께하던 아르바이트를 때려치웠다. 그는 아버지에게 자기가 게임을 해서 벌어들일 소득이 아르바이트로 벌어들일 소득보다 훨씬 더 많다고 설득했다. 아버지는 아들의 행운을 빌어주었다.

월시의 판단은 옳았다. 첫 번째 토너먼트 대회에서 그는 아르바이트로 벌던 돈보다 훨씬 많은 5000달러(약 600만 원)를 벌었다. 2년 뒤에는 e스포츠 팀에 입단하면서 3년 계약에 25만 달러(약 3억 원)를 받기로 했다. 그리고 6년 뒤에는 은퇴해도 될 만큼 부자가 되었다.

월시의 이야기는 노동시장에서 개인의 임금이 어떻게 결정되는지 보여준다. 우체국에서 일할 때 그의 한계생산물은 작았다. 우편물에 요금 납부 도장을 찍는 일이 우체국 매출에 기여하는 몫은 얼마 되지 않았던 것이다. 그러나 그가 후원과 광고, 상금으로 e스포츠 팀에 안겨준 한계생산물은 어마어마하게 컸다. 그랬기에 그가 우체국 아르바이트를 버리고 프로 게이머가 된 것은 합리적인 의사 결정이었다.

19세기의 고전주의 경제학자들도 헤일로라는 게임은 전혀 모르겠지만 월시가 일자리를 바꾼 과정은 쉽게 이해할 것이다. 고전주의 경제 이론에 따르면, 임금은 노동의 공급(노동자 및 노동을 제공하겠다는 노동자의 의지)과 노동의 수요(노동자를 채용하겠다는 사람)에 의해서 결정된다. 만약 노동자가 자기가 받는 급여에 만족하지 못한다면 그는 일을 그만두고 다른 일을 찾을 것이라고 고전주의 경제학자들은 주장한다.

그러나 월시의 이야기는 노동시장의 전형적인 사례라고 할 수 없다. 20세기 경제학자들은 노동시장이 고전주의에서 말하는 것보다 훨씬 복잡하다는 사실을 알게 됐다. 어떤 나라, 어떤 시기든 비어 있는 일자리는 늘 있었고 일자리를 필요로 하는 사람도 늘 있었다. 하지만 실업률이 0퍼센트였던 적은 한 번도 없다. 노동시장도 다른 시장과 마찬가지로 수요와 공급이 즉각적으로 일치하는 것을 방해하는 온갖 마찰로 가득 차 있다. 이런 마찰들이 존재한다는 것은 노동자는 늘 자기에게 맞는 일자리를 찾고 있으며, 고용주는 자기 회사에 딱 맞는 노동자를 찾고 있다는 뜻이다. 월시가 그랬던 것처럼 모든 사람이 돈을 많이 버는 일자리를 찾아서 현재의 일자리를 박차고 나갈 수는 없다. 심지어 지금의 일자리 외에 어떤 다른 일자리가 있는지조차 모를 수도 있다.

이런 노동시장 마찰을 고려하면 '어떻게 하면 임금을 올릴 수 있을까?'라는 문제는 더욱 복잡해진다. 일단 되든 안 되든 간에 임금 인상을 요구해볼 수 있다. 그러나 이렇게 해서 임금을 올리기는 쉽지 않다. 고용주가 그 직원을 얼마나 중요하게 여기는지, 또는 그 직원이 얼마나 대체하기 어려운지에 따라서 결과는 달라진다. 실제로 많은 노동자가 쉽게 다른 노동자로 대체될 수 있다. 더 적은 돈을 받고도 일하겠다는 사람이 많다면 더 그렇다. 그러나 만일 모든 직원이 임금 인상을 요구하며 집단적으로 목소리를 낸다면, 노동자들이 임금을 올려받을 가능성이 높아진다.

안전한 고임금 일자리를 확보하는 가장 간단하면서도 가장 어려운 방법은 더 많은 교육과 훈련을 받고 인적 자본에 투자하는 것이다. 교육은 생애 소득을 높이는 가장 확실한 방법이다. 또한 교육은 노동시장이 바뀌거나 숙련 노동자에 대한 수요가 늘어날 때 고용을 보장해준다.

임금을 올리고 싶다면 학교로 돌아가는 것도 좋은 방법이다. 다만 박사 학위 과정에 등록할 때는 심사숙고해야 한다는 사실을 잊지 말기 바란다.

내가 우리 할아버지보다
부유하게 사는 이유는?

경제성장의 원인, GDP의 전망과 위기,

그리고 경제와 케이크의 공통점에 대해서

Q. 경제성장이란 무엇일까?

Q. 경제성장은 어떻게 이루어질까?

Q. 경제성장은 언제나 좋을 것일까?

이런 상상을 해보자. 당신이 타임머신을 발명했다. 그런데 안타깝게도 이 타임머신은 기능이 완벽하지 못하다. 당신은 로마 시대의 론디니엄런던의 당시 지명-옮긴이이나 비틀즈가 공연하던 시기의 리버풀에 가고 싶었지만, 타임머신은 당신을 1970년대 중반의 영국에 내동댕이쳤다.

주변을 둘러본 당신은 당황한다. 사람들의 패션부터 괴상하다. 나팔바지라니? 통굽 구두라니? 뒷머리만 기른 남자들은 또 뭔데? 라디오에서는 록그룹 티렉스의 음악이 흘러나온다. 식당에서는 새우 칵테일껍질을 벗긴 새우들을 익혀서 유리잔에 담고 칵테일 소스를 뿌린 요리-옮긴이이나 파인애플 꼬치 따위를 판다. 그런데 주변 환경에 조금 익숙해지고 나니 모든 게 처음 생각한 것보다 훨씬 실망스럽다. 절반 이상의 가구에 승용차가 없고, 해외여행은 보통 사람이 꿈꾸기 힘든 호사 취미다.[1]

빨리 이 시대를 떠나고 싶지만, 2020년대로 돌아가는 것이 생각보다 어렵다는 사실을 깨닫고 그 시대에 정착하기로 마음

먹는다. 그렇게 1970년대에 남겨진 당신은 어느 회사에 취직해서 일하기 시작한다. 직장 생활 역시 실망스럽다. 상사는 다 남자고, 투박하기 짝이 없는 타자기로 문서를 작성해야 하며, 임원들은 점심시간마다 맥주를 석 잔씩 마셔대는 것을 당연하게 여긴다. 이런 모든 게 여간 실망스러운 게 아니다. 그런데 훨씬 실망스러운 게 있다. 바로 돈이다. 일한 대가로 받는 월급 말이다. 급여명세서에 적힌 금액은 당황스러울 정도로 적다. 1977년 가계 평균소득은 2020년에 비해서 절반도 되지 않는다. 물가 상승을 고려해서 오늘날의 화폐 기준으로 환산한 실질소득이 그렇다는 말이다.[2] 당시의 영국인의 삶은 고난이라고 할 정도로 힘들었다. 당시 영국은 '유럽의 병자'라고 불렸으며 전체 인구의 4분의 1이 빈곤선(최저한도의 생활을 유지하는 데 필요한 수입 수준-옮긴이)에 미치지 못하는 소득으로 살았다.[3]

1970년대가 특히 어려운 시기였을까? 그렇지 않다. 당신이 다시 타임머신을 타고 더 먼 과거로 가본다고 해도 상황은 나아지지 않는다. 당신이 1900년으로 시간 여행을 했다면 평범한 노동자는 현재 화폐 기준으로 일주일에 75파운드(약 12만 원)를 벌고, 1800년에는 더 쪼그라들어서 25파운드(약 4만 원)밖에 받지 않는다. 즉 과거로 가면 갈수록 점점 더 가난해진다.[4]

21세기의 삶은 1970년대나 1900년대, 1800년대보다 훨씬 윤택하다. 부유해질수록 삶의 질은 나아진다. 소득이 높아지면 기대 수명이 늘어나고 더 나은 교육을 받을 수 있으며 고용 안정성이 높아진다. 1970년 이후 영국인의 평균수명은 10년 늘어났다 참고로 비슷한 기간(1970~2021년)에 한국인의 평균수명은 62.3세에서 83.6세로 21.3년 늘어났다-옮긴이.[5] 그러니까 혹시라도 타임머신을 만든다고 하더라도 과거로 가는 건 좋은 선택이 아니다. 다시 말하지만 헤어스타일이나 패션이 문제가 아니라 돈이 문제다.

시대에 따라 재산과 삶의 질이 달라지는 현상은 무엇으로 설명할 수 있을까? 답은 경제성장이다. 일반적으로(몇 가지 예외를 제외하면), 당신이 지금 누리는 삶의 질은 경제성장 정도와 연동되어 있다. 그리고 지난 200년 동안 경제는 꾸준하게 성장하는 방향으로 이어져왔다.

왜 그렇게들 GDP에 예민한 걸까?

간단하게 말해서, 경제성장은 한 나라의 소득 총액이 늘어나는 속도다. 일반적으로, 한 나라의 경제가 성장하고 있을 때는 그 나라 전체의 생활수준도 향상된다. 경제학자들은 경제성장을 설명하기 위해 다양한 비유를 들지만, 우리는 케이크를 예로 들려고 한다. 경제성장은 케이크를 점점 더 크게 만들어준다. 그래서 사람들이 나눠 먹을 케이크 조각의 크기도 점점 더 커진다.

케이크가 커지는 것은 어떻게 알 수 있을까? 1장에서 보았듯이 경제가 포괄하는 범위는 광대하다. 수천만 명의 사람들과 이들 각각이 내리는 수많은 선택이 모두 작용해 경제가 돌아가기 때문이다. 그래서 한 나라의 경제 안에서 일어나는 모든 일을 꼼꼼하게 감시하기란 여간 힘든 일이 아니다.

미국 정부는 1930년대에 처음으로 이 문제를 해결하고자 팔을 걷고 나섰다. 당시는 대공황이 한창이었고, 경제가 어렵다는 사실은 모두가 알고 있었다. 실업자 행렬은 끝이 없이 이어졌고, 파산하는 회사는 수도 없이 많았으며, 거리에는 노숙자가 넘쳐났다. 그런데 정치인들은 어떤 정책이 경제성장에 어떤 영향을 미치는지 측정할 방법이 없었다. 경제가 쪼그라들고 있다는 건 분명했지만 그 수준이 어느 정도인지는 그저 짐작만 할 뿐이었고, 이 짐작도 사람마다 달랐다. 그랬기에 최선의 대응책을 찾기가 더욱 어려웠다.

미국 의회는 경제학자 사이먼 쿠즈네츠Simon Kuznets에게 이 일을 맡겼다. 전미경제연구소National Bureau of Economic Research, NBER 책임자던 쿠즈네츠는 재앙적인 불황 한가운데서 유례없는 요청을 수락하고 그 힘든 과제를 떠맡았다. 그리고 3년 동안 경제성장을 수치화하는 다양한 방법을 연구했고 마침내 「국민소득National Income」이라는 보고서를 완성했다. 이 보고서가 제시한 개념이 오늘날 전 세계 모든 나라에서 사용하는 국내총생산 gross domestic product, GDP이다.

GDP는 세 가지 방법으로 측정할 수 있다. GDP는 어떤 나라에서 생산된 것 가운데서 매매될 수 있는 모든 것의 가치를 합친 것일 수도 있고, 그 나라에서 생산된 모든 재화와 서비스를 통해서 그 나라의 모든 국민이 벌어들인 소득을 합친 것일 수도 있으며, 그 나라의 모든 사람이 특정 기간에 소비한 재화와 서비스의 가치를 합친 것일 수도 있다. 이 세 가지 방법은 제각기 다르긴 하지만 동일한 대상을 측정한다. 즉 어떤 나라에서 사람들이 재화나 서비스를 많이 만들어서 팔수록, 또 그 가치가 높을수록, 그 나라의 GDP는 커진다. 이것을 경제학자들은 다음 방정식으로 표현한다.

$$GDP = C + I + G + (X - M)$$

C: 민간 소비, I: 기업 투자, G: 정부 지출, X: 수출, M: 수입

사람들은 음식이나 자동차처럼 물건을 사는 데 돈을 쓸 수 있다C. 또 기계와 생산 설비에 투자할 수 있다I. 아니면 정부가 공공 인프라나 의료보험에 예산을 지출할 수도 있다G. 또 상품을 수출하는 대가로 돈이 국내로 들어올 수도 있고X, 반대로 상품을 수입하는 대가로 돈이 해외로 나갈 수도 있다M. 이 모든 것을 합치면 한 나라의 총지출액이 드러난다. 당신의 지출은 누군가에게는 수입이 되기 때문에(사실 당신이 가진 돈도 누군가가 썼기 때문에 당신 주머니에 들어오게 되었다), 그 지출액 또한 해당 경제단위에서 생산되는 가치에 합산된다.

그러나 GDP는 완벽한 지표가 아니다. 이것은 쿠즈네츠도 인정한 사실이다. 그는 GDP가 사람들의 삶이 얼마나 개선되는지 측정하지 못한다고 인정했다. GDP는 행복도를 나타내지 않고, 환경 악화를 반영하지 않으며, 불평등이 얼마나 심한지도 보여주지 못한다. 삶의 질과 GDP는 연관성이 있긴 하지만, 경제가 발전하는 동안 사람들의 건강은 점점 나빠질 수 있다. 로버트

케네디가 상원의원 시절에 말했던 것처럼 "간단히 말해서 GDP는 삶을 가치 있게 만드는 것을 빼고 모든 것을 측정한다."[6]

GDP가 완벽한 지표가 될 수 없는 또 다른 근거로 GDP가 포착하지 못하는 많은 형태의 경제활동을 들 수 있다. 예를 들어, 2014년 영국 언론은 영국의 GDP가 하룻밤 사이에 약 100억 파운드 상승할 것이라고 보도했다.[7] 갑자기 영국의 생산성이 믿을 수 없게 성장해서가 아니라, GDP를 계산하는 데 들어가는 요소의 변화 때문이었다. 영국 통계청은 '경제'에 더 많은 것이 포함돼야 한다고 봤다. 그렇다면 어떤 것들을 추가할 수 있을까? 성매매를 추가할 수도 있고, 마약 매매를 추가할 수도 있을 것이다. 쿠즈네츠는 GDP에 불법적인 경제활동은 포함하지 않았지만, 불법적인 경제활동도 생산자와 소비자가 있으며 공급망과 기업이 뒷받침하는 경제활동임은 분명하다.

합법적 경제활동인데도 GDP로 집계되지 않는 것들도 있다. 일반적으로 GDP를 계산할 때는 시장에서 매매되지 않는 것은 산입하지 않는다. 예를 들어서 사회가 제대로 돌아가려면 반드시 필요한 가사 노동을 보자. 청소, 빨래, 식사 준비 등이 GDP 계산에서 누락된다. 2016년 기준으로 무급 가사 노동을 GDP에 포함할 경우에 영국의 GDP는 1조 2400억 파운드 늘어나는 것으로 추정되었다. 이는 당시 GDP의 63퍼센트나 되는 규모였다 참고로 통계청이 발표한 한국의 무급 가사 노동 가치는 2019년 기준으로 490조 9000억 원으로, GDP 대비 25.5퍼센트다 - 옮긴이.[8] 그러나 무급 가사 노동은 금전 거래의 대상이 아니라는 이유로 통계학자들은 이를 '경제'의 한 부분으로 인정하지 않았다. 그래서 몇 가지 특이한 현상이 나타난다. 당신이 당신 집을 청소하는 것은 경제성장에 기여하지 않지만, 옆집 사람에게 10만 원을 받고 옆집을 청소해주고, 옆집 사람도 10만 원을 받고 당신 집을 청소한다면 어떻게 될까? 두 사람 모두 돈을 벌거나 잃지 않았고 두 사람의 집은 깨끗해졌다.[9] 하지만 이렇게 금전이 오감으로써 GDP는 20만 원 늘어났다. 마치 마술처럼.

마지막으로 지적할 점은, GDP는 측정하기 어렵기로 악명이 높다는 것이다. 경제 뉴스에서 "경제가 OO퍼센트 성장했다"라고 한다면, 이 뉴스의 정확한 뜻은 "경제학자들은 경제가 창출하는 상품의 총금액이 OO퍼센트 늘어났다고 추정했다"이다. 이 추정치는 정확하지 않을 가능성이 높다. 경제학자들은 수많은 데이터를 합산해서 GDP를 계산한다. 통계학자들은 얼마나 많은 자동차가 만들어졌는지, 얼마나 많은 집이 팔렸는지, 얼마나 많은 석유를 수입했는지에 대한 정보를 수천 개의 회사에서 수집한다. 그러나 이것은 정말 어려운 작업이다. 일단 경제활동이 너무 많다. 그래서 경제학자들은 경제활동 가운데 일부분만 질문한 다음에 이것을 토대로 전체 경제를 예측한다. 이런 과정을 거쳐서 나온 수치는 실제와는 필연적으로 차이가 날 수밖에 없다.

그러나 1930년대 미국에서 한가하게 그런 트집을 잡고 있을 여유로운 정치인은 없었다. 경제가 침체 상태에서 허우적대고 있었으니 경제를 살릴 방법이 필요했고, GDP는 적절한 시작점이었다. 프랭클린 D. 루스벨트 정부는 2차대전 동안 GDP를 이용해 경제정책을 내놓았고, 곧 다른 나라들도 이 방식을 따라하기 시작했다. 이렇게 해서 GDP는 세상에 나온 지 거의 100년 만에 세계에서 가장 일반적으로 사용되는 경제성장 척도가 되었다.

GDP는 많은 결함이 있는데 어째서 그토록 많은 국가가 GDP에 집착할까? 그 결함을 받아들이면, 유용한 정보를 얻어낼 수 있기 때문이다. 물론 여기에는 약간의 수치 조작이 포함된다. 숫자로만 보면 프랑스와 인도의 GDP가 비슷하지만, 두 나라를 모두 방문해보면 프랑스가 분명히 더 잘 산다는 걸 알 수 있다. 그래서 경제학자들은 1인당 GDP를 사용한다. 인도는 프랑스보다 인구가 훨씬 많아서 개인별로는 프랑스보다 가난하다. 즉 GDP라는 케이크는 두 나라가 비슷하지만, 한 사람당 돌아가는 케이크 조각의 크기는 프랑스가 인도보다 20배 크다.

이 케이크 조각의 크기는 개인의 삶에 커다란 영향을 준다. 예를 들어, 많은 연구의 결과 경제가 성장하면 빈곤이 줄어든다는 것이 확인됐다. 1인당 GDP가 2배 증가하면 소득 하위 20퍼센트의 평균 소득도 2배 증가한다고 한다.[10] 이것이 모든 나라에 적용되지는 않겠지만 유용한 수치임은 분명하다. 중국의 경제성장은 1981~2010년 사이에 6억 8000만 명을 빈곤에서 구해냈다. 이 인구는 현재 라틴아메리카의 전체 인구보다 많은 숫자다.

GDP의 증가는 국민 보건과 관련 있다. 이런 경향은 특히 개발도상국에서 뚜렷하게 드러난다. 고소득 국가들에서는 질병 발병률과 아동 사망률이 매우 낮다. 인도네시아에서는 1975년에서 2019년 사이에 1인당 GDP가 연간 약 8퍼센트 증가했는데 그 사이 기대 수명은 55세에서 72세로 증가했고 영아 사망률은 1000명당 100명에서 20명으로 감소했다.[11] GDP 성장은 교육의 기회도 보장한다. 초·중등학교 진학률이 높아지면, 이들이 미래에 더 많은 소득을 올릴 가능성도 높아진다.

경제성장은 중요하다. 그리고 다행히도 세계경제는 장기적으로 성장해왔다. 옥스퍼드대학교의 보고서 「데이터로 본 세상Our World in Data」에 따르면, 1500년에 세계경제의 규모는 약 4310억 달러였다. 1700년에는 6310억 달러였고, 1900년에는 4조 3200억 달러였는데 400년 만에 10배로 늘어난 수치다. 그리고 그 뒤로도 세계경제는 10조 달러, 50조 달러, 100조 달러로 폭발적으로 늘어났다. 2015년을 기준으로 할 때 세계경제의 규모는 약 108조 달러였다.[12] 1500년에 비하면 250배 늘어난 셈이다. 만약 1500년에 전 세계 사람들이 나눠 먹었던 케이크가 지름 20센티미터, 높이 10센티미터짜리 캔에 들어갈 수 있을 정도였다면, 2015년에 전 세계 사람들이 나눠 먹은 케이크는 탁구대보다 클 것이다. 각 개인에게 돌아가는 케이크 조각은 15배 넘게 커졌다. 우리는 우리 조상이 상상도 할 수 없을 정도로 부유하다. 어떻게 이렇게 될 수 있었을까?

케이크를 만들어볼까?: 네 가지 생산요소

모든 사람이 충분히 먹고도 남을 정도로 커다란 경제 케이크를 만든다고 가정해보자. 이 케이크를 만드는 데는 어떤 재료가 필요할까? 그리고 어떤 요리법을 따라야 할까?

이는 많은 경제학자가 줄기차게 해온 질문(물론 케이크 비유는 빼고)이다. 가장 유명한 대답은 로버트 솔로Robert Solow와 트레버 스완Trevor Swan이 내놓은 것인데, 이들은 애덤 스미스(앞에서 이미 언급했었다)와 데이비드 리카도(조금 뒤에 자세하게 살펴볼 것이다)를 포함한 선구적인 경제학자들의 이론을 토대로 경제성장을 이끄는 네 가지 핵심 요인을 꼽았다. 재화와 서비스 생산에 투입되는 이 네 가지를 생산요소factors of production라고 부른다.

> **토지** 경제를 구축할 토대가 되는 공간
> **노동** 무언가를 생산하는 사람
> **자본** 노동자를 돕는 기계
> **기술** 노동과 자본이 결합할 때의 효율성

물론 이 네 가지가 전부는 아니다. 어떤 나라의 경제가 다른 나라보다 나은 데에는 다양한 사회적·역사적·정치적 이유가 있게 마련이다. 그러나 이 네 가지는 여전히 당신이 만들 경제 케이크의 주요 재료다. 만약 당신이 네 가지 재료를 충분히 가지고 있고 또 각각의 품질과 비율을 정확히 알고 있다면, 당신은 경제 케이크를 멋지게 구울 수 있을 것이다.

이 네 가지 재료가 왜 그렇게 중요할까? 이 질문에 대답하기 위해 네 가지 요소를 하나씩 살펴보자. 첫 번째는 토지다. 경제를 만들려면 우선 그걸 놓을 자리가 필요하다. 케이크를 만들 때 빵틀이 필요한 것과 마찬가지다. 토지가 넓을수록 공장이나 사무실을 지을 공간이 넓어진다. 네 가지 재료 가운데서 토지가 가장 구하기 어렵다. 토지는 고정자산이다. 모든 토지가 이미 사용되고 있다면 추가로 토지를 확보하기는 매우 어렵다(몇몇 나라가 새로운 토지를 확보하려는 시도를 했다. 예를 들어서 아랍에미리트는 2001년에 호텔과 주택을 지을 땅을 마련하려고 두바이 해안 인근에 팜 주메이라라는 인공섬을 만들었다).

경제학자들은 철광석이나 석탄 같은 천연자원도 토지의 일부로 본다. 물을 놓고 생각해보자. 물은 대부분의 생산 공정에서 중요한 역할을 한다. 2021년 대만은 50년 만의 가뭄을 겪었는데, 그 바람에 반도체 생산에 차질이 빚어졌다. 반도체 생산에는 대량의 공업용수가 필요하기 때문이다. 물이 넉넉한 나라일수록 물건을 만드는 데 물을 많이 사용할 수 있다. 만약 어떤 나라가 수자원을 구매해야 한다면, 예를 들어서 바다나 호수가 없어서 물을 수입해야 한다면, 이 나라에서 생산되는 재화와 서비스의 이윤이 줄어들고, 따라서 GDP도 그만큼 줄어든다.

두 번째는 노동이다. 경제를 성장시킬 장소를 확보하고 나면 거기에서 일할 사람이 필요하다. 케이크를 만들 때 제빵사가 필요한 것과 마찬가지다. 인구가 많을수록 더 많은 생산물을 생산할 노동자가 많아진다. 미국과 중국이라는 두 경제 대국의 인구가 각각 3억 2900만 명과 14억 명이라는 사실은 인구의 중요성을 대변해준다.[13] 그러나 인구가 전부는 아니다. 인구 구성도 중요하다. 고학력 노동력 풀labor pool은 고부가가치 산업에 종사할수 있고, 그만큼 경제가 빨리 성장하게 한다. 고층 건물을 튼튼하게 설계할 줄 아는 대학 졸업자 엔지니어가 넉넉한 나라의 경제는, 금방이라도 무너질 것 같은 엉성한 헛간을 지을 줄 아는 사람들만 있는 나라의 경제보다 튼튼하다.

나이도 중요한 요소다. 고령 인구는 경제성장을 저해할 수 있는데, 노인은 산업적인 가치를 생산하는 활동에 종사할 가능성이 상대적으로 낮고 생산성도 떨어지기 때문이다. 인구 고령화의 가장 유명한 사례는 일본에서 볼 수 있는데, 일본 인구의 거의 30퍼센트가 65세 이상이며 100세 이상도 8만 6000명이나 된다. 일부 경제학자는 일본의 인구구조 때문에 일본의 GDP는 앞으로 40년 동안 25퍼센트 넘게 줄어들 것이라고 추정한다.[14] 일본만 그런 것이 아니다. 미국 인구를 다룬 한 연구는 60대 이상 인구의 비율이 10퍼센트 증가하면 1인당 GDP 성장률이 5.5퍼센트 감소한다는 사실을 발견했다.[15] 미국의 65세 이상 인구가 2020년에서 2060년 사이에 70퍼센트 가깝게 늘어날 것을 고려하면, 무시할 수 없는 예측치다.[16]

노동과 고용을 바라보는 태도 역시 중요하다. 일을 하지 않는 사람이 많으면 경제는 성장하지 못한다. 이런 문제는 우리 생각보다 세계 곳곳에서 발견된다. 일할 수 있는 사람들이 일자리를 갖지 못하게 가로막는 문화 때문이다. 특히 눈에 띄는 점은, 많은 여성이 공식적으로든 비공식적으로든 고용 장벽에 직면한다는 사실이다. 미국에서는 여성 인구의 약 57퍼센트가 고용 노동을 하는데, 알제리에서는 이 수치가 17퍼센트밖에 되지 않는다.[17] 성별 격차로 인해 치러야 하는 비용은 어마어마하게 크다. 만약 1970년부터 2016년 사이에 미국에서 여성의 노동 참여 수준이 노르웨이만큼 되었더라면(노르웨이에서는 생산연령에 속한 여성 가운데 76퍼센트가 고용 노동을 한다)[18] 현재 미국 경제의 규모는 지금보다 대략 1조 6000억 달러 더 커졌을 것이다. 이는 미국 국민 1인당 5000달러 꼴이다.[19]

토지와 노동이 확보됐으면 세 번째는 자본이다. 여기에서 '자본'이라는 말은 기계, 공장, 컴퓨터 등과 같은 물리적 자산을 가리킨다. 케이크에 비유하자면 자본은 밀가루나 달걀이라기보다는 달걀을 푸는 데 사용하는 숟가락이라고 할 수 있다. 자본이 많으면 더 많은 케이크를 더 빨리 만들거나 자원을 상대적으로 적게 사용할 수 있다. 예컨대 숟가락 대신 전기 거품기를 사용하면 훨씬 짧은 시간에 케이크를 만들 수 있다. 케이크가 아니라 다른 재화나 서비스를 생산하는 상황에는 어떻게 적용할 수 있을까? 옷을 만드는 공장을 상상해보자. 공장에 재봉틀이 없으면 아무리 노동자가 많아도 옷을 만들 수 없다. 회계 법인도 마찬가지다. 회계사는 컴퓨터와 엑셀 없이는 고객에게 회계 서비스를 제공할 수 없다.

슬프게도 자본은 시간이 흐르면 줄어든다. 전기 거품기도 많이 쓰면 부서지거나 고장이 나지 않는가. 이렇게 되면 케이크를 만드는 데 드는 시간이 늘어난다. 이와 마찬가지로 공장의 기계가 고장 나거나 컴퓨터 프로그램이 구닥다리가 되면 자본이 고갈된다. 자본을 지속적으로 개선해야만 경제성장이 정체되지 않고 이어질 수 있다.

그래서 네 번째 요소인 기술이 필요하다. 기술은 경제성장의 가장 중요한 요소일지도 모른다. 솔로와 스완은 기술이야말로 케이크의 크기를 키우는 요소라고 했다. 기술은 생산의 다른 요소들을 더 잘 사용할 수 있게 해준다. 최종 생산물의 재료가 되는 토지와 노동, 자본과 달리 기술은 그 생산요소들이 작동하게 만드는 요소다. 기술은 다른 생산요소들이 최선의 방법으로 결합하고 또 사용될 수 있도록 해서, 동일한 생산요소를 갖고 더 많이 생산할 수 있게 해준다.

기술은 정확히 뭘 말할까? 기술을 지식이나 노하우라고 생각할지도 모르겠다. 케이크와 관련된 지식이 많을수록 같은 빵틀(토지), 같은 노동(당신), 같은 자본(숟가락)을 가지고 케이크를 더 많이 만들거나 더 멋진 케이크를 만들 수 있다. 기술을 케이크 만들기에 비유하면, 예전에 썼던 것과 동일한 재료를 사용하더라도 더 맛있는 케이크를 만드는 비결이 담긴 새로운 요리책이라고 할 수 있다.

'기술technology'이라는 단어는 최근 몇 년 동안 아이패드, 인공지능, 자율주행 자동차 같은 미래 지향적이고 혁신적인 이미지를 떠올리게 한다. 하지만 기술은 그런 첨단 기술에만 국한되지 않는다. '노하우'는 법규와 특허 등을 모두 아우른다. 때로는 매우 단순한 기술이 엄청난 성장을 촉진하기도 한다. 예를 들어서 런던대학교의 경제학자 장하준은 세탁기가 인터넷보다 경제성장에 더 많이 기여했다고 주장한다.[20] 세탁기는 여성이 집안일에 들이는 시간을 대폭 줄여주었다. 그 덕분에 여성이 노동시장에 진입할 수 있었고, 그래서 노동시장에 노동자가 두 배로 늘어났다.

기술은 노동이나 토지나 자본에 비해서 불분명해 보인다. 그러나 기술은 굉장히 중요하다. 기술은 다른 세 가지 요소가 얼마나 잘 결합해서 성공적인 경제를 만들 수 있을지 결정한다. 기술은 추가 재료 없이도 모든 사람이 더 큰 케이크 조각을 먹을 수 있게 해준다.

경제성장의 과속방지턱

이 네 가지 생산요소를 이해했다면 이제 당신은 이 장의 도입부에서 던졌던 질문인 "내가 우리 할아버지보다 부유하게 사는 이유는 무엇일까?"에 답할 수 있을 것이다. 바로 경제성장 덕분이다. 경제성장은 여러 가지 요소가 조합되어 이루어지지만, 가장 결정적인 요소는 기술 발전이다. 그리고 경제성장은 우리 삶에 이루 말할 수 없을 정도로 많은 혜택을 가져다주었다. 더 나은 의료 서비스, 양질의 교육과 건강한 음식, 더 세련된 옷, 스마트폰, 무료 와이파이 등을 누리게 되었다는 말이다.

그러므로 정치인과 경제학자 들이 경제성장에 집착하는 것은 당연하다. 경제 위축은 재앙과 다름없다. 2007~2008년 세계 금융 위기를 기억하는 사람이라면, 경제 위기가 얼마나 고통스러운지 잊지 못할 것이다. 그래서 많은 나라에서 경제성장을 정부의 가장 중요한 목표로 여긴다.

하지만 경제성장이 좋은 방향으로만 작용하지는 않는다. 적어도 일부 경제학자들은 그렇게 주장한다. 쿠즈네츠도 경제성장의 부정적인 면에 관심을 가졌다. 쿠즈네츠는 1955년에 발표한 논문에서, 성장이 불평등을 악화시킬 수 있다고 주장했다. 그의 주장은 단순하다. 경제성장 초기에는 소득 불평등이 뒤따를 가능성이 높지만 경제가 성숙해지면 불평등이 완화될 것이라고 했다. 오늘날에는 많은 경제학자가 너무 급격한 성장은 사회에 악영향을 미칠 수 있다고 주장한다. 성장이 소득 불평등을 낳고, 행복을 정체시키며, 환경을 파괴할 수 있기 때문이다.

높은 GDP로 나아가는 길에 놓인 이 세 가지 '과속방지턱' 가운데 소득 불평등을 가장 많이 논의되는 문제로 꼽을 수 있다. 성장이 불평등을 촉진한다는 쿠즈네츠의 이론이 나온 뒤로 많은 경제학자가 이 이론을 점검했다. 그리고 그가 옳았음이 입증되었다. 성장의 혜택, 특히 기술 발전에 따른 성장의 혜택은 모든 사람에게 똑같이 돌아가지 않는다.

새로운 기술이 등장하면 옛날 방식은 버려진다. 일부는 그에 따른 혜택을 누리겠지만, 혜택에서 소외되는 사람들도 생긴다.

새로운 기술의 등장으로 자기가 가진 기술이 쓸모없게 되어 일자리를 잃는 노동자가 발생한다. 자동차가 등장했을 때 일자리를 잃었던 마부나 자율주행 자동차 때문에 일자리를 잃을지도 모르는 택시 운전사를 생각해보라.

이런 사례는 슈퍼마켓에서도 볼 수 있다. 최근 몇 년 동안 많은 슈퍼마켓이 자율 계산대를 도입했다. 고객은 계산대 앞에서 차례를 기다리는 시간을 줄일 수 있어서 좋고, 슈퍼마켓 주인은 계산원을 고용하는 것보다 비용이 적게 들어서 좋다. 그 결과 생산성이 향상되고, 경제성장도 이루어진다. 그러나 부정적인 효과도 뒤따른다. 계산대에서 일하던 계산원은 일자리를 잃거나 소득이 줄어든다. 그러나 점장이나 MD 같은 숙련된 직원은 일자리를 계속 유지할 수 있을 뿐만 아니라 수익이 늘어난 덕분에 성과급을 더 받을 수도 있다. 전체적으로 보자면 슈퍼마켓은 한층 더 생산적으로 발전했고 경제는 성장하지만, 불평등은 더 심해졌다.

쿠즈네츠에 따르면, 성장이 빠른 속도로 진행될 때는 불평등이 커지는데 이를 피하는 것은 거의 불가능하다. 쿠즈네츠는 기술 발전으로 경제가 농업 중심에서 공업 중심으로 전환되었을 때 나타난 불평등에 특히 관심을 기울였다. 도시에 사는 공장주는 소득이 늘어났다. 시골에서 유입된 값싼 노동력을 고용해서 한층 더 많은 물건을 만들 수 있기 때문이다. 저임금 노동자들이 도시로 유입됨에 따라서 도시 노동자들의 임금은 오히려 내려갔다.

쿠즈네츠는 이 과정이 영원히 계속되지는 않을 것이라고 믿었다. 결국에는 저소득 노동자의 임금이 인상될 것이라고 그는 주장했다. 공장주가 부유해지면 노동자의 임금을 올려줄 수 있고, 낮은 임금을 받는 노동자들은 교육이나 기술 훈련을 통해서 더 좋은 일자리를 찾을 수 있을 거라고 했다. 성장에 따른 보상이 경제 전반으로 퍼지면, 일자리를 잃었던 슈퍼마켓 계산원은 임금을 더 많이 받는 다른 일자리로 옮겨갈 수 있다는 뜻이다.

경제성장으로 나아가는 길에 놓인 두 번째 과속방지턱은 상대적으로 덜 논의되지만 훨씬 더 중요한 것인데, 바로 행복이다. 많은 경제학자가 경제성장과 행복 사이의 관계를 알아내려고 했다. 처음에는 돈으로 행복을 살 수 있을 것 같았다. 1970년대에 펜실베이니아대학교의 경제학자 리처드 이스털린Richard Easterlin은 행복에 관해 연구하기 시작했다. 그리고 평균적으로 볼 때, 부유한 사람이 가난한 사람보다 행복하고, 부유한 나라가 가난한 나라보다 행복하다는 것을 발견했다. 소득이 가장 적은 집단에서는 25퍼센트만 '매우 행복하다'고 응답한 반면 소득이 가장 높은 집단에서는 약 50퍼센트가 '매우 행복하다'고 응답했다.

이것은 놀라운 일이 아니다. 소득이 늘어나면 사람들은 음식, 주거, 의료, 교육 등 살아가는 데 필수적인 재화와 서비스를 살 수 있다. 이는 1장에서 살펴보았던 고전주의 경제학의 효용 이론("돈은 인간의 욕구와 필요성의 좋은 대용물이다")과 맞아떨어지는 것 같다.

그러나 그 데이터에 함정이 있었다. 부富가 특정한 수준에 도달하면 행복도는 더 상승하지 않았던 것이다. 어떤 경우에는 하락하기도 했다. 이것이 이스털린의 역설Easterlin Paradox이다. 예를 들어, 이스털린은 최근 칠레와 중국과 한국에서 1인당 GDP가 두 배로 증가했지만, 전반적인 행복도는 오히려 하락했음을 확인했다.[21] 국가 차원에서뿐만 아니라 개인이나 가족 차원에서도 마찬가지였다. 한 연구는 소득이 7만 5000달러(현재 화폐 기준으로 9만 달러, 한화로 약 1억 원)에 달할 때까지는 행복도도 함께 올라갔지만, 소득이 그보다 높아지면 행복도는 높아지지 않더라는 사실을 확인했다.[22]

이스털린은 이런 현상의 이유를 사회 비교social comparison라는 개념으로 설명했다. 소득 수준이 높은 사람은 자기 소득을 자기보다 가난한 사람과 비교하기 때문에 행복감을 느낀다는 것이다. 그런데 경제가 성장하면, 덜 부유하던 사람도 돈을 많이 벌어서 소득 격차가 줄어든다. 한편 개인 차원에서는 소득이 증가함에 따라 자기가 벌어들이는 추가 소득에 '한계효용 감소'의 원리가 작동한다. 예컨대 1만 원을 더 쓸 때마다 느끼는 행복감이 점점 줄어든다는 뜻이다. 1장에서 보았듯이, 이런 현상은 기업에도 적용되는데, 기업이 생산과정에 추가 비용을 투입할 때마다 수익은 점점 줄어든다. 이 원리는 사람의 기분에도 적용된다. 만약 차를 가지고 있지 않은 사람이 차를 한 대 산다면, 그 사람은 엄청난 행복감을 느낄 것이다. 그런데 차를 이미 세 대나 가지고 있는 사람이라면 네 번째 차를 살 때 추가되는 행복

감은 그다지 크지 않을 것이다.

세 번째 과속방지턱은 환경이다. 일부 경제학자에 따르면, 성장에 과도하게 초점을 맞추면 불평등 증가와 행복 정체뿐만 아니라 자연의 파괴라는 부정적인 효과가 나타난다. 이것은 성장의 첫 번째 요소인 토지와 관련이 있다. 경제성장을 이루려면 자동차 연료로 쓰이는 석유부터 스마트폰 배터리에 들어가는 코발트에 이르기까지 온갖 천연자원이 필요하다. 단기적으로 보면 천연자원을 활용하면 삶의 질이 올라간다. 그러나 장기적으로 보면 생태계 파괴, 자원 고갈, 지구온난화 등이 유발되어 삶의 질이 떨어진다. 이런 관점에서 보자면, 성장을 끊임없이 추구하는 것은 근시안적이다.

경제성장과 환경 파괴 사이의 걱정스러운 관계는 새로운 게 아니다. 이스터섬의 예를 살펴보자. 이스터섬은 칠레에서 약 3700킬로미터 떨어져 있는 섬으로 인구밀도가 매우 낮다. 그러나 14세기에는 최소 1만 명에서 최대 2만 명이나 되는 사람이 살았다. 이 섬은 경제적인 번영을 구가하던 문명의 중심지였다. 그러나 1720년대 유럽인이 그 섬에 발을 들여놓았을 때, 섬의 인구는 3000명 정도밖에 되지 않았다. 그 많던 사람은 모두 어디로 갔을까?

연구자들에 따르면 이유는 간단하다. 이스터섬 주민들이 그 땅이 제공하던 자원을 다 써버렸기 때문이다. 가장 드라마틱하고 충격적인 버전으로 이야기를 풀어내보면 다음과 같다. 이스터섬 주민들의 종교적 구심점인 '모아이'라는 석상이 문제였다.

주민들은 섬에 있던 나무를 베어서 모아이를 만들고 운반했다. 아마 고기잡이에 필요한 카누를 만들기 위해서도 나무를 베어 냈을 것이다. 그렇게 하다 보니 어느 순간에는 카누를 만들 나무가 더는 남아 있지 않았고, 카누가 없어 물고기를 잡을 수 없었던 사람들은 섬에서 나던 다른 작물과 동물을 닥치는 대로 잡아먹었다. 나무가 없다 보니 섬의 토양은 황폐해졌고, 농작물 수확량은 더욱 줄어들었다. 그래서 한정된 자원을 두고 주민들 사이에 전쟁이 벌어졌고, 그 바람에 인구가 급감했다. 1722년 유럽인이 도착했을 때 그 섬은 나무라고는 거의 찾아볼 수 없을 정도로 황폐한 상태였다.[23] 이스터섬의 경제성장이 결국 환경 파괴로 이어지고 말았던 것이다.

인류학자들은 이스터섬의 인구가 그렇게나 급격히 줄어든 이유는 그보다 한층 복잡했을 것이라고 주장한다. 그러나 이스터섬은 여전히 과도한 성장의 비유로 이용되고 있다. 지나친 경제성장은 환경에 혼란을 미친다. 다음 세대의 인류가 맞닥뜨릴 혼란은 전 세계적인 규모가 될 것이다. 연구자들은 경제모델들이 환경이라는 변수를 누락해서, 환경 파괴에 따라 발생하는 비용을 고려하지 않았다고 지적한다. 천연자원에 금전적 가치를 부여하기가 쉽지 않아서 그럴 수도 있다. 여러 연구는 전체 생물권의 경제적 가치를 연간 125조~145조 달러로 추정한다.[24] 전 세계 GDP인 72조 달러의 약 두 배에 이르는 가치다. 이를 자연자본natural capital이라고도 부르는데, 이 자본은 우리가 호흡하는 공기의 질, 우리가 마시는 물 그리고 우리가 이용할 수 있

는 녹지의 면적이라는 형태로 나타난다.[25]

　환경을 무시하는 것은 근시안적인 태도다. 환경을 계속 무시하면 현재의 성장이 미래의 성장을 방해하고 말 것이다. 기후변화는 말로 다 할 수 없을 정도로 파괴적인 결과를 가져올 것이며, 이는 경제성장에도 해로울 수밖에 없다. 연구자들은 2050년까지 기후변화로 전 세계 GDP가 15퍼센트까지 줄어들 거라고 추정한다.[26] 우리는 이미 기후변화가 사람들의 삶에 미치는 영향을 목격하고 있다. 2018년에 발생한 캘리포니아 산불로 미국 경제는 GDP의 0.7퍼센트인 1100억 파운드 규모의 손실을 입었다.[27] 기후변화로 인한 막대한 청구서를 앞에 둔 사람들은 천연자원을 수치로 환산할 수 있는지, 환경 파괴의 정당한 비용을 우리가 계산할 수 있는지 질문을 던진다. 아닌 게 아니라 과연 누가 자연에 가격을 매길 수 있을까?

우리가 미래로 갈 수 있다면

GDP가 얼마나 중요한지 확인해보려고 타임머신을 타고 과거로 돌아갈 필요는 없다. 부모님이나 조부모님의 젊었을 적 사진을 보기만 해도 우리가 그들보다 부유하게 살고 있음을 알 수 있다. 우리는 대부분 예전보다 훨씬 좋은 집에서 산다. 예전보다 휴가도 많이 간다. 그리고 대부분 자기 할아버지보다 학력이 높다. 이것은 모두 GDP가 꾸준하게 성장했기 때문에 가능한 일이다. 그만큼 사람들이 많이 소비하고 많이 벌고 많이 생산한다는 뜻이다.

타임머신을 제대로 사용하려면 과거가 아니라 미래로 가야 하지 싶다. 지금까지 성장은 대체로 번영과 더 높은 삶의 질, 더 큰 행복으로 이어졌다. 그러나 성장의 과정도 단순하지 않다. 성장이 모든 사람의 삶의 질을 동등하게 개선하지 않는다. 성장은 더 큰 불평등과 더 심각한 실업을 초래할 수 있다. 그리고 수십 년 뒤의 미래를 내다보면, 경제성장이 얼마나 환경에 의존하는지 분명히 알 수 있다. 과도한 성장은 환경을 파괴할 수 있고, 그래서 성장이 중단되거나 뒷걸음질 칠 수 있다.

하지만 그렇다고 성장을 포기해야 한다는 말은 아니다. 많은 나라가 GDP를 성장시키면서도 기후변화에 대처하는 정책을 내놓고 있다. 전 세계적으로 녹색 기술 분야에 투자가 늘어나고 있다. 이런 투자는 환경 파괴를 막는 것은 물론 지속 가능한 경제성장에도 도움을 줄 것이다. 특히, 새로운 일자리와 투자를 창출한다면 GDP 성장에 기여할 것이다.

그러나 성장과 환경 사이의 관계는 여전히 걱정스럽고 쉬운 답도 없다. 게다가 경제만 가지고는 모든 문제를 해결할 수 없다. 혹시라도 타임머신을 탈 기회가 있다면 미래에 가보는 건 어떨까. 1000년 뒤로 날아가서 우리의 후손이 우리보다 잘사는지 확인하고 싶지 않은가?

왜 옷은 다 아시아에서 만들까?

비교우위, 무역의 놀라운 힘,

그리고 2005년의 브래지어 전쟁에 대해서

Q. 전문화는 무엇일까?

Q. 국가들이 무역을 하는 이유는 무엇일까?

Q. 무역 분쟁은 왜 일어날까?

당신이 지금 입고 있는 옷의 라벨을 살펴보라. 어떤 사실을 알아차렸는가? 청바지와 셔츠가 낡아서 새로 사야겠다는 사실 말고 다른 것이 있을 것이다. 아마 어렵지 않게 옷 대부분이 해외에서 만들어졌다는 사실을 알 수 있을 것이다. 옷만 그런 게 아니다. 우리 저자들은 각자 자기 집 거실에서 '메이드 인' 라벨이 붙은 물건을 세어보았는데, 무려 40곳이 넘는 외국에서 만든 물건을 찾을 수 있었다. 전등은 덴마크제고, 소파는 이탈리아제이며, 텔레비전은 대만제였다. 이케아는 분명 스웨덴 회사지만 이케아의 빌리 책장은 독일에서 만들어졌다.[1]

만일 이 책장에 붙은 라벨이 충분히 넓었다면, '메이드 인 독일, 슬로바키아, 보스니아, 중국, 폴란드, 체코, 루마니아'라고 적혀 있었을지도 모른다. 이 책장의 디자인은 스웨덴 가구 디자이너가 했고, 목재는 폴란드와 러시아와 스웨덴산이며, 선반을 고정하는 나사는 중국과 폴란드산이다. 제조는 독일에서 다른 나라에서 만든 기계로 이루어졌다. 그리고 완성품은 전 세계에 있는 수많은 이케아 창고로 운송되었다. 그러니까 이 책장은 적어도 여섯 개 나라에서 만들어진 셈이다.

복잡한 제품일수록 세계를 더 많이 여행하는 경향이 있다. 스마트폰은 50개국에서 재료나 부품을 공급받으면서 세계를 거의 20회 가까이 여행한다. 항공기 날개는 국경을 10여 차례나 넘나든 다음에야 비로소 동체에 부착된다.

이런 물건의 여행은 아찔할 정도로 첨단적인 기술처럼 들리지만, 사실 원리는 새로울 게 없다. 무역이라는 활동은 비행기와 온라인 쇼핑이 나타나기 훨씬 전에 시작되어서 지금까지 이어지고 있다. 이 장에서는 무역에 대해 살펴보려고 한다.

아마추어가 프로를 이기지 못하는 단순한 이유

당신 회사에는 특이한 취미를 가진 사람이 있는가? 잉글랜드은행 직원 중에는 트라이애슬론 선수가 있다. 우리 동료인 제니퍼 클라크는 2021년 유럽 트라이애슬론 선수권대회에 참가해 1.5킬로미터 수영과 40킬로미터 사이클 그리고 10킬로미터 마라톤을 2시간 11분에 완주해냈다. 그가 대회를 마치고 출근했을 때, 우리는 그렇게 놀라운 선수가 옆에 있다는 사실에 다시 한번 놀랐다.

제니퍼의 기록은 대단하지만, 세계 최고 수준의 트라이애슬론 선수와 비교하면 미미한 수준이다. 이 글을 쓰는 시점을 기준으로 할 때, 올림픽 경기에 적용하는 표준 거리 최고 기록 보유자는 사이먼 블레싱이다. 1996년 트라이애슬론 세계선수권 대회에서 총 51.5킬로미터를 1시간 39분 50초에 완주했다. 수영에 18분, 사이클에 50분, 마라톤에 31분이 걸렸다.[2]

엄청난 기록이다. 그러나 이 기록도 수영과 사이클과 마라톤 세계 기록을 세운 선수들에 비하면 빠른 것이 아니다. 1.5킬로미터 수영의 최고 기록은 14분 31초로 중국의 쑨양이 세웠다. 10킬로미터 달리기 최고 기록은 26분 11초로 우간다의 조슈아 체프테게이가 세웠다. 세계에서 가장 빠른 사이클 선수인 벨기에의 빅터 캄페나르츠는 40킬로미터 트랙을 약 43분에 완주했다.[3] 트라이애슬론 선수가 아무리 빠르다고 해도 수영과 사이클과 마라톤 각각을 전문적으로 하는 선수만큼 빠르지는 않다.

중앙은행 직원이 프로 트라이애슬론 선수만큼 빠르지 않다는 사실은 전혀 충격적이지 않다. 중앙은행에 이코노미스트로 채용된 사람은 경제정책을 개발하라고 급여를 받지 달리기와 수영과 사이클을 잘하라고 급여를 받는 게 아니기 때문이다. 여기서 우리는 '전문화의 힘'이 얼마나 중요한지 알 수 있다. 프로 트라이애슬론 선수는 취미로 트라이애슬론을 하는 아마추어 선수보다 빠르다. 그리고 각 종목에서 가장 빠른 선수는 마라톤이든 수영이든 사이클이든 한 가지 종목에만 집중하는 훨씬 더 전문화된 선수다. 블레싱이 이코노미스트들만큼 경제 논문을 잘 쓰지 못하는 이유나 우리가 블레싱만큼 빨리 달리지 못하는 이유는 전문화로 설명할 수 있다. 그리고 블레싱이 수영에서 쑨

양만큼 빠르지 않고, 마라톤에서 체프테게이만큼 빠르지 않고, 사이클에서 캄페나르츠만큼 빠르지 않은 이유도 전문화로 설명할 수 있다.

경제에서 전문화의 의미를 이해하기 위해 애덤 스미스의 『국부론』으로 돌아가보자. 스미스는 이 책에서 운동선수들이 전문화로 기록을 단축하는 것과 마찬가지로, 노동자들의 전문화가 경제 전체에 이득이 된다고 주장했다. 전문화가 경제 효율을 높이는 주요 요인이라는 것이다.

스미스는 자기가 방문했던 핀 공장 이야기를 들려준다. 산업용 기계들이 생산 현장의 풍경을 바꾸기 시작하던 무렵 『국부론』을 집필하던 스미스는 공장들이 보여주던 효율성에 매료되었다. 특히 공장에서 이루어지는 수준 높은 전문화, 즉 노동자들 사이의 분업division of labor 이 가치를 창출한다고 주장했다.

분업 덕분에 노동자들은 핀을 만드는 공정 가운데 하나에만 집중하면 되었다. 핀을 만드는 공정은 철사를 뽑아내고, 작은 조각으로 자르고, 구부리는 등 열여덟 가지 작업으로 구성되어 있었다. 이 공장의 노동자 10명이 이 전체 공정을 따라 핀을 만든다면 하루에 겨우 2개를 만들 수 있었다. 그러나 만약 이들이 핀을 만드는 공정 가운데 일부를 전문적으로 맡아서 한다면, 똑같은 노동자 10명이 하루에 핀 4만 8000개를 만들 수 있다. 스미스는 "몇몇 공장에서는 이런 방식으로 전체 공정을 약 열여덟 가지 작업으로 나누어서 전문성이 뚜렷하게 구별되는 노동자가 각각의 작업을 수행한다"라고 썼다.[4]

스미스는 전문화의 이점이 많다고 주장했다. 우선 노동자는 작업 전환에 시간을 낭비할 필요가 없다. 즉, 다음 일을 하려고 이동할 필요가 없을 뿐만 아니라 새로운 역할로 전환하는 데 시간을 낭비할 필요도 없다. 또한 이렇게 하면 직원을 훈련시키는 데 드는 시간과 자원도 줄어든다. 그 덕분에 시간과 비용이 절약되어 공장주는 한층 더 많은 이윤을 남길 수 있고, 노동자도 임금을 더 많이 받을 수 있게 될 것이다.

게다가, 같은 일을 반복하면 일이 손에 익어서 그 일을 더 잘하게 된다. 자신이 맡은 작업에 대해서는 전문가가 된다는 말이다. 철사를 구부리는 작업에 집중하는 노동자는 철사를 자르는 작업에 집중하는 노동자보다 철사 구부리는 작업을 능숙하게 하게 된다. 게다가 일부 노동자는 다른 사람들보다 손재주가 좋아서 핀 제조 공정의 특정 작업(강한 힘이 필요한 작업보다는 정밀한 작업)을 더 잘 수행할 수 있다. 핀 공장에서 각각의 노동자가 다른 사람보다 잘할 수 있는 일을 하게 한다면, 이 공장에서 생산되는 핀의 품질은 한층 더 나아질 것이다.

『국부론』이 출간된 지 거의 250년이 지났지만, 지금까지도 전문화에 대한 스미스의 통찰은 유효하다. 이 개념이 얼마나 강력한지, 2020년까지 쓰이던 20파운드 지폐에는 스미스가 이야기했던 핀 공장 그림과 "핀 공장에서의 분업:(그리고 생산량의 엄청난 증가)"라는 문구가 들어가 있었다.

이 문구의 의미는 핀 만드는 것에 국한되지 않는다. 앞에서 예로 들었던 트라이애슬론 선수를 놓고 생각해보자. 핀 공장의

20파운드 지폐 뒷면. 애덤 스미스의 얼굴과 핀 공장의
분업 장면이 그려져 있다.

원리는 마라톤이나 사이클이나 수영 선수가 자기 영역에서 트
라이애슬론 선수보다 빠를 수밖에 없는 이유를 설명해준다. 트
라이애슬론 선수는 종목을 바꿔서 달릴 때마다 옷과 장비를 바
꾸어야 한다. 올림픽에서도 트라이애슬론 선수가 옷과 장비를
바꾸는 데 30~45초가 걸린다.[5] 만약 세 명의 선수가 트라이애
슬론 종목을 하나씩 맡아서 경주에 나서면 그것만으로도 기록
을 약 75초 단축할 수 있다. 또한, 트라이애슬론 경기에서 흔히
볼 수 있는 '작업 전환' 실수 때문에 자기 자전거가 어디에 있는
지 몰라서 허둥대는 일도 없을 것이다.

　게다가 세 선수가 각 종목을 나누어서 임한다면, 각 선수는
날마다 달리기를 연습한다든가 수영을 연습한다든가 하는 식
으로 자기가 잘하는 종목에 집중할 수 있을 것이다. 만약 수영
과 사이클과 마라톤에서 각각 세계에서 가장 빠른 선수가 팀을
이루어서 트라이애슬론 경주를 한다면 최고 기록을 15분 12초
단축할 수 있다.

경제적인 측면에서 보자면, 전문화는 사람들이 자기가 잘하는 것에 집중하도록 해서 생산성을 끌어올린다. 핀 공장에서는 전문화를 통해서 생산성을 획기적으로 높였다. 트라이애슬론 경기도 분업을 통해 전문화하면 기록이 단축될 것이다. 이런 사실은 다른 경제 영역에도 적용된다. 잉글랜드은행에서도 마찬가지다. 이코노미스트들과 보안 요원들은 모두 각각 상대적인 강점을 발휘하여 자기 업무를 수행한다. 경제학 학위는 언제 들이닥칠지 모르는 강도들에게서 금괴를 지키는 일에는 유용하지 않으며, 강도를 제압하는 기술은 경제정책을 개발하는 데 유용하지 않다.

오늘날 전문화의 힘은 스미스가 상상도 하지 못했을 정도로 강력해졌다. 많은 공장이 최종 완성품에 들어가는 아주 작은 부품을 생산하는 데 집중한다. 예를 들어서 어떤 공장은 휴대전화에 들어가는 수많은 마이크로 칩 가운데 하나만 만들고, 어떤 공장은 자동차 부품 하나만 만든다. 이런 개별적인 부품들은 그 자체로는 큰 가치가 없지만, 다른 공장들에서 생산한 부품들과 합쳐지면 사람들이 필요로 하는 완성품이 만들어진다.

잘하는 것을 하라: 절대우위와 비교우위

핀 생산과 당신이 입고 있는 티셔츠 사이에는 어떤 관계가 있을까? 전문화와 분업은 전 세계에 걸쳐서 이루어지고 있다. 이런 상상을 해보자. 모든 나라는 자기 나라에서 소비할 물건을 직접 만들어야 한다. 잉글랜드은행의 이코노미스트들은 매일 영국에서 재배된 농산물만을 사용하여 만든 셰퍼드 파이와 요크셔 푸딩을 먹어야 한다. 우리는 모두 영국산 트위드를 입고 있을 것이다. 이 책의 원고는 구식 영국제 타자기로 써야 했을 것이고, 틀린 철자를 찾아주는 미국제 소프트웨어는 사용할 수도 없었을 것이다. 도저히 상상할 수도 없는 일이다.

고맙게도 우리가 사는 세상은 그렇지 않다. 핀 공장에서 일하는 스미스 시대 노동자들처럼, 각 나라도 자기가 가장 잘 만드는 제품을 전문적으로 생산해서 무역을 통해 다른 재화나 서비스와 교환한다. 대만은 반도체로 유명하고, 독일은 자동차로 유명하며, 프랑스는 와인으로 유명하다. 영국은 전 세계에 금융 서비스를 제공하는데, 영국 회사들이 금융업을 잘하기 때문이다.

이렇게 국가별로 전문성이 다르게 발전하는 데는 여러 이유가 있다. 예를 들어서 영국은 고학력 노농자와 강력한 법체계가 있어서 금융 서비스 제공에 능숙하다. 금융 부문이 성장함에 따라, 점점 더 많은 사람이 금융계에 들어오려고 훈련을 받았고, 그러다 보니까 이 분야의 전문성은 더욱 강화되었다. 사람들이 더 잘 훈련받고 전문화됨에 따라서 영국은 양질의 금융 서비스를 다른 나라들보다 저렴하게 제공할 수 있게 되었다.

이런 전문성은 지정학적 특성 덕분에 발전하기도 한다. 예를 들어서 크레모나라는 이탈리아 도시는 바이올린 제조로 유명하다. 바이올린을 만드는 데 꼭 필요한 재료인 단풍나무와 가문

비나무는 롬바르디아 지방에서 쉽게 구할 수 있었기에 크레모나는 초기 바이올린 산업의 중심지가 되었다. 크레모나의 바이올린은 왕실에 납품할 정도로 유명해졌고, 시간이 지나면서 크레모나의 많은 장인이 바이올린을 전문적으로 제작하게 되었다. 오늘날 크레모나는 이탈리아에서 수출하는 현악기의 80퍼센트를 생산하고 있다.[6]

모든 나라는 기후 덕분이든 역사 덕분이든 혹은 단순한 행운 덕분이든 간에 특정 재화나 서비스를 생산하는 데 절대우위 absolute advantage를 가지고 있다. 많은 경우, 절대우위를 가진 나라와 경쟁해서 이길 수 없다. 예를 들어 영국에 바나나 농장이 많지 않은 것은 바나나를 재배하기에는 영국이 에콰도르보다 기후 면에서 불리하기 때문이다. 에콰도르는 바나나 재배에 절대우위를 가지고 있다.

그러나 우리는 지구온난화 시대에 살고 있다. 기후변화 때문에 영국의 기후가 바뀌면 어떻게 될까? 영국의 남부 해안 지역이 열대기후가 된다고 상상해보자. 브라이튼 해안에는 야자수가 줄지어 늘어서고 마게이트는 마치 마이애미처럼 보이기 시작한다. 이렇게 기후가 변해도 에콰도르에서 바나나를 수입하는 것이 영국에서 바나나를 재배하는 것보다 싸게 먹힐까?

바로 이 지점에서 상황은 한층 더 복잡해진다. 그렇더라도 그 질문에 대한 대답은 여전히 "수입이 싸게 먹힌다"이기 때문이다. 왜 그럴까? 왜냐하면 영국은 토지가 넉넉하지 않기 때문이다. 특히 남해안 지역은 더 그렇다. 영국의 기온이 올라가 바나나가 잘 자라게 된다고 해도, 실제로 영국 농부들이 바나나를 생산하려면 딸기, 감자, 밀 등의 작물을 포기해야 한다.

이것을 경제학자들은 비교우위comparative advantage라고 부른다. 비교우위는 간단히 말해, 자기가 상대적으로 못하는 것은 포기하고 상대적으로 잘하는 것을 선택해서 집중하는 것이다. 경제학적으로 말하자면, 기회비용이 가장 낮은 것을 선택하는 것이다. 영국 남부 지방에서 바나나 한 다발과 딸기 한 바구니를 재배하는 데 동일한 면적의 토지가 필요하다고 치자. 다음과 같은 비교가 가능할 것이다. 영국에서 바나나 한 다발을 생산하는 데 1만 원이 들지만 딸기를 재배하는 데는 5000원 밖에 들지 않는다. 반면에 에콰도르에서는 바나나 한 다발을 생산하는 데 1000원이 들지만 딸기를 재배하는 데는 4000원이 든다.

에콰도르는 과일 재배에 관한 한 절대우위를 가진다. 영국보다 저렴한 비용으로 바나나와 딸기 모두 재배할 수 있다는 말이다. 그러면 에콰도르 농부는 바나나와 딸기를 모두 재배할까? 그렇지 않다. 딸기를 재배하면 바나나보다 네 배나 비싼 비용을 감당해야 한다. 딸기 한 바구니를 생산할 때마다 바나나 세 다발씩 손해 보는 셈이다. 그러니 에콰도르 농부는 딸기를 포기하고 바나나만 재배하는 것이 유리하다. 영국 농부도 마찬가지다. 바나나 한 다발을 생산할 때마다 딸기 한 바구니씩 손해 보는 셈이니 영국 농부는 바나나를 포기하고 딸기만 재배하는 것이 유리하다. 즉 영국 농부와 에콰도르 농부가 각각 딸기와 바나나에 집중하는 것이 수익성이 더 높다. 영국은 딸기를 생산하고 에콰도르는 바나나를 생산한 뒤 두 나라가 딸기와 바나나를 거래하는 것이 모두에게 유리하다.

비교우위 이론은 지난 장에서 잠깐 언급했던 19세기 경제학자 데이비드 리카도David Ricardo가 정리했다. 애덤 스미스보다 약 반세기 뒤에 태어난 리카도는 스미스의 『국부론』을 읽고 뒤늦게 경제학에 눈을 뜬 부유한 사업가였다. 리카도는 스미스의 전문화 이론을 국가 차원에 적용해서, 어떤 나라든 비교우위를 가지는 산업에 집중해야 경제를 성장시킬 수 있다고 주장했다.

리카도는 또한 비교우위로 이득을 누리려면 무역이 필요하다고 했다. 각 국가는 각자 비교우위를 가진 것을 생산하고, 그렇게 생산한 재화와 서비스를 무역으로 교환해야 한다는 것이다. 무역을 한다는 것은 영국이 딸기를 생산하고, 이탈리아가 바이올린을 생산하고, 대만이 반도체를 생산하더라도 런던과 밀라노와 타이베이에서 모든 소비자가 딸기와 바이올린과 마이크로 칩을 살 수 있다는 뜻이다.

무역은 리카도 시대에도 새로운 게 아니었다. 세계에서 가장 오래된 무역로 가운데 하나인 실크로드는 기원전 2세기부터 중국과 로마를 연결했다.[7] 변화한 것은 무역의 양이다. 국제무역은 역사의 시곗바늘이 돌아가는 동안에 느리지만 꾸준하게 증가했다. 17세기가 되면 아메리카 대륙에서 생산된 감자, 토마토, 커피, 초콜릿 등을 유럽에서 살 수 있게 되었다. 그러다가 19세기에 증기선과 기차가 발명되면서 세계무역은 그때까지 상상도 할 수 없던 수준으로 확대되었다. 1919년에 케인스가 생각했던 것처럼 "런던에 사는 사람이 아침에 침대맡에 앉아서 차를 마시면서 전화로 전 세계의 온갖 물건을 주문하며, 자기 문 앞에 그 물건들이 빠르게 배송될 것이라고 기대한다."[8]

21세기에는 케인스조차 상상하지 못했던 수준의 무역이 이루어지고 있다. 지난 100년 동안 전문화와 운송 수단의 발전으로 전 세계적인 차원의 무역은 한층 더 원활해졌다. 1900년 이후 무역 규모는 40배 넘게 늘어났다.[9] 지구가 옛날보다 작게 느껴지는 이유 가운데 하나도 바로 여기에 있다. 세계 각국의 경제가 서로 의존하게 된 현상인 세계화globalization는 전 세계에서 소비되는 재화와 서비스의 많은 부분이 다른 나라에서 공급된다는 것을 뜻한다.

바로 여기에 "왜 내 옷은 다 아시아에서 만들어졌을까?"라는 질문의 답이 있다. 아시아가 가진 가장 큰 비교우위는 값싼 인건비다. 우리가 입는 티셔츠 중 대다수를 생산하는 중국은 숙련도가 낮은 노동자가 많고, 따라서 임금이 적다. 2019년 중국의 노동자가 받은 평균임금은 연간 9만 501위안(약 1500만 원)이었다.[10] 그에 비해 미국은 인구가 적고 평균 교육 수준도 높기 때문에 사람들이 더 높은 임금을 요구한다. 그러므로 티셔츠 생산처럼 비숙련 노동이 필요한 제조업은 중국과 같은 개발도상국에서 하는 게 유리하다. 중국 경제가 제조업에 집중함에 따라서 다른 나라들은 중국에서 값싼 상품을 수입할 수 있었고, 그 덕분에 중국은 경제 강국이 되었다. 중국에는 1억 2800만 개가 넘는 제조업 일자리가 있으며, 이 일자리들에 중국 GDP의 거의 3분의 1이 달려 있다.

경제가 한층 더 세계화됨에 따라 국가 간에 거래되는 것들도 바뀌고 있다. 물리적인 제품이 여전히 중요하긴 하다. 세계무역기구WTO에 따르면 2020년에 이루어진 세계무역 가운데 77퍼센트가 물리적인 제품이었다.[11] 무역 규모가 이렇게 커졌다는 것은 재화의 생산이 과거보다 훨씬 더 전문화되었다는 뜻이다. 현재 물리적인 제품은 대부분 여러 나라의 인풋이 투입되어야만 완성품이 될 수 있다. 2020년을 기준으로 할 때 애플은 약 30개 국가에서 부품을 조달했는데, 이 나라들은 아이폰과 같은 최종 제품에 들어가는 부품들을 각각 전문화해서 생산한다.[12]

무역은 물리적인 제품에 한정되지 않는다. 서비스도 무역 대상에 포함되는데, 오늘날에는 세계무역의 23퍼센트를 차지한다. 국경을 넘어 이전되는 서비스는 흔히 연구 개발과 같은 아이디어가 대부분인데, 노동보다 인터넷과 같은 기술에 더 많이 의존하는 특징이 있다. 이런 특징은 사람들이 음악이나 영화를 소비하는 방식에서도 엿볼 수 있다. 음악을 들으려고 CD를 사거나 영화를 보려고 DVD를 산 게 마지막으로 언제인지 기억하는가? 우리 저자들은 그때가 언제인지 기억도 나지 않는다. 물리적인 제품에서 스트리밍이나 구독 서비스 같은 디지털 서비스로의 전환은 전혀 다른 종류의 거래(무역), 즉 제품이 아닌 정보와 데이터 거래로의 변화라고 할 수 있다. 대부분의 무역 통계에 집계되지는 않지만 이런 디지털 방식의 거래는 매우 방대하게 이루어진다. 이메일, 유튜브 콘텐츠, 소셜미디어와 같은 디지털 분야의 무역 규모는 연간 8조 3000억 달러나 되는데, 만약 이것을 공식 통계에 포함하면 전체 무역 규모는 20퍼센트나 늘어날 것이다.[13]

무역을 둘러싼 논쟁들: 유럽에서 티셔츠를 만들지 못하는 이유

그런데 무역 규모가 커지는 게 무조건 좋을까? 어떤 사람들은 그렇다고 생각한다. 무역 규모가 커질수록 좋은 물건을 훨씬 더 싸게 살 수 있고, 자기에게 잘 맞는 일자리를 구할 가능성도 높아지기 때문이다. 그러나 그게 그렇게 간단하지만은 않다.

지난 20년간 자유무역 때문에 빚어진 여러 가지 문제가 뜨거운 감자가 되어 여러 나라를 골치 아프게 하고 있다. 20세기 후반부터 부유한 서구 선진국들에서 제조업이 쇠퇴하기 시작했다. 제조업은 중국을 포함한 개발도상국의 낮은 인건비 때문에 경쟁이 되지 않았다. 그래서 제조업 일자리는 저소득국으로 옮겨갔다. 이를 오프쇼어offshore라고 한다. 만약 우리가 이 책을 20세기 중반에 썼다면, 우리가 입고 있는 티셔츠는 영국에서 만들어졌을 가능성이 높다. 그러나 지금은 그렇지 않다.

당연한 일이지만, 제조업 일자리가 줄어드는 것을 모두가 반긴 것은 아니다. 큰 논란이 일어났고, 논란 끝에 나온 해결책 중에 가장 극단적인 것은 수입을 금지해 국내 산업을 보호하는 정책이었다.

2005년 여름을 떠올려보라. 그때 스웨덴 출신의 애니메이션 뮤지션 크레이지 프로그의 노래가 음악 차트 1위에 올랐으며, 소니의 PSP가 막 출시되었다. 우리 저자들은 국제 물류에 관심이 많은 평범한 10대 청소년이었다. 사실, 우리의 주된 관심사는 해수욕장에 놀러 갈 때 입을 옷이었다. 하지만 옷 가게마다 옷걸이에 옷이 걸려 있지 않았다. 우리는 "도대체 무슨 일이 일어나고 있는 거야?"라고 생각했다.

답은 간단했다. 무역 전쟁이 진행되고 있었던 것이다. 무역 전쟁은 국가와 국가 사이의 무역 장벽이 한층 더 높아진다는 뜻이다. 세계화 시대에도 국가 간의 무역은 완전히 '자유롭지' 않다. 많은 나라가 수입품에 매기는 세금인 관세를 부과한다. 또는 수입되는 상품의 양을 제한한다. 무역 전쟁이 일어나면 국가들은 앞다투어 관세라는 장벽을 더 높이, 더 많이 쌓는다. 이 전쟁의 주 무기는 탱크나 미사일이 아니라 거친 입씨름이지만, 그렇다고 하더라도 전쟁의 참화로 엄청난 파괴가 일어나곤 한다.

2005년 무역 전쟁은 유럽연합과 중국 사이에서 일어났다. 다자간섬유협정Multi Fibre Agreement, MFA이 1974년에 체결되어서 유지되고 있었는데, 이 협정의 중심 내용은 중국과 같은 개발도상국이 영국과 같은 선진국에 수출할 수 있는 의류의 양을 제한하는 것이었다. 선진국의 의류 제조업체들이 저렴한 수입 의류에 시장점유율을 빼앗기는 것을 막기 위한 제도였다.

그러나 2005년 초에 이 협정이 폐지되고, 섬유 및 의류에 관한 협정Agreement on Textiles and Clothing, ATC에 의해 의류 교역이 완전히 자유화되었다. 그런데 서구의 많은 나라는 이 무한 경쟁에 대비가 되어 있지 않았다. 그해 여름까지 미국의 중국 의류 수입량은 두 배로 늘어났고, 유럽연합은 세 배 이상으로 늘었다.[14] 스페인과 이탈리아 등 유럽연합의 많은 나라가 오래전부터 국내 제조업을 구축해왔지만, 갑자기 유례가 없을 정도로 강력한 경쟁이 유럽연합을 강타한 것이다.

유럽연합은 연간 무역 할당량을 설정해서 중국산 제품 수입을 제한했다. 그러자 중국은 이 조치가 불공정하다고 여기고 강력한 보복에 나섰다. 중국은 몇 달에 걸쳐서 할당량보다 훨씬 많은 옷을 유럽으로 그야말로 물밀듯이, 싸게 밀어 넣었다. 유럽연합은 할당량을 초과했다는 이유로 옷을 받아들일 수 없다고 했고, 그 바람에 중국산 옷을 실은 배들은 항구에 발이 묶였다. 약 8000만 벌의 옷이 배에 갇혀 있었다.

이 전쟁은 '브래지어 전쟁'이라고 불렸다. 2005년 여름에 항구에 묶여 있던 400만 벌의 브래지어를 두고 붙여진 이름이었다. 그러나 오도 가도 못하게 발이 묶인 것은 브래지어만이 아니었다. 점퍼 4800만 벌과 바지 1700벌도 있었다.[15]

이 전쟁의 승자는 누구였을까? 승자가 있었는지는 모르겠지만 패자는 분명히 있었다. 여름에 놀러 가려고 새 옷을 장만하려던 소비자가 패자였고 또 피해자였다. 의류 분야가 취약한 나라들은 같은 옷을 더 비싸게 들여와야 했다. 유럽 소비자들은 점퍼, 바지, 란제리 등이 부족한 상황에 처했고, 우리 저자들처럼 수영복을 제때 구하지 못해서 기대했던 물놀이를 망친 사람이 많았다.

유럽 사람들은 인근 국가에서 만든 옷만 살 수 있었기에, 유럽연합 내의 의류 제조업체들은 한동안 짭짤한 수익을 올렸다. 그러나 많은 소매상이 판매할 제품을 구하지 못했고, 설령 구한다고 하더라도 이전처럼 싼 가격에 들여올 수 없었다. 그러니 이 사람들도 무역 전쟁의 피해자였다. 중국의 의류 제조업체들도 기껏 만든 제품을 유럽에 팔 수 없었으니 피해자였다.

이 무역 전쟁에서 승자는 아무도 없었다. 이런 결과는 다른 무역 전쟁에서도 똑같이 나타났다. 2018년에 시작된 미국과 중국 사이의 무역 전쟁은 당사국인 두 나라뿐만 아니라 전 세계에 피해를 입혔다. 당시 미국과 중국의 GDP가 각각 2퍼센트 가깝게 줄어들 것으로 예상되었고, 전 세계 GDP도 약 1퍼센트 줄어들 것으로 예상되었다.[16]

다행히 브래지어 전쟁에서는 유럽연합과 중국이 결국 타협점을 찾았다. 유럽연합이 항구에 묶여 있던 옷을 받아들이면서 그 수입량을 이듬해 할당량에 산입하기로 한 것이다. 최근 몇 년 동안 유럽연합 국가들은 노동자 의존도가 높은 의류를 생산하는 대신 풍력 터빈과 전기 자동차 같은 고부가가치 제품과 기술 개발에 투자를 늘려왔다. 비교우위에 초점을 맞춰서 생산구조를 전환한 것이다. 이렇게 함으로써 의류를 놓고 벌어질 다음번 무역 전쟁의 가능성이 낮아졌다.

그러나 무역 전쟁의 가능성을 완전히 제거하기란 불가능하다. 이해관계가 상충하는 국가들이 있는 한 무역 전쟁은 언제든 다시 벌어질 수 있다. 그러나 정치인들은 이런 위험을 제거하려고 노력해왔다. 그 방법 중 하나가 무역협정이다. 무역협정은 두 나라 사이에서 이루어질 수도 있고 무역 규칙을 공유하기로 약속한 여러 국가, 즉 무역 블록trade bloc 사이에서 이루어질 수도 있다. 대부분 무역협정을 맺는 나라들은 관세를 없애거나 줄이며, 무역품에 '공유된 기준'을 설정하기도 한다. 이런 합의가 이루어진 국가들 사이에서는 무역 전쟁이 일어날 가능성이 낮다.

무역 블록은 새로운 것이 아니다. 촐페라인Zollverein(독일관세동맹)은 1834년에 체결된 무역 블록인데, 독일연방1815년 빈 회의 이후, 독일 통일을 위하여 구성된 조직-옮긴이 소속 대부분 국가가 이 블록에 참여했다. 오늘날의 독일, 오스트리아, 체코, 룩셈부르크 등이다. 촐페라인은 회원국 사이의 무역 장벽을 제거했다. 이 블록이 형성되기 전에는 독일연방 내에 약 1800개의 관세 장벽이 있었다.[17] 관세 장벽이 제거되자 거래는 한층 더 빠르고 매끄럽게 진행되었으며, 거래 당사자들은 예전보다 한층 많은 수익을 거두었고, 소비자들도 상품을 더 낮은 가격에 구매할 수 있게 되었다.

오늘날의 무역 블록도 비슷한 역할을 한다. 그러나 한층 더 세계화된 오늘날의 세상에서는 무역 블록이 훨씬 더 널리 퍼져 있다. 유럽연합 내에서는 국경을 넘어 상품을 운송하는 데 따로 드는 비용이 없다. 다른 무역 블록으로는 미국과 캐나다와 멕시코가 맺은 북미자유무역협정NAFTA이 있는데, 지금은 미국-멕시코-캐나다 협정USMCA으로 명칭이 바뀌었다. 한중일 3국과 동남아시아국가연합ASEAN 10개국 그리고 호주, 뉴질랜드, 인도 등 아시아·태평양 16개국이 2020년 11월 역내포괄적경제동반자협정RCEP이라는 사상 최대 규모의 무역협정을 체결했다. 2019년 기준으로 이들 국가가 전 세계 GDP에서 차지하는 비중은 약 30퍼센트에 달했다.[18]

이러한 무역 블록과 협정은 세계화의 여러 원동력 가운데 하나다. 국가와 국가 사이의 거래 비용을 낮추면, 내 옷장이 외국에서 생산된 옷들로 채워질 가능성은 한층 더 높아진다.

중국은 미래에도 세계의 공장일까?

2020년에 중국은 전 세계 의류의 3분의 1을 생산했다. 방글라데시와 베트남이 각각 약 6퍼센트, 터키와 인도가 그 뒤를 이었다. 옷만 보면 이 나라들이 세계에서 가장 생산적이고 풍요로운 것 같다.[19]

그러나 초점을 바꾸어서 살펴보면 그렇지 않다. 국경을 초월해서 이루어지는 서비스를 살펴보면(서비스 부문은 해외 고객, 혹은 해외에서 휴가를 보내는 관광객에게 이메일로 법률 조언을 제공하는 것까지 포함한다) 양상은 완전히 달라진다. 미국은 다른 어떤 나라들보다 멀찌감치 앞서가고 있는데, 전 세계에 제공되는 서비스의 14퍼센트를 수출한다. 그 뒤를 영국과 독일이 뒤따른다. 지구상에서 가장 강력한 의류 수출국인 중국은 15위로 프랑스보다 순위가 밀리는데, 전 세계 서비스 수출액 가운데 중국이

차지하는 비중은 5퍼센트다.[20]

지금쯤이면 당신도 중국이 의류 부문에서는 초강대국이지만 서비스 부문에서는 약한 이유가 무엇인지 알았을 것이다. 이것은 스미스가 핀 공장에서 발견한 것과 동일한 원리 때문이다. 당시나 지금이나 전문화를 통한 효율성 제고가 중요하다.

나라마다 비교우위를 가지는 영역이 다르다. 많은 경우에 비교우위가 발생하는 것은 그 나라가 가진 자원 덕분이다. 스위스가 시계로, 벨기에가 맥주로, 쿠바가 시가로 유명한 이유도 바로 여기에 있다. 그러나 사회적 이유로 비교우위가 발생하기도 한다. 예를 들어서 중국은 낮은 인건비 덕분에 의류 제조업에서 비교우위를 가지고, 영국은 숙련된 금융 노동자 덕분에 금융 서비스에서 비교우위를 가진다.

그리고 경제사에 따르면, 각 국가가 가진 비교우위는 계속해서 바뀐다. 대부분의 의류가 아시아에서 생산된다고 해서 아시아를 값싼 노동력 공급원일 뿐이라고 결론 내려서는 안 된다. 지난 몇 년 동안 아시아는 휴대전화, 컴퓨터, 태양전지의 주요 생산국이 되었다. 수십 년 뒤에 아시아의 어떤 국가는 세계시장에서 주요 자동차 수출국이 될 수도 있다. 세계무역의 균형이라는 점에서 보자면 모든 것이 유동적이다. 미래에는 현재 세계 최대의 의류 생산국이 제조업 불모지에서 의류를 수입하게 될지도 모른다.

프레도 가격은
왜 자꾸 오르는 걸까?

인플레이션의 원인,

물가가 내려가는 게 꼭 반갑지 않은 이유,

그리고 코로나 시대에 미용실 가격이 오른 이유에 대해서

Q. 인플레이션은 무엇일까, 그리고 인플레이션율은 어떻게 계산할까?

Q. 인플레이션은 어떤 영향을 미칠까?

Q. 인플레이션율이 너무 높으면 어떤 일이 일어날까?

Q. 인플레이션이 문제라면, 디플레이션은 안 될까?

Q. 비용 압력은 물가를 어떻게 상승시킬까?

Q. 수요 압력은 물가를 어떻게 상승시킬까?

영국 사람들 사이에서 도는 뜨거운 논란거리 하나를 소개하겠다. 이 질문은 부유한 사람과 가난한 사람, 청년과 노인, 북부와 남부를 하나로 묶어주는 질문이며, 해마다 많은 사람이 점점 더 큰 분노를 담아서 던지는 질문이다.

"프레도 가격은 왜 자꾸 오르는 거야?"

우리 저자들이 어렸을 때만 하더라도 프레도 하나의 가격은 단돈 10펜스(약 150원)였다. 하지만 그 뒤 몇 년 동안 영국이 가장 사랑하는 개구리의 환하게 웃는 얼굴은 웃음기가 빠진 것 같고 어쩐지 냉소적으로까지 보이게 되었다.[1] 2010년에 프레도의 가격은 17펜스(약 260원)로 올랐다. 2017년에는 30펜스(약 500원)라는 깜짝 놀랄 가격이 매겨졌다. 그 뒤 잠깐 숨을 고르는지 이 책을 쓰는 지금은 25펜스(약 400원)다.[2]

우리는 초콜릿 회사 캐드버리를 규탄하려는 게 아니다. 프레도의 가격 상승에는 불가피한 이유가 있었음을 우리 저자들은 잘 안다. 물가는 조금씩 올랐고, 물가 상승은 돈의 가치를 잠식

프레도는 캐드버리에서 출시한 개구리 모양 초콜릿으로, 저렴하게 사 먹을 수 있는 영국의 국민 간식이었다.

해서 같은 돈으로 살 때 살 수 있는 물건의 양은 줄어들고 말았다.

이 과정을 인플레이션이라고 한다. 인플레이션은 대부분 눈에 띄지 않을 정도로 미세하게 진행된다. 시간이 꽤 지나고 나면 돈의 가치가 얼마나 많이 떨어졌는지 눈에 들어온다. 극단적인 인플레이션은 재앙을 초래하기도 하지만, 덜 극단적인 상황에서는 프레도를 사랑하는 영국인들처럼 초콜릿을 덜 사 먹거나 웃고 있는 개구리를 씁쓸하게 바라보게 된다.

물가는 왜 계속 오르는 걸까?: 내 장바구니가 자꾸만 가벼워지는 이유

해마다 경제학자와 통계학자 들은 평균적인 사람이 무엇을 사는지 조사해서 가상의 구매 목록을 만든다. 이 목록에는 빵, 우유, 달걀, 샴푸, 티셔츠, 세탁용 세제 같은 물리적 상품과 헬스장 회원권이나 통신비 같은 서비스 상품이 포함된다. 평범한 사람들이 무엇에 돈을 쓰는지 보여주는 그다지 철저하지는 않은 요약 목록인 셈이다. 그런 다음 통계학자는 시간이 지나면서 그 상품들의 가격이 어떻게 변하는지 추적한다. 만약 이 구매 목록의 비용 합계가 1년 전에 100만 원이었고 지금은 102만 원이면, 가격은 2만 원 즉 2퍼센트 오른 것이다. 즉 인플레이션율이 2퍼센트라는 뜻이다.

그런데 장바구니에 담은 모든 것이 똑같이 2퍼센트씩 오르지는 않는다. 어떤 것은 많이 오르고 어떤 것은 조금 오르거나 심지어 가격이 내렸을 수도 있다. 이 책을 쓰는 시점을 기준으로, 영국의 평균 물가는 2010년 이후 약 20퍼센트 올랐다. 그러나 버스 요금은 거의 95퍼센트 올랐고, 땅콩은 거의 70퍼센트 올랐으며, 유적지 입장료는 60퍼센트 넘게 올랐다. 런던타워 입장료는 인플레이션율보다 훨씬 가파르게 올랐다. 거기에서 간식이라도 사 먹는다면 더 그렇다. 반면에, 축구화 가격은 약 20퍼센트, 컴퓨터게임의 가격은 거의 30퍼센트, 노트북 가격은 절반 넘게 떨어졌다. 그래서 축구는 온라인 게임으로나 운동장에서나 2010년보다 훨씬 싸게 할 수 있다.[3]

가상의 장바구니에 무엇을 담느냐는 중요한 문제다. 무엇을 알아보고 싶은지에 따라 장바구니에 담는 품목은 달라진다. 예를 들어서 물건을 만드는 회사 관점에서 물가가 얼마나 올랐는지 알고 싶다면, 생산에 들어가는 재료들을 장바구니에 담아야 한다. 평균적인 가구의 생활비가 얼마나 올랐는지 알고 싶다면 우유, 계란, 고기 같은 기본 식재료를 담을 것이고 절삭유와 너트는 넣지 않을 것이다.

가장 일반적인 인플레이션 지표는 소비자물가consumer price를 측정하기 위한 것으로, 평균적인 가구가 무엇을 얼마나 소비하는지 파악하기 위한 것이니만큼 그것을 반영할 수 있는 품목으로 장바구니를 채워야 한다. 영국에서는 국가통계청ONS이 이 바구니에 담을 물품을 선별한다한국에서는 통계청과 한국은행이 가계 소비에서 차지하는 비중이 0.01퍼센트 이상인 것들 가운데서 500개의 물품을 선정하고 여기에 가중치를 설정한 다음에 한 달에 한 번씩 가격을 조사해서 소비자물가지수를 계산한다-옮긴이.

여기에서 가장 중요한 단어는 '소비'다. 집값은 소비자물가 상승률의 주요 지표에 들어가지 않는데, 사람들이 집을 '소비'하지 않기 때문이다. 집은 사람들이 월 단위나 주 단위로 정기적으로 구매해서 사용하고 소진하는 상품이 아니다. 대신 주택에 정기적으로 들어가는 비용(주택담보대출 상환금이나 임대료)이 인플레이션을 계산하는 데 들어간다.

소비재 장바구니에 들어가는 품목은 나라마다 다르다. 프랑스 목록에는 개구리 다리와 에스카르고달팽이 요리-옮긴이가 포함되고, 독일 목록에는 브라트부르스트독일 소시지-옮긴이와 슈니첼튀긴 송아지 고기-옮긴이이 포함되며, 영국의 목록에는 전통적인 일요일 점심 메뉴인 '오븐에 넣어 익히기만 하면 되는 요리'가 포함된다.[4] 이 목록은 시대에 따라서도 달라진다. 1947년 영국 국가통계청이 처음으로 만든 목록에는 축음기 음반과 대구 간유가 들어 있었다. 하지만 지금은 그런 것들 대신 넷플릭스 요금, 가향 우유, 콘돔이 들어가 있다.[5] 2021년에는 코로나19 팬데믹 때문에 손 소독제가 목록에 추가되기도 했다.

이 장바구니 목록은 평균적인 사람의 소비를 대표하지만, 현실에 실제로 존재하는 어떤 사람의 소비와 일치할 가능성은 매우 낮다. 따라서 인플레이션율은 개인의 생활비 변화를 완벽하게 설명하지는 못한다. 예를 들어서 교통비는 커피나 외식비보다 많이 오르는 경향이 있다. 그러므로 만약 교통비를 많이 쓰는 사람이라면, 외식을 자주 하는 사람보다 물가가 많이 올랐다고 느낄 것이다.

설문 조사에 따르면, 사람들은 인플레이션율이 자기가 실제 체감하는 생활비 증가를 제대로 반영하지 못한다고 느끼고 있었다.[6] 이것은 그들이 장바구니에 담는 물건과 통계학자들이 장바구니에 담은 물건이 다르기 때문일 수도 있다. 또는 사람들이 나쁜 소식(높은 인플레이션율)은 크게 받아들이고 좋은 소식(낮은 인플레이션율)에는 귀를 기울이지 않는 경향이 있어서 그럴 수도 있다. 또한 사람들은 정기적으로 사는 품목(예를 들면 식료품)의 가격 변화에 더 예민하게 반응해서 인지 편향이 일어나기 때문일 수도 있다.

만약 나의 개인적인 인플레이션율을 알고 싶다면 어떻게 해야 할까? 아주 간단한 방법이 있다. 슈퍼마켓에서 장을 보고 정기적으로 사는 물품들의 가격을 영수증에 따로 표시해두라. 그리고 이것을 서랍에 넣어두고 딱 1년 동안 잊어버리는 거다. 1년 뒤에 똑같은 물품을 똑같은 슈퍼마켓에서 산 다음 가격이 지난 1년 동안 어떻게 달라졌는지 확인하면 개인 인플레인션율이 얼마인지 알 수 있다.

그렇지만 인플레이션율을 계산하는 게 이렇게 쉽다면 전 세계의 통계학자들이 머리카락을 쥐어뜯을 일은 없을 것이다. 아닌 게 아니라 개인 구매 목록에도 몇 가지 문제가 있다. 예컨대, 만약 당신이 1년 전보다 빵을 많이 사 먹는다면 이것을 통계에 어떻게 반영해야 할까? 통계 당국은 사람들의 변화하는 습관까지도 고려해서 정확한 인플레이션율을 산출하려고 애쓴다. 장바구니에 담긴 품목을 업데이트할 뿐만 아니라 각 품목에 가중치를 설정하고 이 가중치 역시 계속해서 조절한다.

품질과 관련된 문제도 있다. 아이폰과 노키아 3310을 비교할 수 있을까? 2000년 출시된 노키아 3310의 가격은 129.99파운드(약 20만 원)였다. 그런데 2020년 출시된 아이폰 12의 가격은 최소 579.7파운드(한국에서는 95만 원부터 시작)였다.[7] 약 450퍼센트라는 이 인플레이션율이 모든 진실을 보여주진 않는다. 최신 아이폰은 구식 노키아보다 훨씬 많은 기능이 담겨 있다. 문자나 통화뿐만 아니라 사진을 찍고, 인터넷을 하고, 음악을 듣고, 캔디 크러쉬 게임도 할 수 있다. 따라서 인플레이션을 계산하는 사람들은 이런 점들을 고려해서 추정치를 보정해야 한다. 품질과 관련된 이런 문제는 기술 분야에서 가장 분명하게 드러난다. 기술이 발전하면서 구형 모델이 된 제품들은 품질에는 변화가 없지만 가격은 수십 년 동안 엄청난 폭으로 떨어지고 있다.

그런데 상품의 가격을 정기적으로 확인한다고 해도 인플레이션을 제대로 가늠하기는 무척 어렵다. 2017년 영국 국가통계청은 규모가 줄어든 206개 장바구니 품목에 대한 보고서를 냈는데, 이 보고서는 기업들이 가격을 높이지 않는 대신 양을 줄이는 현상을 제대로 반영하지 못했다. 예를 들어서 과거에는 한 팩에 12개가 들어 있던 과자가 지금은 10개밖에 들어 있지 않은 사실을 고려하지 않았던 것이다. 티백도 마찬가지였다. 예전에는 한 상자에 티백이 80개 들어 있었지만 조사 당시에는 75개밖에 들어 있지 않았다. 가장 당혹스러운 물품은 화장실용 두루마리 휴지였다. 예전에는 하나에 221칸이었지만 지금은 200칸밖에 되지 않았다(22칸이 남아 있으리라고 생각했는데, 1칸밖에 남지 않았다면 화장실에서 얼마나 당혹스러울까?). 경제학자들은 이것을 슈링크플레이션shrinkflation이라고 부르는데, 이것은 가격을 올리는 것과 같다. 같은 돈을 내고 받는 물건의 양이 줄어들었기 때문에, 단위당 가격은 그만큼 오른 셈이다. 그러나 이런 꼼수를 부리는 회사들이 언제나 원하는 대로 이득을 봤던 것은 아니다. 과자 회사인 몬델레즈가 2016년에 토블론 초콜릿의 크기를 줄이자 초콜릿 애호가들이 격렬하게 반발했다. 결국 몬델레즈는 1년 반 만에 토블론 크기를 원래대로 돌려놓았다. 프레도도 2020년 무게와 크기를 줄여 비난을 샀다.

복권에 당첨된다면:
로또가 좋을까, 연금복권이 좋을까?

1994년 11월, 영국에 엄청난 열풍이 몰아쳤다. 국영복권이 설립되어서 1파운드짜리 복권을 사면 백만장자가 될 수 있다고 사람들을 현혹했다. 당첨 확률이 1400만 분의 1이라는 사실은 아무도 신경 쓰지 않았다. 1회 추첨 때 1500만 명이 넘는 사람이 3500만 장이 넘는 복권을 샀다. 다들 자기가 행운의 주인공이 될지 모른다는 희망을 품었다.[8]

1회 당첨자는 7명이었고, 이들은 587만 4778파운드를 나누어가지는 대박 행운을 누렸다. 한 사람에게 약 84만 파운드씩 돌아간다는 뜻이었다. 1994년 당시 이 금액은 어마어마한 액수였다. 이 돈으로는 게임보이8비트짜리 휴대용 게임기 - 옮긴이 5000대와 신형 SUV 40대 그리고 당시에 엄청나게 인기를 끌었던 형광 레이브 선글라스까지 사고도 돈이 남았다. 혹은 프레도 850만 개를 살 수 있었다. 그런데 이런 상상을 한번 해보자. 복권에 당첨된 사람이 그 당첨금을 커다란 가방에 담아서 침대 밑에 고이 간직했다가 28년이 지난 2022년에 그 가방을 꺼내서 물건을 사러 나간다면 어떨까?[9] 그 사람은 무척 실망할 것이다. 게임보이를 찾기도 어려울 뿐만 아니라 돈의 가치가 엄청나게 줄어들었기 때문이다.

1994년 이후로 국영복권은 여러 가지 파생 상품을 내놓았다. 그 가운데 하나가 세트 포 라이프Set for Life인데, 이 복권 당첨자는 30년 동안 매달 1만 파운드를 받는다. 2020년 12월 28일, 21세의 제임스 에번스는 아마도 코로나19 유행이 빨리 끝났으면 좋겠다고, 지긋지긋했던 한 해가 어서 지나가면 좋겠다고 생각했을 것이다. 그랬던 그가 그해가 끝나기 전에 세트 포 라이프 복권에 당첨되었고, 앞으로 30년 동안 매달 1만 파운드씩 받게 되었다. 당첨 사실을 안 에번스가 맨 처음 한 일은 가족과 함께 캐나다로 스키 여행을 가는 것이었다. 지금은 한 달 지급액만으로도 가족과 여행을 갈 수 있지만, 30년이 지나서 그가 마지막 월 지급액을 받을 시점에는 두 달치 혹은 그 이상의 지급액을 합쳐야만 그런 여행을 갈 수 있을 것이다. 2051년의 1만 파운드는 지금과 가치가 다를 테니까 말이다.

복권의 역사는 무척 오래되어서 기록으로 남아 있는 것을 기준으로 해도 고대 그리스와 로마까지 거슬러 올라간다. 영국 최초의 복권은 1567년에 등장했는데, 엘리자베스 1세가 세금을 올리지 않고 전쟁 자금을 모으기 위해 발행했다. 당시 복권은 한 장에 10실링이었고 상금은 5000파운드였는데 접시, 태피스트리, 면책특권 같은 보너스도 함께 주어졌다. 당시 5000파운드면 말 1000마리나 소 4000마리, 좋은 맥주 120만 쿼트1쿼트는 약 1.14리터 - 옮긴이를 살 수 있었다. 그러나 이 금액은 오늘날의 복권 당첨금으로는 시시한 금액이다. 에번스가 매달 받는 당첨금의 절반밖에 되지 않으니까 말이다. 1560년대에 5000파운드는 지금의 화폐 가치로 270만 파운드에 해당한다.

비록 복권 당첨은 내 일이 아니라고 느껴지긴 하지만, 복권 당첨금 사례들은 인플레이션이 우리에게 어떤 영향을 미치는지 잘 보여준다. 물가가 오르면 소비력은 떨어진다. 지난 30년 동안, 선진국 대부분의 인플레이션율은 평균 약 2퍼센트였다. 생각보다 높지 않다고 할 수 있지만, 30년 동안 누적되면 이것만으로도 현금 소비력은 절반으로 줄어든다.

인플레이션율이야말로 우리의 일상을 뒤흔드는 문제이자 매우 정치적인 문제다. 인플레이션을 상쇄할 적극적인 대책을 세우지 않는다면 인플레이션은 우리의 소비력을 갉아먹을 것이다. 예를 들어, 급여명세서만 놓고 보면 영국 노동자의 임금은

2021년까지 10년 동안 20퍼센트 넘게(해마다 2퍼센트 넘게) 올랐다. 얼핏 보면 지속적으로, 그것도 상당히 오른 것 같다. 그러나 인플레이션을 고려하면 이야기가 달라진다. 그렇게 오른 임금으로 살 수 있는 물건의 양은 거의 늘어나지 않았기 때문이다. 인플레이션율이 임금 인상률과 일치했으므로 사람들의 소비력이 실제로는 전혀 늘어나지 않았다. 이와 대조적으로 일본의 임금은 10년이 넘는 세월 동안 평균 1퍼센트 미만 늘어났다. 그러나 이 기간에 일본의 인플레이션율은 거의 0이었다. 이것은 일본 노동자들의 소비력이 늘어났다는 뜻이다.

인플레이션은 우리의 삶을 규정한다고 할 수 있다. 예를 들어서 인플레이션율은 먼 미래까지 영향을 미치는 의사 결정(예를 들면 연금 저축, 담보대출, 임금 인상 등과 관련된 의사 결정)에 크게 영향을 미친다. 우리가 즐겨 먹는 프레도가 요즘 들어서 훨씬 비싸진 이유도 여기에 있다. 그런데 슬프지만 받아들여야 하는 사실이 있는데, 비싸진 건 프레도뿐만 아니라 우리가 구매하는 재화나 서비스 대부분이다.

말 그대로 '살인적인' 인플레이션

만일 당신이 2008년에 짐바브웨에서 일간지를 샀다면 인플레이션과 관련된 기사가 온 신문을 말 그대로 도배하는 것을 보았을 것이다. 당시 짐바브웨의 인플레이션은 정말 높았다. 당신이 만약 다음 날에도 그 신문을 샀다면, 머리기사는 동일했을지 몰라도 신문값은 두 배가 되었을 것이다. 불과 24시간 만에 말이다. 당시에 짐바브웨의 인플레이션율은 거의 800억 퍼센트였다. 하루 만에 두 배로 뛰는 물가가 심하지 않다고 생각하는가? 그렇다면 그다음 날에도 똑같은 일이 일어난다고 상상해보라. 그 다음 날, 또 그 다음 날, 다시 또 그 다음 날에도…. 대부분의 사람이 평생에 걸쳐서 경험하게 될 물가 상승을 2008년의 짐바브웨 사람들은 단 한 주 만에 경험했다.

이처럼 터무니없이 높은 인플레이션을 겪은 나라는 짐바브웨 말고도 많다. 1960년대 중반부터 1980년대 초반까지 미국을 비롯한 많은 나라가 이른바 대인플레이션The Great Inflation을 경험했다. 그때는 유가 급등, 정부의 재정지출 증가, 중앙은행 정책 등이 복합적으로 작용해서 해마다 물가가 두 자릿수로 상승했다. 이런 속도로 5~7년마다 물가가 두 배로 뛰면 돈의 가치는 절반으로 줄어든다. 만약 이런 추세가 30년 동안 유지된다면 개인의 소비력은 처음의 2퍼센트 수준으로 떨어진다.

물론 800억 퍼센트 인플레이션율은 두 자릿수 인플레이션율과는 차원이 다르다. 물가가 그야말로 미친 듯이 상승하던 짐바브웨에서 우리가 본 현상은 초인플레이션hyperinflation(하이퍼인플레이션)이라는 용어로 불린다. 인플레이션이 얼마나 심해야 초인플레이션인지에 대한 정확한 정의는 없지만, 물가가 전년 대비 세 자릿수로 증가한다면 초인플레이션을 목격하고 있다고 할 수 있다.[10] 초인플레이션은 세계 역사에서 반복해서 나타난다. 1920년대에 독일 경제를 마비시켰던 초인플레이션과 2차대전을 초래했던 금융 위기는 유명하다. 당시 돈을 수레로 날랐다는 이야기나, 수레보다 돈의 가치가 떨어져서 수레는 훔쳐가도 돈은 그냥 두었다는 이야기는 한 번쯤 들어봤을 것이다. 최근에도 헝가리, 그리스, 아르헨티나, 베네수엘라, 레바논 등에서 초인플레이션이 나타났다. 몇몇 추정에 따르면 20세기 100년 동안 세계적으로 평균 2년마다 한 번씩 초인플레이션이 나타났다.

이런 이야기들은 지나치게 높은 인플레이션율이 얼마나 위험한지 강조한다. 우선, 인플레이션율이 높으면 가게나 회사를 운영하기가 거의 불가능해진다. 가격표와 같은 현실적인 문제를 놓고 살펴보자. 인플레이션율이 낮거나 0이라면 가격표를 자주 바꾸지 않아도 되지만, 인플레이션율이 높으면 가격표를 날마다 바꾸어야 한다. 가격표를 바꾸는 데도 비용이 들므로 운영비가 추가된다. 물가 상승이 비교적 안정적이라고 하더라도, 이런 소위 메뉴 비용menu cost 메뉴판 교체에 들어가는 비용. 즉 인플레이션이 발생할 때 재화나 서비스의 판매 가격을 조정하는 데 들어가는 모든 비용을 말한다 - 옮긴이 이 상당히 많이 들 수 있다. 미국의 슈퍼마켓 산업을 다룬 한 연구는 이 비용이 전체 수익의 3분의 1이나 된다고 했다.[11]

가게나 회사를 운영하지 않는 사람들에게도 높은 인플레이션은 악영향을 미친다. 인플레이션은 주머니 속에 든 돈의 가치를 떨어뜨린다. 그래서 인플레이션율이 높을 때 사람들은 더 수익이 좋은 곳에 투자하기 위해 현금 보유를 줄이는 경향이 있다. 그래서 꼭 필요할 때만 돈을 쓰게 된다. 이것은 사람들이 이상적인 수준보다 적게 돈을 보유한다는 뜻이며, 또한 필요한 돈을 인출하기 위해서(즉 자기가 가진 자산을 돈으로 바꾸기 위해서) 은행에 더 자주 간다는 뜻이기도 하다. 이런 비용을 구두창 비용 shoe-leather cost이라고 부르는데, 말 그대로 은행을 너무 자주 들락거려서 신발이 닳을 정도라는 뜻이다.

정부가 돈을 계속 찍어내는 데 들어가는 비용도 있다. 돈의 가치가 빠른 속도로 떨어질 때는 고액권도 금방 가치가 떨어진다. 2008년 중반에 짐바브웨는 화폐를 새로 찍어내야 했는데, 종이의 가치가 지폐의 가치보다 높아져서 종이를 더 살 수조차 없었다. 물가가 너무 빠르게 오르고 또 새로운 액면가 발표가 너무 빠르게 진행된 바람에 화폐를 인쇄할 종이를 살 시간이나 여력이 없었다. 물가가 너무 빠르게 오르자 예전 지폐를 재사용하기에 이르렀다. 2008년에 발행된 250억 짐바브웨 달러짜리 지폐의 워터마크위조를 방지하기 위해 개발된 기술-옮긴이를 보면, 이 지폐에 사용된 종이가 원래 500짐바브웨 달러를 인쇄하는 데 사용할 종이였음을 알 수 있다. 2009년 1월이 되자 100조 짐바브웨 달러짜리 지폐가 나왔다. 하지만 놀랍게도 이 지폐를 가지고 버스 승차권도 살 수 없었다.

그러나 기업과 소비자 그리고 정부가 부담해야 하는 이러한 문제들도, 높은 인플레이션율이 전체 경제에 미치는 영향에 비하면 사소하다고 할 수 있다. 인플레이션이 미치는 가장 부정적인 영향은 저축에 대한 사람들의 인식을 바꾸는 것이다.

인플레이션은 돈을 보관하는 데 매기는 세금이라고 할 수 있다. 매달 받는 월급의 일부에서 소득세를 떼어가는 것처럼,

인플레이션은 우리의 소비력 가운데 일부를 떼어간다. 동시에 인플레이션은 부채의 가치를 감소시킨다. 당신이 할머니에게 10만 원을 빌리면서 1년 뒤에 이자를 붙여 11만 원으로 돌려주기로 했다고 치자. 이때 당신이 부담하는 이자율은 10퍼센트다.[12] 할머니와 당신이 모두 그해의 인플레이션율을 10퍼센트로 예상하기 때문에, 나중에 당신이 돌려주는 11만 원은 1년 전의 10만 원과 가치가 같을 것이다. 그러나 인플레이션율이 예상과 다르게 20퍼센트였다면 어떻게 될까? 당신이 아직 빚을 갚지 않았다면, 당신의 부채는 한결 가벼워진다. 당신은 소비력이 늘어났지만, 죄송하게도 할머니는 11만 원을 돌려받았다고 해도 소비력은 10퍼센트 줄어들었다. 이 모든 일은 경제학자들이 말하는 '명목상의 조건'으로 계산되기 때문에 일어난다. 당신이 할머니에게 진 빚은 10만 원이라는 원금에 할머니가 추가한 적정 수준의 수수료를 보탠 금액이다. 그러나 이것은 '실질적인 조건'이 아니다. 즉, 당신이 빚을 갚은 시점에 10만 원이 어느 정도의 가치를 가지든 아무런 상관이 없다는 말이다.

인플레이션이 부채의 가치를 잠식하는 이 메커니즘은 경제 전반에 큰 영향을 미친다. 부채를 많이 짊어진 정부는 고의로 인플레이션을 조정해서 부채 부담을 줄일 수 있는데, 이런 유혹은 오래전부터 있었다. 그런데 인플레이션은 사람들이 은행에 넣어둔 돈의 가치도 감소시킨다. 인플레이션은 돈을 저축한 사람들의 소비력을 감소시키는 동시에 돈을 빌린 사람들의 소비력을 증가시키는 경향이 있다. 그리고 사람들은 젊을 때 돈을 빌릴 가능성이 높고 나이가 들수록 자산을 많이 보유하므로, 인플레이션 때문에 소비력은 보통 노인에게서 청년으로 이동한다.

물가가 오르지 않으면 더 좋지 않을까?

높은 인플레이션율이 그렇게 위험하다면, 인플레이션은 왜 생길까? 아예 물가가 오르지 않는다면, 혹은 시간이 지날수록 물가가 내려간다면 훨씬 좋지 않을까?

만약 당신이 다른 일은 하지 않고 재화나 서비스를 소비하기만 하는 사람이라면, 이 주장은 완벽하게 이치에 맞는다. 문제는 사람은 대부분 소비자로만 존재하지 않는다는 점이다. 우리는 소비자인 동시에 주식을 보유한 주주이기도 하고, 기업의 직원이기도 하며, 생산자이며 판매자이기도 하다. 이런 모든 역할을 동시에 수행한다는 점을 염두에 둔다면, 물가가 계속 내려가는 것은 물가가 급격하게 오르는 것만큼 나쁘다.

1930년대 초의 미국을 생각해보자. 1929년에 주식시장이 붕괴한 뒤로 미국은 불황에 접어들었고 디플레이션deflation이 시작되었다. 1932년까지 물가는 해마다 10퍼센트씩 떨어졌고, 수요 부족이 발생했다. 사람들은 수입 부족과 화폐 가치 하락으로 많은 돈을 잃었고, 그래서 쓸 수 있는 돈이 별로 없었다. 부자들도 주식시장이 붕괴하면서 크게 손해를 본 뒤로 매우 조심스러워져서 돈을 쓰기보다는 쟁여두려고만 했다. 그랬기에 기업들이 판매하는 상품에 대한 수요가 쪼그라들었다. 그러자 기업들은 급격히 줄어드는 이익 가운데 일부를 저축할 수 있다는 희망을 갖고 최대한 비용을 줄였고, 생산물의 양을 줄였다.

이런 비용 절약과 생산 절감이 불러온 연쇄 반응 효과knock-on effect는 참담했다. 노동자들은 예전보다 적은 임금을 받거나 아예 임금을 받지 못했다. 대공황 시절의 실업률은 25퍼센트를 넘어섰다. 중요한 사실은 이것이다. 임금이 줄어들었거나 실업자가 되어 임금을 받지 못하는 노동자들은, 노동자인 동시에 어떤 기업 또는 인근 가게의 고객이기도 했던 것이다. 노동자들의 소득이 줄어들자 수요가 줄어들었고, 그래서 기업은 비용을 더욱 줄여야 하는 악순환에 빠져들었다.

디플레이션은 일단 한번 시작되면 탄력을 받아서 점점 더 강력해진다. 내일 어떤 물건의 가격이 10퍼센트 싸진다는 사실을 알고 있다면 어떨까? 아마 당신은 그 물건을 오늘 사지 않고 내일 사려고 할 것이다. 비싼 물건일수록 더 그렇다. TV, 냉장고, 자동차 같은 것들을 생각해보면 쉽게 알 수 있다. 이런 소비자의 행동이 단기적이라면, 즉 '빅 세일'을 기다리는 일시적인 현상이라면, 소비 지연은 큰 문제가 되지 않는다. 하지만 디플레이션이 지속될 때는 소비를 계속해서 뒤로 미루게 된다. 임금 삭감과 마찬가지로 소비를 미래 시점으로 연기하는 결정은 현재 시점의 수요 감소로 이어진다. 이러면 가격이 더 빨리 더 많이 떨어질 수밖에 없다. 이런 상황에서는 오늘 저축한 돈의 가치가 미래에 더 커질 것이므로 오늘의 소비를 나중으로 연기하는 게 합리적이다. 이런 자기 강화를 경제학에서는 디플레이션

악순환deflationary spiral이라고 부른다. 이 악순환의 소용돌이에 빠져버리면 거기에서 경제를 끌어내기란 매우 어렵다.

디플레이션은 또한 부채가 있는 모든 사람에게 문제가 된다. 앞에서 살펴보았듯이 인플레이션은 소비력을 감소시키는 한편 부채 비용(부채를 조달하는 데 필요한 비용)을 감소시킨다. 인플레이션으로 돈의 가치가 줄어듦에 따라 2년 전에 빌린 10만 원은 지금 훨씬 가벼워졌다. 그러나 디플레이션 상황에서는 사정이 180도 달라져서 부채의 실질 비용이 늘어난다. 지금의 10만 원은 생활비나 임금에 비추어볼 때 어제의 10만 원보다 가치가 크기 때문이다.

그래서 디플레이션은 얼핏 생각하는 것만큼 매력적이지 않다. 높은 수준의 인플레이션이 미치는 영향과 디플레이션이 미치는 영향을 동시에 고려할 때, 목표로 삼아야 할 것은 낮고 안정적인 인플레이션이라는 데 경제학자들은 거의 만장일치로 동의한다. 물가는 나쁜 일이 일어났을 때도 유지될 정도로 충분히 높아야 하지만, 그렇다고 해서 초인플레이션에 휘말릴 정도로 너무 높지는 않아야 한다.

정확한 인플레이션 목표는 정책 담당자들이 논의해서 결정한다. 많은 고소득 국가에서 인플레이션 목표를 연간 2퍼센트 정도로 잡고 있으며, 어떤 경제학자들은 그보다 조금 더 높은 3~4퍼센트로 잡는다. 그러나 대부분의 정책 담당자가 인플레이션율이 10퍼센트 수준에 도달하면 경제가 심각해지며, 또 인플레이션율이 거기에서 한층 더 급격하게 높아질 위험이 커진다는 데 동의한다.

코로나와 미용실 가격 상승의 관계

2020년 초에 많은 유럽인이 미용실을 방문하면서, 전문가의 손에 머리를 맡길 기회가 다시 언제 올까 생각했다. 코로나19 때문에 아주 오랫동안 미용실에 오지 못할 거라고 예상했기 때문이다. 코로나19가 등장한 뒤로 전 세계의 많은 미용실이 문을 닫았다. 락다운(봉쇄) 조치가 지속될수록 사람들의 헤어스타일은 더욱 후줄근해졌다. 그래서 사람들은 가족의 서툰 가위질에서 벗어나 다시 예전처럼 자유롭게 미용실을 갈 수 있을 때 시도할 헤어스타일을 상상하기 시작했다.

그러나 2020년 중반 그토록 갈망하던 미용실이 다시 문을 열었을 때, 사람들은 충격을 받았다. 새로운 방역 지침에 맞춰 미용사들은 새로운 장비를 구입해야 했고, 손님은 한 번에 한 명씩만 들일 수 있었으며, 머리를 해준 다음에는 모든 도구를 철저하게 소독해야 했다. 차례를 기다리는 손님들도 사회적 거리를 유지하도록 멀리 떼어놓아야 했기에 고객의 수를 제한할 수밖에 없었다. 이 모든 조건을 맞추려면 미용 서비스 비용을 올릴 수밖에 없었다. 그래서 많은 미용사가 이 비용을 고객에게 떠넘겼고, 첫 번째 봉쇄 이후 18개월 동안 미용 가격은 8퍼센트 넘게 올랐다.

이 일은 인플레이션이 발생하는 이유를 파악하게 해준다. 가장 기본적인 차원에서 말하자면, 수백만 명이 날마다 자기가 파는 재화나 서비스의 가격을 정하는 과정에서 인플레이션이 시작된다. 이 결정을 내릴 때 대부분의 회사 소유주는 아마도 경제적 과정이나 이론에 대해서 깊이 생각하지 않을 것이다. 그저 눈앞의 비용과 수요만 생각한다. 만약 감당해야 할 생산 비용이 높다면 가격을 높게 책정할 것이고, 자기 상품의 수요가 늘어날 것이라고 판단된다면 역시 가격을 높이고 싶을 것이다.

경제학자들은 인플레이션을 추동하는 힘을 비슷한 유형끼리 묶어서 설명한다. 한쪽에는 코로나 관련 방역 장비처럼 투입 비용을 증가시켜서 가격을 올리는 비용 상승 인플레이션cost-push inflation이 있고, 다른 한쪽에는 재화와 서비스에 대한 수요를 증가시킴으로써 가격을 올리는 수요 견인 인플레이션demand-pull inflation이 있다.

비용 상승 인플레이션부터 살펴보자. 이것의 주요 동인은 네 가지다. 첫째는 석유, 가스, 철강 같은 원자재의 가격 상승이다. 유가를 놓고 살펴보자. 1973년 10월에 중동 산유국들이 회원국인 석유수출국기구OPEC가 서방 국가들을 상대로 통상 금지 조치를 발표했다. 그해에 일어났던 아랍-이스라엘 전쟁에서 서방 국가들이 이스라엘을 지원한 것에 대한 보복이었다. 그들은 그 결정이 세계 역사의 전환점이 될 것을 몰랐다. 그 뒤 5개월 동안 유가는 세 배로 뛰어올랐고, 이것이 1970년대 인플레이션 파도를 일으켰다.

이런 결과가 빚어진 것은 석유수출국기구의 결정이 미친 파장이 석유에 국한되지 않았기 때문이다. 석유는 에너지원이고 플라스틱과 같은 제품의 원료이며 전 세계로 상품을 운송하는 연료다. 석유는 거의 모든 물품의 생산 과정에 투입되는 재료다. 그래서 유가 상승은 모든 것의 가격 상승을 초래했다. 생산자들에게는 두 가지 선택지가 있었다. 하나는 제품의 가격을 예전과 동일하게 유지하면서 이윤 감소를 감내하는 것이었고, 다른 하나는 이윤을 동일하게 유지하기 위해 가격을 올리는 것이었다. 만약 생산자들이 전자를 선택하면 수익이 쪼그라들고 손해를 보게 된다. 후자를 선택하면 소비자가 높은 가격에 좌절하고 결국 제품에 대한 수요가 줄어들 게 분명하다. 현실에서 생산자들은 이 두 가지 접근법을 병행했는데, 그 결과 1974년에 전 세계적으로 소비자물가가 14퍼센트 넘게 상승했다.[13]

환율 변동은 비용 상승 인플레이션의 두 번째 주요 동인이다. 당신이 스위스로 여행을 간다고 치자. 당신은 비행기에서 내린 직후에 초콜릿을 산다. 가격은 10스위스 프랑으로 약 8파운드에 해당한다. 조금 비싸긴 하지만 그래도 모처럼 여행인데 그 정도는 낼 수 있다. 그리고 산바람을 쐬고 치즈를 실컷 먹고 요들송을 따라 부르며 한 주를 보낸 뒤에 공항으로 돌아와서 한 주 전에 먹었던 것과 똑같은 초콜릿을 사려고 10스위스 프랑을 지불한다. 그런데 그 한 주 사이에 스위스 프랑화의 가치는 파운드화 대비 10퍼센트 하락했다. 그 초콜릿의 가격을 파운드화로 따지면 7.2파운드밖에 되지 않는다. 그렇게 생각하니까 어쩐지 여유 있게 느껴져서 초콜릿을 하나 더 사 먹기로 한다. 이 일은 우리 저자 가운데 한 사람이 2011년 9월에 경험했던 것이다. 그때 스위스 프랑화의 가치가 거의 하루 만에 10퍼센트나 평가절하되었다.

환율은 물가 상승에 큰 영향을 미친다. 특히 수입품의 가격을 높인다. 2011년 당시, 독일에서 우유를 수입하는 스위스 초콜릿 회사들은 스위스 프랑화로 지불하는 가격이 하루 만에 10퍼센트나 오르는 것을 목격했다. 전 세계 사람이 캐나다의 목재와 한국의 기계 부품과 에콰도르의 커피에 의존하는 세상에서는 환율 변동에 따른 비용이 누적되면 상당한 부담이 될 수밖에 없었다.

비용 상승 인플레이션의 세 번째 동인은 임금 상승이다. 중요한 점은 임금 상승이라고 해서 모두 동일한 게 아니라는 사실이다. 임금이 변하는 '이유'가 중요하다. 노동자의 생산성이 높아져서 임금이 상승할 때는 인플레이션이 유발되지 않는다. 한 시간에 부품을 100개 만드는 일자리가 있고, 당신이 여기에서 일한다고 치자. 그리고 시간당 1만 원을 받는다고 하자. 그런데 당신이 새로운 기술을 도입해서 시간당 부품 110개를 만들 수 있게 되었다. 그래서 고용주는 당신에게 시간당 1만 1000원으로 임금을 올려준다. 부품 하나당 임금은 여전히 100원이므로 소비자에게 전가할 비용은 없다. 반면에, 회사가 필요로 하는 노동자를 구하지 못해서(즉 노동시장에 공급이 부족해서) 임금이 상승할 때는 회사의 수익이 줄어들고, 회사는 이 타격을 줄이려고 부품 가격을 올리게 될 것이다.

비용 상승 인플레이션의 마지막 동인은 세금이다. 2018년 영국 정부는 설탕에 세금을 매기기로 했다. 이 조치로 코카콜라는 딜레마에 빠졌다. 몇몇 음료업체는 설탕을 덜 넣은 제품을 내놓았지만, 코카콜라는 기존 제품을 고수했다. 그러면 콜라의 가격을 올릴 수밖에 없었다. 이와 비슷하면서도 훨씬 파급력이 컸던 일이 2011년 1월에 나타났다. 부가가치세VAT의 헤드라인 인플레이션국제 정세나 기후 등 일시적인 변동에 의한 인플레이션까지 포함하는 일반적인 인플레이션 - 옮긴이 비율이 17.5퍼센트에서 20퍼센트로 오른 것이었다. 이것은 티셔츠 한 벌이 2만 5000원이었다면 이제는 세금이 올라서 500원 더 받아야 한다는 뜻이었다. 이 세금 때문에 2010년 12월에 약 3.5퍼센트이던 인플레이션율이 2011년 9월에는 5퍼센트 넘는 수준으로 뛰어올랐다. 부가가치세 인상이 없었다면 물가 상승은 4퍼센트 수준에서 머물렀을 것이다.

인플레이션 현상의 나머지 절반

그러나 비용을 상승시키는 이런 요인들은 인플레이션을 유발하는 요인 가운데 절반밖에 되지 않는다. 나머지 절반의 요인은 수요 견인 인플레이션을 일으킨다. 이것은 수요가 크게 늘어나지만 여기에 맞추어서 공급이 늘어나지 않아서 생기는 인플레이션이다. 수요는 여러 가지 이유로 늘어날 수 있다. 사람들은 특별한 이유 없이 더 많은 소비를 하기도 한다. 케인스는 사람들이 분위기에 휩쓸려서 충동적으로 소비를 한다고 봤으며, 이 충동을 야성적 충동animal spirits이라고 불렀다. 그러나 이것 말고도 수요 증가의 이유는 많으며, 근본적인 이유가 무엇이든 간에, 수요가 공급보다 커지면 소비자들은 상품을 차지하려고 아우성을 치며 물가를 밀어 올린다. 사람들은 원하는 것을 손에 넣기 위해서라면 기꺼이 더 많은 돈을 지불한다.

수요 견인 인플레이션을 초래하는 가장 일반적인 요인은 화폐 공급의 증가(통화량 증가)다. 밀턴 프리드먼은 심지어 "인플레이션은 화폐 현상의 하나일 뿐"이라고 말했다.[14] 어느 나라 안에서 유통되는 통화의 양이 그 나라 안에서 생산되는 물건의 양에 비례해서 늘어나지 않는다면 물가는 결코 오르지 않을 것이라는, 적어도 지속적으로 오르지는 않을 것이라는 뜻이다. 1950~1960년대 프리드먼과 애나 슈워츠Anna Schwartz는 통계를 분석해 통화량이 증가함에 따라 물가가 규칙적으로 상승하며, 통화량이 줄어들면 물가 상승 속도는 느려지고 심지어 물가가 떨어지기까지 한다는 사실을 입증했다.

이 통찰은 통화주의monetarism로 일컬어지는 이론의 토대가 되었다. 통화주의는 소비되는 화폐의 가치 총액은 생산되고 수입되고 구매되는 상품들의 가치 총액과 같아야 한다는 발상에 뿌리를 두고 있다. 프리드먼은 물가가 화폐량에 따라 결정된다는 화폐수량설quantity theory of money을 정립했다.

통화주의자들은 여기서 출발해서, 어떤 나라에서 생산되는 재화나 서비스의 수는(적어도 장기적으로 볼 때는) 노동인구의 크기나 기술 발전 같은 몇 가지 기본적이면서 느리게 변동하는 요인에 의해 결정된다고 주장한다. 그러므로 유통되는 화폐의 양은 실제 경제에 영향을 미칠 수 없다는 결론이 나온다. 이 원칙은 장기적인 화폐 중립성long-run neutrality of money이라고 한다.

이는 유통되는 통화가 늘어난다고 해도 경제활동이 실제로는 늘어나지 않는다는 뜻이다. 그렇다면 통화주의자들이 주장하는 필연적인 결과는 무엇일까? 바로 인플레이션이다. 즉 유통되는 통화의 가치가 떨어진다는 말이다. 동일한 양의 상품이 매매되지만 매매되는 상품의 가격은 그만큼 올라간다.

1970~1980년대에 통화주의는 서구 국가들에 큰 영향을 미쳤다. 영국의 마거릿 대처와 미국의 로널드 레이건은 통화주의에 기반한 정책을 폈으며, 각국의 정책 입안자들은 통화 공급을 적극적으로 활용해서(나중에는 그 강도가 점점 더 심해졌다) 자국의 화폐 통화량에 외곬으로 초점을 맞추었다. 프리드먼은 화폐의 양이 고정적인 비율로 늘어나야만 지속적이고 안정적인 인플레이션으로 이어질 수 있다고 주장했다.

통화주의자들이 내린 결론은 케인스주의를 따랐던 이전 세대의 정책과는 뚜렷하게 대조되었다. 10장에서 더 알아보겠지만 케인스주의자들은 경제 관리에 훨씬 더 현실적인 접근법을 취했는데, 이들은 정부의 재정지출을 통화 공급(통화량)을 통제하는 수단이라기보다는 경제를 안정시키는 수단으로 옹호했다. 그러나 상반되어 보이는 이 두 진영 사이에는 공통점이 많다. 단기적으로 보자면, 인플레이션을 통해 유통되는 화폐의 양에 즉각적으로 대응하지 않으며, 두 진영 모두 화폐를 창조함으로써 사람들의 일하고 싶은 욕구나 소비 행태를 바꿀 수 있다고 생각했다. 다른 점은, 통화주의자들은 이런 효과가 금방 사라져버려서 실제로는 효과가 없으며 인플레이션만 유발된다고 본 반면, 케인스주의자들은 조정과 대응의 기간이 충분히 길어서 경제에 추진력을 줄 수 있다고 보았다. 장기적으로는 인플레이션이 뒤따를지도 모르지만, 그게 무슨 상관이냐는 것이 케인스주의자들의 생각이었다. 아닌 게 아니라, 이런 주장을 비판하는 사람들에게 케인스는 '장기적'이라는 조건을 걸어서 자꾸 딴지를 걸지 말라면서 "장기적으로 따진다면 우리는 모두 죽고 없다"는 말로 되받았다.[15]

통화주의자와 케인스주의자 사이의 줄다리기는 지금까지도 이어지고 있다. 그러나 1990년대 초까지만 놓고 보자면, 경제학계에서의 일반적인 합의점은 순수하게 통화주의적인 입장에서 멀어졌다. 이렇게 된 주된 원인은 수십 년 전 프리드먼과 슈워츠가 우아하게 증명했던 통화량과 산출물 그리고 인플레이션 사이의 관계가 깨졌기 때문이다. 유통되는 화폐가 많다고 해서 반드시 인플레이션율이 높아지지는 않았다.

이는 선진국들 전반에 걸친 일련의 경제적인 변화로 야기된 놀라운 변동이었다. 이 변동 가운데는 1980년대에 은행과 금융 부문에서 일어난 거대한 변화가 있었다. 정책 입안자들은 화폐 자체에 초점을 맞추기 시작했다. 이런 변화가 화폐와 인플레이션 사이의 연관성에 대한 신뢰를 바꾸어놓았다. 경제지표에서 보이는 규칙성은 그것을 목표로 삼고 규제하기 시작하는 순간 사라져버린다는 굿하트의 법칙Goodhart's law이 나타나는 순간이었다. 그런데 정말 흥미로운 사실은, 사람들이 자기가 가진 돈을 소비하는 방식에 실제로 변화가 나타났다는 것이다. 유통되는 화폐의 양이 동일하더라도 화폐유통속도velocity of money는 달라질 수 있다. 똑같은 1만 원이 한 주 동안 10명의 손을 거치면서 사용된다면 한 사람의 손으로 딱 한 번만 사용될 때보다 훨씬 더 많은 상품이 매매된다. 통화주의자들은 화폐유통속도가 안정적이라고, 적어도 예측 가능하다고 전제했다. 예컨대 봉급을 월 단위로 받든 주 단위로 받든 사람들은 한 주에 한 번씩(혹은 두 번씩) 정기적으로 장을 보니까, 화폐유통속도를 충분히 예상할 수 있다는 것이다. 그러나 그 속도가 얼마든지 예측 범위 바깥으로 튀어 나갈 수 있으며, 예측이 쉽지 않다는 일련의 증거가 1980년대 이후 나타났다. 유통되는 화폐의 양과 인플레이션의 관계는 단순하지 않았다.

1990년대 이후 인플레이션에 대한 초점이 다시 바뀌었다. 이 번에는 프랑스 철학자 르네 데카르트의 "나는 생각한다, 따라서 나는 존재한다"가 논의의 중심이 되었다.[16] 데카르트는 실존주의 철학을 이야기한 것이지만, 그의 말은 인플레이션의 동인 가운데 하나인 인플레이션 기대inflation expectation에도 적용할 수 있다. 인플레이션 기대는 인플레이션이 일어날 것이라고 사람들이 생각한다면 실제로 인플레이션이 일어난다는 것이다. 인플레이션의 자기실현적 예언인 셈이다.

어떻게 이게 가능할까? 당신이 연봉 협상을 한다고 상상해보자. 만약 인플레이션율이 높을 것이라고, 즉 앞으로 물가가 많이 오를 것이라고 예상한다면, 당신은 소비력을 유지하기 위해 연봉을 많이 인상해달라고 요구할 것이다. 그런데 앞에서 살펴본 것처럼, 임금 상승은 인플레이션을 유발할 수 있다. 인플레이션율이 높을 것이라는 생각이 실제로 인플레이션율을 높이는 것이다. 반대로, 만약 당신이 인플레이션율이 낮을 것이라고 믿는다면, 적은 임금 인상으로도 만족할 것이고, 따라서 경제 전반의 인플레이션율은 낮아진다. 이런 효과는 금융시장에도 똑같이 나타난다. 사람들은 인플레이션을 예측해 대출을 받기 때문이다.

사람들의 기대는 물가에 큰 영향을 미친다. 그러므로 인플레이션율을 안정적으로 유지하려면 사람들의 경제활동뿐만 아니라 사람들의 심리에도 신경을 써야 한다. 대부분의 나라에서 정부가 인플레이션 목표치를 설정하는 이유도 바로 여기에 있다. 만약 정부와 정책 입안자들이 인플레이션을 건강한 수준으로 유지할 것이라고 사람들이 믿는다면, 놀랍게도 실제로 인플레이션은 그 수준으로 유지되곤 한다.

개구리의 미소에 건배!

이 모든 것을 이해하면 프레도 가격에 대한 생각이 조금은 달라질 것이다. 가격이 점점 올라가는 이 초콜릿에 그려진 개구리의 웃는 얼굴을 보면서 조금은 덜 분노할지도 모른다. 심지어 프레도의 가격이 약간 오르는 것은 물가 하락의 악순환을 예방하기 때문에 바람직한 현상이라고 안심할지도 모른다. 인플레이션은 사람들이 소비를 내일로 미루지 않도록 장려해서 경제성장이 지속되도록 해준다. 또 만일 당신이 대출을 받았거나 부채가 있다면, 인플레이션은 당신이 진 빚의 무게를 덜어줄 것이다. 하지만 그렇다고 해서 프레도 가격이 엄청나게 빠른 속도로 엄청나게 많이 올라도 괜찮다는 말은 아니다. 만약 물가가 1년 사이에 두 배나 세 배로 오른다면, 기업은 운영을 이어갈 수 없고 가계는 저축을 할 수 없는 치명적인 결과가 빚어진다.

프레도의 가격 상승 원인이 무엇인지도 중요하다. 카카오 가격이 올라서 그럴 수도 있고 수요가 늘어서 그럴 수도 있으며, 회사 운영에 타격을 주는 다른 비용 상승이 원인이었을 수 있다. 다른 경우에는, 수요가 따라가지 못할 정도로 공급이 늘어나서 가격이 올랐을 수도 있다. 이 두 경우를 구분하는 것이 중요하다. 인플레이션을 건강한 수준으로 유지하려면 인플레이션의 원인이 무엇인지 알아야 하는데, 많은 경우에는 이 두 가지가 복합적으로 작용한다.

그러나 인플레이션을 둘러싸고 벌어지는 가장 중요한 논쟁은 인플레이션이 화폐와 얼마나 관련 있는지다. 통화 공급이 인플레이션을 어느 정도로 유발하느냐를 두고 수십 년 동안 격렬한 논쟁이 이어져왔다. 이렇게 된 이유 가운데 하나는 아마도 화폐가 쉽게 이해할 수 있는 대상이 아니기 때문일 것이다. 화폐는 경제학자들에게도 여전히 수수께끼다. 최초의 통화가 나타난 지 무려 5000년이나 지난 지금까지도 말이다. 다음 장에서는 이 혼란스러우면서도 매혹적인 것, 화폐를 살펴볼 것이다.

화폐란 도대체 뭘까?

화폐의 정체,

비트코인이 화폐가 아닌 이유,

그리고 중앙은행 계좌를 만드는 방법에 대해서

Q. 화폐를 화폐이게 하는 것은 무엇일까?

Q. 통화 공급을 지탱하는 것은 무엇일까?

Q. 화폐는 어디에서 만들어질까?

Q. 왜 나는 맘대로 돈을 창조할 수 없을까?

Q. 미래의 화폐는 어떤 형태일까?

'화폐'라고 하면 무엇이 떠오르는가? 직불카드, 현금, 아니면 애플페이나 삼성페이? 별난 사람이라면 치아, 초콜릿, 건어물을 떠올릴지도 모른다. 과거 어디에선가는 이런 것들이 화폐로 사용되었기 때문이다. 이런 것들이 화폐로 쓰일 수 있었던 공통점은 무엇일까?

화폐의 역사는 복잡하다. 화폐는 인류 역사 속에서 제각기 다른 시대에 제각기 다른 장소에서 제각기 다른 방식으로 발전해왔다. 그러므로 화폐의 '기본'을 포착하기란 쉬운 일이 아니다. 케인스는 한때 화폐의 기원을 밝히고자 연구에 몰두했는데, 그 시기를 '바빌로니아의 미친 짓Babylonian madness'이라고 불렀다. 당시 그는 고대 바빌로니아 동전에 푹 빠져 있었기 때문이다.

화폐의 역사는 인류 문명의 역사만큼이나 오래되었다. 약 5000년 전 고대 메소포타미아에서는 곡물 창고가 생겨났다. 농민들은 자기가 수확한 곡물을 사원의 곡물 창고에 보관했다. 그리고 점토판에 누가 무엇을 얼마나 맡겼는지, 즉 누가 얼마나

리디아 왕 크로이소스의 금화.

많은 곡물을 가지고 있는지 적어두었다. 그래서 사람들은 자기 소유의 곡물을 번거롭게 직접 옮길 필요 없이 다른 사람에게 빌려주거나 다른 물건과 교환할 수 있었다. 어쩐지 익숙한 방식이지 않은가? 잔액이나 이체 기록 같은 것들은 오늘날 은행에서도 그대로 사용하고 있는 개념이기 때문이다. 이 이야기에서 화폐는 누가 누구에게 얼마나 빚을 졌는지 기록하는 형태로 발전했다는 것을 알 수 있다.

귀금속 역시 수천 년 동안 물건값을 지불하는 수단으로 사용되어왔다. 고대 이집트인은 거래할 때 일정한 무게의 금괴를 사용했다. 청동기시대 영국에서 금은 장신구 재료로 사용되었지만 지불수단으로도 사용됐다. 그러나 귀금속으로 값을 치르는 데는 리스크가 있다. 가치를 정확하게 알 수 없기 때문이다. 귀금속의 가치를 확인하려면, 금이나 은 덩어리의 무게를 재야 한다. 그런데 금이나 은을 덩어리째 들고 다니는 것은 여간 불편하지 않다. 이 문제를 해결하기 위해 나온 방법이 바로 동전이다. 귀금속을 일정한 크기와 모양으로 주조한 다음에 여기에다 사람들이 이 동전을 믿어도 된다는 표시를 한 것이다. 이 혁신적인 발상은 기원전 700년쯤 고대 리디아에서 처음 나왔다. 리디아의 왕 크로이소스는 사자와 황소가 찍힌 동전을 만들었다. 최초의 지폐는 그로부터 1000년도 더 지난 뒤에 중국에서 나타났다.

화폐의 형태는 아주 다양했다. 라이 스톤Rai stone을 놓고 보자. 이것은 야프섬에서 화폐로 사용되었던 거대한 돌이다. 이 돌의 원산지는 야프섬에서 수백 킬로미터 떨어진 다른 섬으로, 장정들이 이 섬의 석회암 광산까지 가서 바위를 원반 모양으로 다듬은 다음에 운반하기 좋게 가운데 구멍을 뚫어서 위험한 뱃길로 야프섬까지 가져온 것이다. 라이 스톤의 가치는 돌의 크기뿐만 아니라 그 돌을 가져올 때 얼마나 많은 사람이 목숨을 잃었는지에 따라서 달라졌다. 그 돌을 가지고 올 때 아무도 죽지 않았다면, 특별히 운이 좋은 것이었고 따라서 그만큼 더 가치가 있었다. 라이 스톤은 고대 메소포타미아의 곡물 은행과 비슷하게, 돌을 물리적으로 이동시키지 않고 주인이 누구인지 기록하는 방식으로 발전했다. 운송 도중 바닷속에 빠진 돌도 있었지만, 바다 밑바닥에서도 가치를 유지했다. 왜냐하면 섬 사람들은 그 돌의 주인이 누구인지 알고 있었고 그 사실을 기록해두었기 때문이다. 가치가 있지만 크고 무거운 물건을 쉽게 운반하고 편하게 쓸 수 있는 형태로 대체하는 이 패턴은 역사를 통해서 계속 반복되었다.

화폐는 서로 교류할 필요가 있는 인간 집단이 있다면 어떤 형태로든 나타났다. 인류 역사가 워낙 다양했기에, 온갖 특이한 물건들이 화폐로 사용되었다. 전쟁 포로들은 담배를 화폐로 사용했고, 2000년대 초 미국 교도소에서는 말린 고등어가 화폐로 유통됐다. 중세 러시아에서는 다람쥐 가죽이 화폐로 사용됐다. 얼마나 널리 사용됐던지 다람쥐 주둥이와 발톱과 귀가 거스름돈으로 사용될 정도였다. 그런데 이것들의 공통점은 무엇일까? 화폐가 되려면 어떤 특성이 있어야 할까?

화폐의 세 가지 기능

놀라운 것은, 화폐에 대해 보편적으로 합의된 정의가 없다는 사실이다. 그러나 좋은 화폐가 되려면 애덤 스미스가 약 250년 전에 제시한 세 가지 기능을 수행할 수 있어야 한다.

첫 번째 기능은 물건을 살 때 대가로 지불할 수 있어야 한다는 것이다. 경제학자들은 이것을 교환의 매개 수단medium of exchange 기능이라고 부른다. 어떤 물건을 사는 대가로 화폐를 줄 수 있다는 뜻이며, 화폐를 받는 이유는 화폐 자체를 소비하고 싶어서가 아니라 나중에 물건을 사는 데 그것을 사용할 수 있기 때문이라는 뜻이다. 이게 화폐와 물물교환의 차이다. 물물교환은 내가 갖고 있는 물건을, 내게 필요한 물건과 교환하는 것이다. 예컨대 내가 가진 닭을 다른 사람이 가진 밀가루와 바꾸어서 그 밀가루로 빵을 만들어 먹는 것이다. 이와 달리 화폐는 내가 가진 닭을 다른 사람에게 주고 돌을 받은 다음에 이 돌을 밀가루와 바꾸는 것이다.

화폐의 두 번째 기능은 현재의 가치를 미래로 이어주는 기능이다. 만약 당신이 오늘 누군가에게 화폐를 받는다면, 내일 이것으로 필요한 것을 살 수 있다. 이것을 가치 저장store of value 기능이라고 한다. 바나나를 화폐로 사용한다고 상상해보자. 당신은 며칠 전에 받은 바나나 10개를 쓰려고 한다. 이 바나나는 처음 받았을 때와 가치가 비슷할 것이다. 그런데 당신이 6개월 뒤에 갈 여름휴가를 대비해 바나나를 저축한다고 상상해보자. 따뜻한 해변에서 모히토를 시키며 6개월 전에 저축한 바나나를 내놓을 수 있을까? 아마 해변 술집들은 당신에게 모히토를 팔지 않을 것이다. 바나나는 가치 저장 기능이 없기 때문이다. 그러나 바나나가 아닌 다른 음식들은 화폐로 사용된 역사가 있다. 예컨대 소금은 고대 대부분의 지역에서 화폐로 사용되었고, 벽돌 모양으로 굳힌 전차磚茶는 2차대전 때까지 중국의 일부 지역에서 화폐로 사용되었다. 심지어 2009년에도 거대한 파르미자노 레자노 치즈 덩어리는 이탈리아의 일부 지역에서 대출 보증금으로 사용되었다.

어떤 물건이 화폐로 사용되려면 그 물건의 가치가 공유되고, 유지되어야 한다. 화폐는 경제생활의 근본적인 문제 가운데 하나인 욕구의 쌍방 간 일치(쌍방이 서로 원하는 물건을 가지고 있어서 거래가 이루어진다)를 해결해준다. 어떤 형태든 간에 화폐가 없다면 어떻게 될지 상상해보자. 당신이 필요한 것을 손에 넣으려면 지금 갖고 있는 것 중에 일부를 내줘야 한다. 그러려면 당신이 가진 것을 원하는 동시에 당신이 원하는 것을 가진 사람을 찾아야 한다. 아무리 서로 잘 아는 작은 공동체라 해도 이런 가능성은 충족되기가 쉽지 않다. 당신은 경제를 재치 있게 다루는 이 유익한 책을 좋아할지도 모르지만 (이상하게도!) 모든 사람이 이 책을 반기지는 않는다. 우리 저자들이 주유소에서 자동차에 기름을 넣은 다음 이 책으로 기름값을 지불하려고 한다면 주유소 주인은 과연 뭐라고 할까? 화폐는 이런 문제를 해결해준다. 사람들은 자기가 생산한 것을 화폐로 바꾼 다음에 사고 싶은 게 생길 때까지 그것을 가지고 있을 수 있다. 화폐를 받고 물건을 파는 사람은 자신이 받는 화폐가 어디에서 왔는지 따지지 않고, 물건의 대가로 화폐를 받는다.

화폐의 세 번째 기능은 세상 온갖 것에 값을 매기는 것이다. 경제학자들은 이것을 회계 단위unit of account(가치의 척도) 기능이라고 부르는데, 사회에서 유통되는 모든 것의 가격이 돈으로 표기될 수 있다는 뜻이다. 예를 들어 바나나는 한 송이에 3000원이고, 저기 지나가는 자동차는 5000만 원이다. 이렇게 자동차와 바나나뿐만 아니라 거의 모든 것의 가격을 화폐 단위로 책정할 수 있다. 이처럼 단일한 단위로 가치를 매기면 놀라울 정도로 시간이 절약된다. 이런 공통 단위가 없다면 모든 것의 가격을 다른 모든 것을 기준으로 알아야 하기 때문이다. 이런 일은 화폐 없이 물물교환이 이루어지는 경제에서 일어난다. 한 사람이 빵을 만들고, 다른 사람이 맥주를 만들고, 또 다른 사람이 고기를 파는 단순한 세상이라면 아무런 문제가 없을지도 모른다. 이런 세상에서는 맥주 몇 리터가 빵 한 개와 같은 가치인지, 고기 몇 그램이 맥주 1리터와 같은 가치인지, 얼마나 많은 고기가 빵 한 개와 같은 가치인지, 이렇게 세 가지만 알면 된다. 그러나 안타깝게도 세상은 그렇게 단순하지 않다. 일반적인 슈퍼마켓에서 파는 물품은 대략 15만 개나 된다고 한다. 화폐가 없다면 이 모든 물품을 서로 비교해야 한다. 대략 110억 개나 되는 가격 비교를 해야 한다는 뜻이다. 우유에 대한 빵의 가격, 빵에 대한 우유의 가격, 계란에 대한 빵의 가격… 그러나 화폐가 있으면 각 물품의 가격 15만 개만 알면 된다.

화폐의 세 가지 기능은 서로 완전히 분리된 게 아니다. 만일 화폐를 사용하고자 하는 물건의 가치가 미래에도 여전할 거라는 걸 확신하지 못한다면 사람들은 그 물건을 지불수단으로 받아들이지 않을 것이다. 그래서 가치 저장 수단으로 적절하지 않은 것은 교환의 매개 수단으로 받아들여질 가능성이 낮다. 반대로, 사람들이 미래에 지불수단으로 받아들일지 확신하지 못하는 물건은 나의 소비력을 저장하기에 적절하지 않다. 만약 모든 사람이 어느 한 가지 물건으로 대가를 지불하기로 한다면, 그것을 교환의 매개 수단으로 정하는 것이 타당하다. 그러므로 널리 사용되는 매개 수단이 대개 지배적인 회계 단위가 된다.

그러나 이 세 가지 기능이 포착하지 못한 화폐의 핵심이 있다. 바로 신뢰다. 화폐가 제 기능을 하는 것은 사회의 구성원 전체가 화폐의 가치에 동의하기 때문이다. 우리가 열심히 일한 대가로 이런저런 물건이 아니라 화폐를 받는 것은, 가게에서 화폐를 내고 필요한 물건을 살 수 있다는 것을 알기 때문이다. 가게에서 화폐를 받는 것은, 나중에 어떤 물건을 사려고 할 때 그 물건을 파는 사람이 화폐를 받아줄 것임을 알기 때문이다. 모든 사람이 그 화폐가 유효하다고 믿기 때문에, 그 화폐는 유효하다.

화폐는 무엇을 약속하는가?

2021년에 컴퓨터 과학자 앨런 튜링Alan Turing의 얼굴이 영국 지폐에 인쇄되었다. 이렇게 해서 튜링은 윈스턴 처칠, 제인 오스틴, 플로렌스 나이팅게일, 그리고 우리의 친구 애덤 스미스에 이르기까지 영국 역사상 가장 주목할 만한 인물 목록에 이름을 올리게 되었다. 지폐에 올라가는 위인 얼굴은 변하지만 1694년 이래 변하지 않는 것이 있다. "나는 이 지폐의 소지인이 요구할 때는 언제나 OOO을 지불할 것을 약속한다"는 문구다.

이 문구는 실제로 무슨 뜻일까? 지난 300년 동안은 그 지폐에 해당하는 가치를 금으로 지불하겠다는 약속이었다. 누구든 잉글랜드은행에 가서 이 지폐를 내밀면서 지폐의 가치에 해당하는 금을 요구할 수 있었다. 금으로 바꿀 수 있는 이런 화폐를 대표 화폐representative money라고 한다. 금이 아니어도 기초상품 underlying commodity 파생상품의 가치의 근간이 되는 상품 - 옮긴이이 될 수 있다. 남아메리카에는 최근까지도 카카오 콩을 기준으로 가격을 정하는 카카오 표준이 있었다. 대부분의 사회는 금이나 은 같은 귀금속을 표준으로 삼았는데, 내구성이 강하고(그래서 가치 저장 수단으로 적합하다) 또 아름답기 때문이다.

50파운드짜리 지폐. "Bank of England"라는 글자 아래 "I PROMISE TO PAY THE BEARER ON DEMAND THE SUM OF FIFTY POUNDS(나는 이 지폐의 소지인이 요구할 때는 언제나 50파운드를 지불할 것을 약속한다)"라는 문구가 쓰여 있다. 이 뒷면에 튜링의 초상화가 실렸다.

    그렇지만 사람들이 금을 귀중하게 여긴다는 사실 말고는 금에 특별한 가치가 있는 것은 아니다. 만약 좀비가 출몰해서 세상이 멸망하기 직전이라면, 당신은 통조림과 커다란 강철 칼과 금괴 가운데 무엇을 선택하겠는가? 현재 경제 체계에서 사람들이 금이 가치가 있다고 믿기 때문에 금은 가치 있게 여겨진다. 그러나 16세기 인문주의자이자 정치가 토머스 모어가 『유토피아』에서 풍자한 것처럼, 사람들이 금이 특별하지 않다는 것을 깨닫는다면 변기 재료로 사용될 수도 있다. 하지만 화폐에 관한 한, 금이 실용성이 없다는 사실은 중요하지 않다. 적어도 사람들이 금의 가치를 계속해서 믿기만 한다면 말이다.

    내가 가진 통화를 금으로 바꿀 수 있는 체계가 금본위제gold standard다. 1800년대에 영국과 영국의 많은 식민지는 특정한 비율에 따라서 금과 화폐를 교환하기로 합의했다. 19세기 말까지

금본위제는 전 세계 많은 나라로 퍼졌고, 각 나라는 금에 대한 자기만의 교환 비율이 있었다. 화폐는 금으로 보증되었기 때문에 모든 나라는 화폐를 찍어낼 수 있을 만큼 금을 충분히 보유해야 하는 한편, 확보한 금 이상의 화폐를 발행하지 않도록 제한해야 했다.

1차대전 때 전 세계 대부분의 나라가 금본위제를 중단했다가 전쟁이 끝난 뒤에 다시 금본위제로 복귀했다. 그리고 2차대전이 끝난 뒤에 미국과 미국 달러화로 보증되는 새로운 금본위제가 나타났다. 미국 정부는 달러화를 고정환율로 금으로 바꾸어준다고 약속했고, 다른 나라들은 달러화를 기준으로 환율을 정하는 데 합의했다. 이것은 미국을 제외한 나라들도 달러화를 비축할 필요가 있다는 뜻이다. 이제는 금이 아니라 달러화가 국경을 넘나들면서 세계경제의 기준이 되고 있다.

금본위제 지지자들은 금이 있어야 화폐의 가치가 흔들리지 않는다고 주장했다. 1933년 허버트 후버 미국 대통령은 "우리는 정부를 신뢰할 수 없기 때문에 금을 보유한다"고 말했다.[1] 만약 정부가 보유한 금 이상으로 돈을 찍어낸다면, 인플레이션과 평가절하devaluation가 유발되기 때문이다. 금본위제에서는 돈을 더 찍어내려면 금을 더 보유해야만 한다.

그러나 〈007 골드핑거〉만 봐도 알 수 있는 것처럼 금본위제에는 몇 가지 결함이 있다. 이 영화에서 악당인 금괴 매매업자 오릭 골드핑거는 미국 정부가 보유한 금괴를 방사능으로 오염시켜 사용할 수 없게 만들려고 한다. 그러면 금 공급이 줄어들어 자기가 보유한 금의 가치가 높아지기 때문이다. 조금 억지스러운 설정이긴 하지만, 이 영화는 금본위제의 중요한 문제점을 잘 보여준다. 금의 수요와 공급 변화가 금 가격뿐 아니라 유통되는 화폐도 영향을 미친다는 것이다. 게다가 금의 수요와 공급은 국가에서 조정하기 어렵다. 경기가 안 좋을 때도 돈을 더 풀거나 거둬들이는 식으로 경제를 안정시킬 수 없다는 뜻이다. 금본위제는 그 외에도 여러 결점이 있었고 결국 붕괴할 수밖에 없었다. 금본위제를 가장 먼저 버린 나라는 영국이었고, 시기는 1931년이었다. 1971년 리처드 닉슨 미국 대통령이 금태환 정지를 선언하면서 화폐와 금의 연결 고리는 공식적으로 끊어졌다.

금본위제가 종료되자 "나는 이 지폐의 소지인이 요구할 때는 언제나 OOO을 지불할 것을 약속한다"라는 '지불 약속'은 모호해졌는데, 금으로 교환해주겠다는 것이 아니라 지폐(은행권)로 교환해주겠다는 뜻이 되었다. 그런데 지폐의 가치를 보증해주던 물리적인 실체가 없어지자 의외의 장점이 나타났다. 첫째, 수요 변동에 따라 통화 공급을 조절할 수 있게 되었다. 이런 조절을 통해 물가를 한층 더 안정적으로 유지할 수 있게 되었다. 둘째, 화폐를 보증해주는 물건의 본원적인 가치를 포기하지 않아도 된다. 돈을 보증해주는 어떤 것(예를 들어 금)이 있다면, 그 금은 다른 용도로 활용할 수 없다. 장신구를 만들거나 산업용으로 활용할 수 없다는 뜻이다. 그러므로 본원적인 가치가 거의 없는 지폐를 사용하는 것이 훨씬 효율적이다. 금과 달리 없어진다고 해도 아쉬울 게 없기 때문이다.

본원적인 가치가 없는 화폐를 명목화폐fiat money라고 하는데, 라틴어로 '…하게 내버려둔다'는 뜻의 피아트fiat에서 비롯된 이름이다. 여기에는 명목화폐가 화폐인 이유는 사람들이 화폐라고 여기기 때문이라는 뜻이 담겨 있다. 실제로 '무엇이 화폐인가'는 사람들의 합의에 달려 있다. 대부분은 정부에서 '우리나라의 화폐는 OO이다'라고 선언하면 그것이 그 나라의 법정통화가 된다. 사람들이 세금을 납부할 때 쓰던 것이 화폐가 되었다는 이론도 있다. 이것은 그 화폐에 대한 수요가 있으며, 그 수요가 믿을 만하다는 뜻이다. 모든 사람은 세금을 내야 한다. 만약 특정 화폐로 세금을 납부하게 된다면, 사람들은 그 화폐를 기꺼이 서로 주고받을 것이다. 왜냐하면 그 화폐가 결국 정부로 흘러들어갈 것이기 때문이다.

화폐는 어디서 만들어질까?

만약 무엇이 화폐이고 무엇이 화폐가 아닌지를 국가가 결정한다면, 화폐를 창조하는 주체가 국가라는 뜻일까? 안타깝지만 이 문제는 그렇게 단순하지 않다. 현재 경제에는 크게 세 가지 종류의 화폐가 있는데, 이 화폐의 대부분은 국가가 직접 발행하지도 않고 보증하지도 않는다.

첫 번째 화폐는 중앙은행이 발행하는 은행권banknote이다.[2] 이 화폐는 국가에 직접적으로 청구권을 주장할 수 있다. 은행권은 기본적으로는 국가 자산에 대한 청구권이기 때문이다. 이 화폐는 해당 국가의 경제에 참여하는 사람이라면 누구나 가질 수 있으며, 이 사람에게서 저 사람에게로 전달되면서 소유권이 계속 바뀐다.

두 번째 화폐는 일상에서는 좀처럼 보기 힘든 것으로, 은행들이 서로에게 지불하려고 보유하는 화폐다. 은행들은 중앙은행 계좌에 이 돈을 보관하는데, 개인이 시중 은행에 돈을 예치하는 것과 같다. 이 화폐는 준비금reserve 또는 좁은 의미의 통화narrow money로 일컬어진다. 이 화폐는 은행권과 마찬가지로 중앙은행(그리고 암묵적으로 국가)에 청구권이 있다. 이 화폐는 중앙은행에 계좌를 만들 수 있는 소수의 은행과 금융사만 보유할 수 있다. 이 화폐는 은행들이 날마다 영업이 끝난 시점에 서로의 빚을 청산할 때 주로 사용되는데, 여기에 대해서는 8장에서 자세하게 살펴볼 것이다.

세 번째 화폐는 가장 흔한 형태의 화폐로, 우리가 은행 계좌에 넣어둔 예금이다. 이것이 전체 통화량의 79퍼센트, 일반 대중이 사용하는 화폐의 96퍼센트를 차지한다. 그런데 이 화폐는 국가에 대한 청구권이 없다. 즉, 무슨 일이 생겼을 때 국가가 보증해줄 의무가 없다는 뜻이다. 이 화폐는 은행을 상대로 한 차용증일 뿐이다. 사람들은 은행권과 은행 계좌의 차이를 크게 생각하지 않지만, 사실 이 둘은 전혀 다르다.

바로 여기에 화폐의 핵심이 있다. 우리가 날마다 사용하는 화폐의 대부분은 잉글랜드은행이나 연방준비제도이사회나 한국은행 같은 중앙은행이 만든 것이 아니다. 중앙은행이 화폐를 창조하는 건 맞다. 중앙은행은 그 나라 사람들이 필요한 만큼 지폐를 찍어내며 준비금의 형태로 은행권에 전자화폐를 제공한다. 그러나 실제로 유통되는 화폐 대부분은 중앙은행이 아니라 민간은행이 창조한다. 이 화폐는 지폐 형태로 인쇄되지 않고 그저 장부에만 기록될 뿐이다.

어떻게 그럴 수가 있을까? 예전에 경제학 교과서를 읽었던 사람이라면, 은행이 예금받은 돈을 대출해줌으로써 가능하다고 답할지도 모른다. 이를 대부자금모델loanable funds model이라고 부르며, 오랫동안 주요한 경제 이론으로 여겨졌다. 그러나 안타깝게도 이 모델은 현대 화폐의 여러 중요한 특징을 설명하지 못했다.

대부자금모델은 은행이 중개자가 되어 사람들이 예금한 돈을 대출을 통해 경제 전반에 배분한다고 본다. 하지만 이것은 실제 일어나는 일을 거꾸로 파악한 것이다. 은행은 대출을 해주려고 예금을 받는 게 아니다. 그럴 필요 없다. 은행은 그냥 대출자의 계좌에 돈을 넣어주기만 하면 된다. 이건 엑셀 문서에 0 하나를 추가하는 것보다 딱히 더 기술적인 일도 아니다.

은행은 이런 일을 할 수 있다. 왜냐하면 은행은 대출 고객에게 받은 차용증이 있어서 대차대조표의 균형을 맞출 수 있기 때문이다. 전문용어로 말하자면, 자산과 부채가 서로 짝을 맞춰서 규모가 늘어나는 것이다. 이런 과정을 통해, 당신은 5초 전까지만 해도 없었던 돈을 계좌에 갖게 된다. 이런 일은 당신이 은행에서 대출을 받거나 신용카드를 사용할 때마다 일어난다. 그것도 아주 쉽게.

그 반대 과정도 쉽게 일어난다. 당신이 빚을 질 때는 그만큼 쓸 수 있는 돈이 늘어나지만, 빚을 갚을 때는 정반대의 일이 일어난다. 은행은 당신이 졌던 빚을 없애주지만 당신의 잔고는 줄어들고, 경제에 유통되는 통화량은 그만큼 적어진다. 그러므로 부채 상환은 화폐를 (창조하는 것의 반대 의미로) 파괴한다.

그렇다면 은행이 마구 돈을 빌려주지 않는 이유는 무엇일까? 우선 은행이 안정적인 운영을 위해 스스로 대출을 자제하기 때문이다. 은행은 돈을 꼬박꼬박 갚아서 수익을 안겨줄 게 확실한 개인이나 기업에게만 돈을 빌려준다. 이때 꼭 필요한 것은 은행이 제시하는 조건대로 기꺼이 돈을 빌리겠다는 사람들이다. 은행은 사람들에게 강제로 돈을 빌리게 할 수는 없다. 사람들이 더는 돈을 빌리지 않으면 화폐 창조는 중단된다.

이 화폐 창조는 경제에서 매우 중요한 부분이라, 정부는 손 놓고 은행 마음껏 하게 내버려두지 않는다. 법률로 규제된 바에 따르면 은행은 자기가 가진 자원을 초과해서 대출해줄 수 없다. 중앙은행이 하는 주요 역할 가운데 하나는 민간은행이 유통시키는 통화량을 정하고 안전하게 유통되도록 하는 것이다. 정책적으로 통화량을 조절하기도 한다. 예를 들어 중앙은행은 금리를 조정해 개인과 기업의 대출에 영향을 미친다. 다음 장들에서는 중앙은행이 활용하는 여러 도구를 자세하게 살펴볼 것이다.

비트코인이 화폐가 될 수 없는 이유

여기까지 읽었다면, 기업가적인 발상으로 이런 생각을 할지도 모르겠다. '은행이 아무것도 없는 데서 화폐를 창조한다면, 나도 그렇게 할 수 있지 않을까?'

사실 누구나 화폐를 창조할 수 있다. 어떤 종이 한 장이나 돌멩이 하나 혹은 컴퓨터 코드 하나를 갖고 "이것이 화폐다!"라고 선언하고 결제 수단으로 삼는다면, 누구도 이를 막을 수 없다. 미국의 경제학자 하이먼 민스키Hyman Minsky도 "누구나 화폐를 창조할 수 있다. 문제는 다른 사람들이 그것을 인정하느냐는 것이다"라고 말했다.[3]

2008년 사토시 나카모토라는 익명의 컴퓨터 과학자(혹은 컴퓨터 과학자 여러 명)가 「비트코인: 개인 간 전자화폐 시스템 Bitcoin: a peer-to-peer electronic cash system」이라는 논문을 발표했다.[4] 나카모토의 꿈은 정부와 중앙은행을 비롯한 은행에서 완전히 자유로운 독립적인 화폐를 만드는 것이었다. 이 화폐에 대한 신뢰는 블록체인blockchain이라는 기술에서 비롯된다. 블록체인은 누구나 열람할 수 있는 장부에 거래 내역을 투명하게 기록하고 여러 대의 컴퓨터에 이것을 복제해서 저장하는 분산형 데이터 저장 기술로, 사람들 사이의 거래를 집단적으로 검증해준다. 블록체인은 사용자의 익명성을 보장할 뿐만 아니라, 이 기술을 이용한 전자화폐의 공급은 사용자가 코드에 접속하는 순간에 결정된다. 그러므로 어떤 정부나 은행도 비트코인을 무작정 창조할 수 없다. 비트코인이라는 이 새로운 통화는 총발행량이 2100만 개로 한정되어 있는데, 그때(2041년경이 되면 총발행량이 모두 채워질 것으로 예측된다)까지는 통화량이 계속 늘어날 것이다.

2009년 초에 나카모토는 자신의 아이디어를 실행에 옮겼고, 마침내 비트코인이 탄생했다. 마침 2007~2008년 금융 위기 때문에 은행과 경제에 대한 신뢰가 무너지던 시점이었던 터라서 타이밍은 더할 나위 없이 좋았다. 나카모토는 2009년 1월 3일에 '제네시스 블록genesis block'이라 불리는 첫 번째 비트코인 블록을 생성했고, 이 블록에 《타임스》의 머리기사 제목인 "위기에 처한 은행들을 위해 두 번째 구제금융을 준비하는 영국 재무장관"이라는 메시지를 기록했다. 비트코인이 출현하게 된 핵심적인 내용을 새겨둔 것이다.[5] 그로부터 10여 년 동안, 비트코인 가격은 치솟았다가 추락하기를 수없이 반복했다. 또한 컴퓨터 전문가들 사이에서만 화제였다가 모든 사람의 이야깃거리가 됐다.

나카모토가 만든 것이 사람들의 상상력을 자극한 것은 확실하다. 그런데 과연 그가 만든 게 새로운 형태의 '화폐'였을까? 이 질문에 대부분의 경제학자는 "비트코인의 현재 형태로만 보면 화폐라고 보기 어렵다"라고 대답한다. 그 이유를 이해하려면 화폐란 무엇인지부터 살펴봐야 한다. 250년 전 애덤 스미스가 제시했던 회폐의 기능을 되짚어보자.

첫째, 비트코인은 가격이 변동한다. 비트코인의 가격 변동성은 주요 통화에 비해 10배 이상이다. 비트코인의 엄청난 가격 변동성 덕분에 몇몇 사람은 벼락부자가 되었다. 그러나 만약 당신에게 10만 원을 빌려간 사람이 내일이면 가치가 20만 원이될 수도 있고 100원이 될 수도 있는 종잇조각으로 빚을 갚겠다고 하면, 당신은 이 제안을 받아들이겠는가? 도박을 좋아하는 사람이라면 모르겠지만, 그 돈을 생활비에 보태 쓸 보통 사람이라면 받아들이지 않을 것이다. 이것은 비트코인이 가치 저장 수단이라는 화폐의 기본적인 기능을 수행하지 못한다는 뜻이다.

둘째, 비트코인으로 물건의 가격을 매기지 않는다. 비트코인은 회계 단위가 아니라는 말이다. 인터넷 세상의 구석진 몇몇 곳을 빼면 비트코인은 결제 수단으로 쓰이지 않는다. 몇몇 가게에서는 비트코인으로 결제가 가능하지만, 이 가게들이 비트코인을 받는 것을 결국 달러 같은 법정화폐로 바꿀 수 있기 때문이다. 그래서 비트코인을 받는 가게도 기존 법정화폐에 대비해 비트코인 가격을 매긴다. 심지어 2021년 비트코인을 법정화폐로 인정한 엘살바도르에서도 가격표에 비트코인과 미국 달러화가 나란히 표시되어 있다. 이렇게 하는 것이 구매력을 저장하는 훨씬 더 안정적인 방법이기 때문이다.

셋째, 비트코인은 교환의 매개 수단으로도 형편없다. 이럴 수밖에 없는 이유는 앞에서 언급한 두 가지 점 때문이다. 가치의 변동성이 심하며 어디에서나 통용되지도 않는 통화를 사람들이 굳이 매매 수단으로 삼을 이유가 없다. 그러나 이것 말고도 한층 더 현실적인 제한 요소들이 있다. 비트코인 거래는 전통적인 기술들에 비해서 훨씬 느리고, 거래 시스템도 글로벌 결제 시스템이라고 하기엔 원활하지 못하다. 게다가 비트코인은 수백만 대의 컴퓨터가 어마어마한 전기를 소모하며 '채굴'해야 하기 때문에, 이 과정에 에너지가 사용되고 환경에도 영향을 줄 수밖에 없다. 이것은 결코 바람직한 조합이 아니다.

비트코인이 안고 있는 또 다른 문제는, 나카모토를 포함한 이들이 특별하게 여긴 바로 그 특성에서 비롯된다. 바로 공급이 고정되어 있다는 것이다. 이는 금으로 뒷받침되지 않을 뿐 본질적으로 금본위제와 같다. 비트코인은 무작정 발행할 수 없는데, 금본위제의 역사에서 알 수 있는 것처럼 공급이 경직되면 수요 변화에 반응할 수 없다. 비트코인은 매력적인 기술이고 많은 사람이 이를 이용해 돈을 벌었지만, 경제학자 대부분은 이것이 화폐는 아니라는 데 동의한다.

비트코인은 국가의 지원 없이 '사적인' 화폐를 만드는 것이 얼마나 어려운지 보여주는 가장 최근의 가장 주목받는 사례일 뿐이다. 1800년대 초 미국에는 이른바 자유 은행free bank이 수도 없이 많았는데, 이들은 각자 화폐를 발행했다. 1830년에 유통되던 은행권의 90퍼센트 이상이 민간은행에서 발행한 것이었다. 그러나 이 시스템은 비효율적이었다. 사람들은 다른 지역의 은행에서 발행한 화폐를 신뢰하지 않았고, 그래서 멀리 여행할 때마다 이 문제로 엄청난 불편을 겪었다. 결국은 국가가 지정한 단일한 은행권을 도입하는 식으로 화폐제도가 단순화되었다.

이와 비슷한 이유로 지역 화폐들 역시 고전을 면치 못했다. 오늘날 우리는 한 지역에만 갇혀 살지 않고, 특히 시장은 지역을 넘어 하나로 연결되어 있기 때문이다. 이런 세상에서는 지역 화폐가 좋은 교환의 매개 수단이 될 수 없다. 만약 내가 구매하고자 하는 모든 것이 내가 사는 지역에 있다면 크게 불편하지 않을 것이다. 그러나 당신이 브리스틀에서 식당을 운영하는데, 소시지를 컴벌랜드에서 사야 하고 칠면조를 노퍽에서 사야하며 쇠고기는 하일랜드에서 사야 한다면 어떨까? 당신이 다른 지역 상점에서 브리스틀 지역 화폐로 계산하려 하면 받아들여지지 않을 것이다. 그 사람들은 자기 지역에서 브리스틀 지역 화폐를 쓸 수 없기 때문이다. 그렇기 때문에 당신 역시 브리스틀 지역 화폐보다는 파운드를 받으려고 할 것이다.

국가가 아무리 보증한다고 해도 지역 화폐는 유통에 필요한 충분한 신뢰를 확보하기가 쉽지 않다. 스코틀랜드은행 등 스코틀랜드의 상업은행이 발행한 은행권은 잉글랜드은행에 직접적인 청구권은 없지만, 잉글랜드은행이 가지고 있는 돈으로 일대일 보증된다. 이를 위해 잉글랜드은행은 하나에 100만 파운드의 가치가 있는 자이언트Giant와 하나에 1억 파운드의 가치가 있는 타이탄Titan이라는 화폐를 보관하고 있다. 이 덕분에 해당 지폐를 발행한 은행이 지불 약속을 지키리라고 확신할 수 있다. 그럼에도 스코틀랜드 사람들은 영국의 다른 지역에서 스코틀랜드 화폐를 꺼린다는 사실을 경험으로 알고 있다. 영국 정부가 안전하다고 보증하는데도, 사람들은 여전히 지역 화폐를 미심쩍게 여긴다.

이런 사실은 화폐에 대한 신뢰가 얼마나 중요하고 복잡한지 잘 보여준다. 화폐는 궁극적으로 사람들이 서로 합의한 신뢰 체계다. 수백 년 동안 사람들은 온갖 방법으로 이 신뢰를 강화하려고 노력해왔다. 금과 같은 귀한 물건이 담고 있는 '본원적인' 가치에 의존하기도 했고, 국가가 가진 자원과 권한에 의존하기도 했으며, 컴퓨터 코드의 냉정한 논리를 이용하기도 했다. 이런 방법들이 효과 있을 때도 있었고, 그렇지 않을 때도 있었다. 명시적이든 암묵적이든 이런 노력은 모두 그 화폐가 진짜 가치 있다는 믿음을 강화하기 위한 것이었다.

중앙은행 디지털 화폐의 등장

이 모든 것을 놓고 보면 화폐가 무엇인지 분명해진다. 하지만 앞으로도 화폐의 모습이 지금과 똑같을 것이라고 생각하면 안 된다. 화폐의 역사가 우리에게 일러주는 교훈이 있다면, 그것은 바로 화폐의 본질은 변화와 적응이라는 것이다. 화폐는 세상에 맞춰 적응한다. 앞으로 몇 년 뒤면 화폐의 모습이 또 어떻게 바뀔지 모른다.

디지털 세상이 화폐에 끼치는 영향을 살펴보자. 우리는 이미 디지털화된 사회에 살고 있으며, 현금 사용 비율은 계속해서 줄어들고 있다. 이런 추세는 코로나19 팬데믹 기간에 가속화되었는데, 사람들이 사회적·신체적 접촉을 최소화하려고 비접촉식 결제와 온라인 쇼핑을 선택했기 때문이다. 이 글을 쓰는 시점을 기준으로, 영국에서 현금 사용량은 10년 동안 70퍼센트 줄어들었는데, 그 절반은 지난 3년 동안 줄어든 것이다. 그리고 이런 움직임은 잉글랜드은행 같은 중앙은행에 질문을 던진다. 중앙은행도 디지털 화폐에 동참해야 하지 않을까?

2010년대 중반까지 잉글랜드은행 직원은 잉글랜드은행 계좌를 만들 수 있는 특전이 있었다. 잉글랜드은행에 직접 돈을 예치할 수 있었고, 중앙은행 식별 기호(10-00-00)를 가지는 영광은 덤이었다. 직원 대다수는 잉글랜드은행에 소액만 예치했는데, 실용적인 목적이라기보다는 명예 차원이었다. 아쉽긴 하지만 2017년 이후 그 특전은 사라졌다. 그런데 지난 20년 동안 기술이 발전한 덕분에, 잉글랜드은행 직원뿐만 아니라 모든 사람이 중앙은행에 계좌를 만들 수 있게 될지도 모른다. 중앙은행 디지털 화폐central bank digital currency, CBDC가 생겨나고 있기 때문이다.

이런 발상은 아직은 초기 단계지만, 곧 상용화되며 일대 혁명을 일으킬 수도 있다. 중앙은행 디지털 화폐가 실용화된다면 중앙은행이 사람들이 맡긴 돈에 이자를 붙여주게 될 것이다.[6] 밀턴 프리드먼을 포함해서 많은 경제학자가 현금을 보유할 때는 이자가 붙지 않는다는 비효율을 지적했다. 다음 장에서 살펴보겠지만, 사람들이 민간은행을 선호하는 가장 큰 이유는 예금에 이자를 붙여준다는 점이다. 그런데 현금을 갖고 있으면 이자를 받지 못한다. 그래서 결과적으로는 현금의 가치는 계속 줄어든다.

이런 사실은 흥미로운 결과를 초래한다. 기본적으로 물가는 지속적으로 상승하므로 사람들은 손실을 줄이기 위해서 자기가 보유하는 지폐의 양을 줄이려고 한다. 지폐에 이자가 붙지 않았던 세상에 살았던 프리드먼이 내놓은 해결책은 인플레이션율을 지폐의 이자율에 맞춰 0으로 낮추자는 것이었다.

그러나 지난 수십 년 동안 이루어진 기술 발전 덕분에, 우리는 이제 이자가 붙는 디지털 화폐를 가질 수 있게 되었다. 중앙은행 디지털 화폐는 민간은행이 아니라 중앙은행에 직접 권리를 청구할 수 있는 은행권의 특성에, 이자가 붙는 특성까지 동시에 지닌다. 이자율은 중앙은행이 직접 정할 수 있다. 이렇게 되면 현금을 가지고 있어도 손해를 보지 않게 되고, 사람들은 한층 더 효율적으로 돈을 보유할 수 있게 된다.

중앙은행 디지털 화폐가 가져올 또 하나의 커다란 변화는 사람들이 민간은행을 이용하지 않고도 온라인 결제를 할 수 있다는 점이다. 사람들은 대부분 은행 계좌에 돈을 넣어두고 온라인(모바일) 뱅킹 방식으로 돈을 사용한다. 이렇게 하는 주된 이유는, 온라인으로 물건을 구입할 때 디지털 결제를 해야 하기 때문이다. 현재의 체계에서 디지털 결제는 민간은행이 창조한 돈으로만 이루어진다. 그래서 디지털 라이프는 국가가 보증하는 화폐 밖에서 이루어지게 된다. 은행 예금을 보증하는 규제와 여러 가지 장치의 보호를 받기 어려운 것이다. 다음 장에서 살펴보겠지만 일부 사람은 여전히 은행을 불신하고 국가가 직접 보증하는 화폐(현금)를 선호하는데, 이 필요성을 중앙은행 디지털 화폐가 충족할 수 있다.

물론 커다란 변화에는 이런저런 위험이 따르게 마련이다. 중요한 문제 중 하나는 어떤 형태든 중앙은행 디지털 화폐가 나온다면, 민간은행이 외면받게 될 수 있다는 것이다. 만약 모든 사람이 중앙은행 디지털 화폐로 자산을 보유해서 아무도 민간은행을 이용하지 않는다면 어떻게 될까? 다음 장에서 살펴보겠지만, 민간은행들은 경제가 원활하게 돌아가는 데 중요한 역할을 하고 있다.

그런 위험에도 불구하고 편익이 클지, 그리고 사람들이 중앙은행 디지털 화폐를 원할지는 앞으로 두고 볼 일이다. 하지만 화폐는 늘 시대에 맞춰 진화했으며 앞으로도 그럴 것이다. 화폐는 사회의 필요를 충족시켜주는 도구다. 만약 국가가 보증하는 디지털 화폐에 대한 수요가 존재한다면, 그 화폐가 실질적으로 통용될 수도 있다. 어쩌면 머지않아서 잉글랜드은행 직원들은 잉글랜드은행 계좌를 다시 만들게 될지도 모른다. 중앙은행 디지털 화폐가 발행되는 다른 나라들도 마찬가지다.

그래서, 화폐가 뭐냐면…

그렇다면 모든 걸 고려할 때 화폐란 무엇일까? 이 질문에 대답하려면 다양한 차원에서 살펴야 한다. 일차적으로 화폐는 사람들이 화폐라고 정한 것이다. 금화, 은행권, 귀중한 돌, 다람쥐 가죽, 담배, 고등어 등이 모두 화폐다. 사람들이 어떤 것이 화폐라는 사실에 동의하는 순간 그것은 화폐가 된다.

그러나 현실적으로 보면, 화폐가 되기에 더 적합한 것이 있다. 그렇기에 그다음 차원으로 화폐는 18세기 스미스가 요약한 세 가지 기준을 충족해야 한다. 교환의 매개 수단이어야 하고, 현재의 가치를 미래로 이어주는 가치 저장 기능이 있어야 하며, 회계 단위여야 한다. 이런 특성들 때문에 동전이 고등어보다 나은 화폐가 된다.

그런데 현대사회에서는 이 질문에 대한 답이 한층 더 복잡하다. 놀랍게도, 대다수 화폐는 민간은행이 발행하는 차용증이지 국가가 보증해주거나 금으로 교환할 수 있는 증서가 아니다. 우리가 날마다 사용하는 화폐의 대부분은 은행 예금 형태다. 이것은 은행이 우리에게 돈을 빌리면서 나중에 갚아주겠다는 약속, 어떻게 보면 허망하기 짝이 없는 약속일 뿐이다. 그러나 이 화폐는 잘 굴러가고 있는데, 국가가 화폐의 창조와 유통을 규제하고 감시하기 때문이다.

가장 높은 차원에서 말하자면, 화폐는 신뢰 체계다. 이 체계는 모든 사람이 잘 작동할 것이라고 믿기 때문에 잘 작동한다. 나는 내가 가진 1만 원짜리 지폐에 1만 원의 가치가 있다고 믿는데, 다른 사람들도 그렇게 믿는다. 이 신뢰는 어떻게 유지될까? 중앙은행과 민간은행이 힘을 합쳐 신뢰를 유지하고 경제가 돌아가도록 돈을 관리한다.

그러나 이게 은행이 하는 일의 전부는 아니다. 은행은 현대 경제에 중요한 역할을 수행한다. 그 과정에서 경제에 문제를 일으키기도 한다. 경제가 어떻게 돌아가는지 혹은 왜 잘 돌아가지 않는지 이해하려면 은행에 대해 알 필요가 있다.

왜 돈을 침대 아래에 숨기면 안 될까?

은행이 보장하는 편익,

은행 예금이 그 어느 때보다 안전한 이유,

그리고 뱅크런에 대처하는 방법에 대해서

Q. 은행은 무슨 일을 할까?

Q. 은행은 경제성장에 어떤 역할을 할까?

Q. 사람들이 은행을 믿지 못하면 어떤 일이
생길까?

Q. 은행에 돈을 맡기는 게 가장 안전한 이유는
무엇일까?

2009년 이스라엘에서 한 여성이 요통으로 고생하는 어머니의 매트리스를 바꾸기로 했다. 깜짝 선물을 계획했던 딸은 어머니 몰래 낡은 매트리스를 버리고 더 안락한 새 매트리스를 들였다. 낡은 매트리스는 텔아비브의 어느 쓰레기장에 버려졌다.

그런데 어머니가 그 낡은 매트리스를 버리지 않은 이유가 있었다. 그 안에 어머니가 평생 모은 현금 100만 달러를 숨겨뒀기 때문이다. 딸은 그 매트리스를 찾으려고 쓰레기장 세 곳을 뒤졌지만 결국 찾지 못했다.[1]

10억 원에 달하는 현금을 잃어버리는 게 흔히 있는 일은 아니지만, 이런 식으로 현금을 모아두는 사람들이 있다. 생각보다 많은 사람이 부엌이나 침실 서랍장에 꽤 큰 돈을 보관하곤 한다. 왜 이런 식으로 현금을 보관할까?

이런 행동은 인간의 본능이다. 경제적으로 어려운 시기에는 특히 더 그렇다. 잉글랜드은행의 조사에 따르면, 2020년 코로나 위기 때 10명 가운데 1명꼴로 비상시를 대비해 현금을 모아

침대 아래나 서랍, 장롱 같은 내밀한 장소에 돈을 숨기려는 것은 사람의 본능이다. 특히 금융 위기 등으로 경제에 대한 불신이 강해지면 돈을 개인적으로 보관하려는 본능이 강해진다.

두었다고 한다.[2] 그런데 이렇게 돈을 모아두는 행태는 어제오늘의 일이 아니다. 2020년 서퍽에서 은화 1069개가 발견되었는데, 고고학자들은 17세기 청교도혁명 때 것으로 추정했다.[3] 사람들은 왜 도토리를 모으는 다람쥐처럼 돈을 숨길까? 가장 큰 원인은 은행을 믿지 못하기 때문이다. 어머니에게 효도하고 싶던 이스라엘 여성의 비극은 2007~2008년 금융 위기를 겪으면서 생긴 불신 때문이었다. 그 여성의 어머니는 은행을 믿을 수 없어서 100만 달러를 인출한 다음 매트리스 안에 숨겼다. 그런데 은행을 믿지 못하는 것은 그만이 아니었다. 2018년에 영국의 데이터 분석 기업인 유고브YouGov가 했던 설문 조사에 따르면, 응답자의 3분의 2가 은행을 신뢰하지 않았다.[4]

  그렇다면 매트리스에 돈을 숨겨두면 안 되는 이유는 무엇일까? 이 질문에 대한 가장 짧은 대답은, 앞에서 살펴본 이스라엘 여성이 겪었던 비극을 피하기 위해서라는 것이다. 은행이야말로 안전한 보관 장소다. 게다가 당신이 은행에 돈을 보관하면 당신도 이득을 보고 다른 사람들도 이득을 본다. 은행은 당신이 돈을 자유롭게 옮길 수 있게 해주고, 이자도 붙여준다. 그리고 당신의 돈이 전체 경제 속에서 효율적으로 사용되게 해준다. 물론 사람들이 은행을 불안하게 여길 수 있지만(여기에 대해서는 은행도 나름대로 할 말이 있다), 은행은 사람들이 맡긴 돈을 안전하게 지켜줄 다양한 조치를 마련해놓았다.

간단히 말해서, 돈은 은행에 맡기는 게 모든 사람에게 이롭다. 은행 계좌는 돈을 보관하는 수단에 그치지 않는다. 은행과 은행에 맡긴 돈은 경제 전체가 원활하게 돌아가는 데 매우 중요한 역할을 한다.

바빌로니아 성직자들의 성스럽지 않은 발명품

기원전 약 2000년에, 바빌로니아 성직자 몇몇이 기업가 정신을 발휘했다. 사람들이 수많은 신에게 예배를 드리며 제물을 바쳤는데, 제물로 바치는 금을 보관해주면서 그 일부를 수수료를 받는 것이었다. 시간이 지나면서 보관 체계가 살짝 바뀌었다. 기원전 18세기에 성직자들은 보관 중인 금을 다른 사람에게 빌려주기 시작했다. 금은 사원 지하에 오랫동안 방치되기 일쑤였고 금을 맡긴 사람들은 대부분 그 금이 당장 필요하지 않았기 때문에, 그 일부를 다른 사람에게 빌려줘도 문제가 없었다. 사업가적인 두뇌가 빠르게 돌아갔던 성직자들은, 비록 본인들은 깨닫지 못했지만 인류 경제사에서 정말 중요한 모델 하나를 개발한 셈이다. 바로 은행이다. 바빌로니아 사원은 세계 최초의 은행이었다.

이런 발상은 곧 널리 퍼졌다. 그리스에서, 그리고 나중에는 로마에서 성직자 금융가들이 활동했다. 그리고 얼마 지나지 않아 금을 보관하고 빌려주는 일만 하는 건물이 지어졌다. 이런 초기 은행과 금융 시스템은 로마제국이 붕괴할 때까지 호황을 누렸고, 로마제국이 붕괴하면서 은행도 문을 닫았다.

그리고 1000년쯤 지난 뒤, 이탈리아 롬바르디아 거리에서 돈을 거래하는 사람들이 다시 등장했다. 이들은 이탈리아어로 벤치를 뜻하는 방카banca를 두고 일했기 때문에, 돈을 빌려주는 곳을 뱅크bank(은행)라고 부르게 되었다. 파산bankruptcy이라는 단어도 기원이 비슷하다. 대부업자들은 돈이 떨어지면 벤치를 반으로 부러뜨려 영업 중단을 알렸는데, 이런 벤치는 '썩은 벤치'라는 뜻의 '방카 로타banca rotta'라고 불렸다.

대부업자들은 곡물 살 돈이 필요한 농부에게 대출을 해줬다. 그런데 농부가 대출금을 갚지 않을 수도 있었기 때문에 그냥 돈을 빌려주는 것은 위험했다. 그래서 대부업자들은 농부에게 수확물 가운데 일부를 주겠다는 약속을 하라고 요구했다. 그리고 빌려준 돈에 이자를 부과했다. 대부업자들은 대출 사업 외에 고객의 돈을 맡아서 보관하는 예금 사업도 하기 시작했다. 이 예치금은 농작물 수확이 실패할 경우에 대비한 비상 자금이었지만, 대출 거래 목적으로도 사용되었다.

얼마 지나지 않아 이 사업은 더 정교해졌다. 15세기가 되면 사람들은 은행에 돈을 예치하고 증권을 발급받았다. 이 증권을 가진 사람은 나중에 은행에서 증권에 기재된 금액을 현금으로 돌려받을 수 있었다. 이를 환어음bill of exchange이라고 하며, 지금 우리가 사용하는 은행권의 초기 형태다. 이런 사업은 점점 퍼져서 17세기가 되면 유럽 전역에서 은행가가 활동했다. 당연한 일이지만 권력자들도 나라를 다스리려면 돈이 필요했고, 은행은 권력자에게도 돈을 빌려주었다. 보잘것없던 롬바르디아의 벤치들이 전쟁 비용이 필요한 유럽 왕족들에게 돈을 빌려주는 은행으로 발전했다. 그 가운데는 국가에 대출을 제공하기 위한 중앙은행도 있었다.

그 뒤로 은행의 수와 규모는 몰라보게 증가했지만, 기본적인 형태 즉, 일정한 준비금을 보증금으로 마련해두고 대출을 제공한다는 본질은 지금까지 거의 변하지 않았다. 오늘날 은행은 금융가의 투자은행부터 스마트폰 애플리케이션으로 대출해주는 핀테크 기업까지 온갖 형태와 규모를 보이고 있다. 그러나 모든 은행에는 근본적으로 동일한 핵심 기능이 있는데, 르네상스 시대 롬바르디아 벤치에서 일하던 이들도 알던 것이다.

명백한 것부터 이야기해보자. 은행의 첫 번째 핵심 기능은 돈을 저장하는 것이다. 평균적인 영국인은 2021년 은행 예금 계좌에 5000파운드 이상을 예치해두고 있었다.[5] 만일 은행이 없다면 사람들은 이 돈을 자기 집에 보관하거나 믿을만한 사람에게 맡겼을 것이다. 그러나 그건 별로 좋은 방식이 아닌데, 번거롭기도 하고 잃어버리기도 쉽기 때문이다. 집을 떠날 때마다 집에 둔 돈을 도둑맞을지 모른다는 생각에 불안할 수 있다. 그래서 우리는 자기가 가진 돈 대부분을 은행에 맡겨둔다. 이것은 아마도 은행이 수행하는 기능들 가운데 가장 오래된 기능이 아닐까 싶다. 기원전 2000년에 바빌로니아 성직자들이 개발한 것이니까 말이다.

우리 저자들이 몸담고 있는 잉글랜드은행도 다른 은행들과 마찬가지로 돈을 보관한다. 스레드니들가에 있는 잉글랜드은행 본사의 지하 금고에는 5파운드짜리, 10파운드짜리, 20파운드짜리, 50파운드짜리 새 지폐들이 필요할 때 시장에 풀리기 위해 준비되어 있다. 하지만 이 금고는 금을 보관하는 곳으로 더 많이 알려져 있다. 잉글랜드은행은 영국 정부와 몇몇 다른 중앙은행의 금을 보관한다 한국은행이 보유한 금도 잉글랜드은행에서 보관하고 있다-옮긴이. 이는 잉글랜드은행이 300년 넘게 해온 일이다. 현재 이 금고에는 가치를 따지자면 2000억 파운드(약 300조 원)가 넘는 약 40만 개의 금괴가 보관되어 있다. 전 세계 금의 약 5분의 1에 해당하는 양이다. 만약 이 금괴를 하나씩 차곡차곡 쌓으면 에펠탑 46개의 높이가 되고, 하나씩 바닥에 깔면 전체 넓이는 약 2만 8000제곱미터로 축구장 10개 넓이에 달한다.

은행의 두 번째 기능도 단순하다. 은행은 사람들이 물건을 살 때 결제할 수 있게 해준다. 은행이 있어서 사람들은 매일 그날 쓸 돈을 지갑에 넣어 다니지 않아도 된다. 더 중요한 것은, 은행 덕분에 사람들은 이 은행에서 저 은행으로 돈을 이체할 수 있다는 것이다. 돈을 인출하거나 지불할 때마다 돈을 입금했던 은행을 찾아갈 필요가 없다.

이런 일이 가능한 것은, 은행들이 지불이 쉽게 이루어지도록 다양한 체계를 만들었기 때문이다. 직불카드를 생각해보자. 영국의 거의 모든 성인은 직불카드를 가지고 있으며 일상적인 결제에 이 카드를 사용한다.[6] 영국에서는 날마다 1초에 800만 파운드가 넘는 규모의 금전 거래가 이루어진다. 이것을 하루 단위로 계산하면 7000억 파운드나 된다. 이처럼 거래액이 크기 때문에 은행들은 매번 돈을 옮기지 않는다. 대신, 컴퓨터 시스템에 돈이 들어오고 나가는 기록을 남겨뒀다가 한꺼번에 정산한다. 이것을 결제settlement라고 하는데, 영국 내 결제는 잉글랜드은행을 통해서 완성된다. 이 기능은 중앙은행으로서 수행하는 가장 중요한 역할 가운데 하나다. 많은 은행이 잉글랜드은행에 계좌를 가지고 있으며, 이 계좌를 이용해서 다른 은행들로 송금한다. 은행의 이런 역할이 가져다주는 경제적 이득은 아무리 강조해도 지나치지 않다. 만약 어떤 사람이 다른 사람에게 돈을 지불하려고 하는데, 은행이 이 기능을 수행하지 않는다면 경제가 멈춰버릴 것이다. 은행이 결제 체계를 마련함으로써 제시간에 대금을 지불받지 못할 위험이 사라졌다.

은행의 세 번째 기능은 대출자와 예금자를 연결하는 것이다. 은행은 돈을 저축하고 싶은 사람과 돈을 빌리고 싶은 사람 사이에서 중개자 역할을 한다. 사실 은행이 없어도 친구나 가족에게 돈을 빌릴 수 있다. 하지만 몇 가지 문제가 있다. 첫째, 자기 주변에 여윳돈을 가진 사람이 누구인지 알아야 하는데, 이게 쉽지 않다. 많은 돈을 빌려야 할 때는 더 그렇다. 둘째, 여윳돈을 가진 친구가 있다고 해도 그 친구가 돈을 빌려주지 않을 수도 있다. 나쁜 친구라서 그런 게 아니라, 나중에 그 돈을 돌려받을 것을 확신하지 못하기 때문이다. 어떤 것에 대해서 한 사람이 다른 사람보다 많이 아는 이런 상황을 경제학자들은 정보의 비대칭 asymmetric information이라고 부른다. 2장에서 우리는 중고차 판매자와 구매자를 예로 들어, 정보의 비대칭이 시장 실패의 한 형태라는 것을 살펴봤다. 이 경우 당신은 돈을 어디에 쓸지, 또 그 돈을 갚을 수 있을지 등을 돈을 빌려줄 친구보다 잘 알고 있어서 정보의 비대칭이 발생한다. 그런데 은행은 수많은 사람에게 돈을 빌려주면서 정보의 비대칭을 극복하는 데 도사가 되었다.

은행은 다른 회사보다 위험을 잘 평가한다. 관련된 전문 지식과 정보를 더 많이 가지고 있기 때문이다. 은행은 평범한 사람이 하지 않는 방식으로 개인의 소비 습관과 소득 및 지출을 파악하고 분석한다. 은행은 이 모든 정보를 고려하기 때문에 어떤 사람보다도 효율적으로 대출을 할 수 있다.

은행은 대출을 요청하는 사람이 대출금을 갚을 수 있을 것이라고 판단하면, 그다음에는 그 사람에게 청구할 이자율을 결정한다. 르네상스 시기 롬바르디아 대부업자들처럼 오늘날의 은행들도 돈을 공짜로 빌려주지 않는다. 은행은 이자의 형태로 수수료를 받는다. 이자율은 온갖 요소를 반영해서 결정되는데, 은행이 돈을 빌려줄 때 감수하는 위험의 수준이 판단 기준이다. 리스크가 클수록 이자율은 높아진다.

어쩌면 은행의 이 세 번째 기능을 대출자와 은행 사이의 일이라고만 생각할 수도 있다. 하지만 그렇지 않다. 대출은 경제 전반에 엄청난 영향을 미친다. 일단 은행은 예금자를 대출자와 연결함으로써 유휴 자금이 생산 과정에 동원될 수 있게 해준다. 은행이 대출을 해줄 때는 (의도한 것은 아니지만) 누가 대출금을 가장 효율적으로 사용할지 판단한다. 이는 같은 경제권에 속한 모든 사람에게 득이 되는데, 대출금을 상환할 가능성이 가장 높은 사람은 가장 생산적인 프로젝트에 투자해서 가장 높은 수익을 창출하는 사람이기 때문이다.

은행이 돈을 맡아서 빌려주는 게 사회 전체에 도움이 되는 이유

예금자와 대출자를 연결하는 것은 은행이 돈을 버는 방법일 뿐만 아니라 사회적으로도 중요한 일이다. 은행이 수행하는 가장 중요한 역할은 한 사회의 돈을 가장 생산적인 곳에 투자하는 것이다. 이렇게 함으로써 은행은 경제를 자극하는 동시에 이익을 창출한다. 이 과정에서 은행은 또 다른 효과를 유발한다. 한층 더 많은 돈(통화)이 순환하게 하는 것이다. 이 과정을 이해하려면 다시 한번 시간을 거슬러 올라가야 한다. 이번에는 17세기 중반의 영국으로 가보자.

찰스 1세와 의회 사이에 긴장이 팽팽해지는 가운데 부유한 귀족들은 금을 안전하게 보관해줄 곳을 찾아 나섰다. 귀족들은 런던의 금 세공사들을 이용하기로 했다. 금 세공사들은 귀족들의 금을 보관해주면서 금의 양과 순도를 명시한 영수증을 발행했다. 이 영수증을 제시하면 맡겼던 금을 돌려받을 수 있었다. 위대한 혁신은 금 세공사들이 금을 그저 보관하고 있지만 않음으로써 이루어졌다. 금 세공사들은 원래 주인이 금을 돌려달라고 하기 전에 다른 사람에게 금을 빌려줬다가 돌려받기만 하면 훨씬 큰 이득을 챙길 수 있다는 걸 깨달았다. 수수료 가운데 일부는 빌려준 금을 돌려받지 못할 경우에 대비해서 금의 원래 소유자에게 돌아갔다. 이는 고대 바빌로니아 성직자들도 사용했던 방법이지만, 17세기에는 훨씬 널리 사용되었다.

금 세공사들은 금 보관보다 금을 빌려주는 것으로 돈을 많이 벌었다. 이렇게 함으로써 그들은 금고에 금을 보관하는 것보다 한층 더 생산적인 투자를 할 수 있었고, 이것은 경제를 활성시키는 촉진제가 되었다. 이렇게 해서 발생한 투자 수익을 다른 곳에 재투자해서 더 많은 수익과 투자를 창출할 수 있었으며, 이것은 다시 경제를 성장시켰다. 이 과정에서 벌어들인 돈의 일부는 보증금으로 금 세공사이자 은행가에게 돌아갔는데, 이들은 이 돈을 다른 사람에게 빌려줄 수 있었다. 이 주기가 반복되면서 더 많은 돈이 대출되어 더 많은 경제활동이 이루어졌고, 그러자 다시 더 많은 돈이 대출되었다. 눈치 빠른 사람이라면 이렇게 해서 경제에 훨씬 더 많은 통화가 유발되어 유통되었다는 사실을 알아차렸을 것이다.

현대 은행은 이러한 화폐 창조의 마법을 더 발전시켰다. 앞 장에서 보았듯이, 대부분의 나라에서 이제 화폐는 금으로 보증되지 않는다. 즉 은행들은 화폐를 아무런 보증 없이 발행할 수 있다. 그러나 17세기 금 세공사와 오늘날의 은행 사이에는 여전히 공통점이 많다. 둘 다 단기 예금(사람들이 자기 계좌에 가지고 있는 금이나 현금)을 장기 대출금으로 바꾼다. 이 과정을 만기전환maturity transformation이라고 한다. 이 과정을 통해 은행은 자기 자신과 예금자와 대출자 그리고 그 밖의 사람에게 이득을 안겨준다.

여기까지는 아무런 문제가 없다. 그러나 좀 더 나아가면 문제가 발생하는데, 금 세공사 혹은 은행이 지나치게 많은 돈을 빌려주는 경우다. 즉 금을 맡겼던 사람이 자기 금을 찾으려고 했더니, 금 세공사가 다른 사람에게 금을 빌려줬는데 아직 받기로 한 날이 되지 않아서 돌려줄 수 없다고 하는 경우다. 이 문제는 금 세공사가 일정한 양의 금을 보관해두는 것으로 해결할 수 있다. 오늘날 은행들도 사용하는 해결책이다.

이 메커니즘을 부분지급준비제도fractional reserve banking라고 부른다. 17세기에 비추어서 말하자면, 만약 금을 빌린 사람이 상환 시점을 늦추거나 금을 맡긴 사람이 예정보다 일찍 금을 돌려받고자 할 때, 미리 보관해둔 금이 있다면 금 세공사는 고객의 요청을 들어줄 수 있다는 말이다. 오늘날에는 은행이 지급해야 할 돈이 부족해지는 위험에 대비하기 위해 모든 은행이 일정 금액의 현금을 금고에 보관한다. 그렇다면, 은행은 현금을 얼마나 보유해야 할까?

은행이 망해버리면 어떡하지?

1930년대 초에 미국 경제학자 여섯 명이 극적인 제안을 했다. 이 제안은 단순한 발상에서 시작되었다. 그것은 바로 은행은 언제든 예금자에게 진 빚을 모두 갚을 수 있어야 한다는 것이었다. 이 제안은 시카고 플랜Chicago plan이라는 이름으로 불렸는데, 주요 주창자들이 시카고대학교 교수였기 때문이다.[7]

그런데 이 제안은 런던의 금 세공사 시절부터 행해졌던 현대 은행업의 가장 기본적인 논리를 거스르는 것이었다. 부분지급준비제도하에서 은행은 늘 금고에 있는 것보다 많은 돈을 내놓았다. 시카고학파는 이 때문에 은행이 취약해졌다고 주장했다. 은행이 돈을 빌려줄 때마다 행하는 두 가지 역할 즉, 화폐를 창조해서 순환시키는 역할과 예금자에게서 대출자에게로 자금을 재할당하는 역할 사이에 위험한 긴장이 조성된다는 것이었다.

이 긴장은 어떻게 조성될까? 은행에 예금한 사람들이 한꺼번에 돈을 돌려달라고 요구한다면, 모든 체계가 무너진다. 단순히 은행 몇 곳이 아니라 돈이 유통되는 모든 곳이 무너진다는 말이다. 이것은 부분지급준비제도가 확보한 자금이 예금자들이 요구할 수 있는 예금의 일부분에 불과하기 때문이다. 시카고학파 경제학자들은 이 취약점 때문에 1929년에 경제가 무너졌다고 주장했다(1929년의 경제 붕괴에 대해서는 다음 장에서 자세하게 다룰 것이다).

시카고학파 경제학자들이 주장한 것은 은행이 수행하는 두 가지 역할을 분리해서 화폐 창조는 정부에 맡기고, 신용 할당이 **자율이 자금의 수요와 공급을 일치시키는 균형 수준보다 낮게 결정되어 자금의 공급이 수요에 미치지 못하는 경우 금융기관 또는 당국이 자금의 수요자에게 한정된 자금을 나누어 주는 것-옮긴이**을 은행에 맡기는 것이었다. 은행이 인출될 수 있는 예금을 온전하게 마련하려면 중앙은행에 충분한 돈을 보유하고 있어야 한다. 이것은 은행이 내로 뱅크narrowbank가 되어야 한다는 말로, 빌려준 돈과 갚아야 하는 돈 사이에 차이가 크지 않아야 한다는 뜻이다.

시카고 플랜은 꽤 설득력 있었고, 오늘날에도 여전히 국제통화기금IMF 같은 국제기구에서 논의되고 있다. 그러나 법률로 규정되지는 않았다.[8] 다행스럽게도 모든 예금자가 한꺼번에 예금을 인출하려고 하지는 않으며, 따라서 은행 체계는 상대적으로 안정적으로 유지된다. 그러나 시카고 플랜 주창자들의 주장은 타당했다. 현대의 은행 체계는 어떤 역설 하나를 토대로 돌아간다. 사람들은 은행이 자기가 맡긴 돈을 안전하게 지켜줄 것이라고 믿으며, 대부분 경우에 은행은 실제로 그렇게 한다. 그러나 만약 어떤 이유로 사람들이 은행이 안전하지 않다고 생각하고 한꺼번에 예금을 인출하려고 한다면, 경제 전체가 무너지고 만다. 이것은 7장에서 살펴보았던 화폐의 마법과 일맥상통한다.

은행 체계가 안전하게 작동할 것이라는 믿음이 은행 체계를 안전하게 작동시킨다는 말이다.

모든 사람이 한꺼번에 은행을 신뢰하지 않게 되는 일은 아주 드물게 나타나지만, 잊을 만하면 발생해 사람들을 당황시킨다. 모든 예금자가 한꺼번에 돈을 인출하려고 달려드는 뱅크런bank run은 언제든 일어날 수 있다. 가상의 이야기에서도 이런 일이 일어나곤 한다. 1946년 영화 〈멋진 인생It's a Wonderful Life〉에 뱅크런 상황이 나온다. 가족이 운영하는 작은 은행의 책임자인 조지 베일리는 막 결혼식을 마치고 신혼여행을 떠나려 하는데, 예금자들이 예금을 인출하겠다면서 은행 앞에 모여 있다는 소식을 듣는다.

뱅크런은 헛소문에 의해서도 촉발될 수 있는데, 이 영화에서 일어나는 상황이 그랬다. 그 은행에서 돈을 빌린 사람이 돈을 제때 갚지 못한 바람에 자금 압박을 받아서 다른 은행에 돈을 빌리려고 한다는 소문이 돌았던 것이다. 화가 난 예금자들이 자기 돈을 내놓으라고 요구하자 조지는 그들이 맡긴 예금을 다른 고객에게 빌려줘서 은행이 지금 당장은 그 예금을 돌려줄 수 없다고 설명한다.

안타깝게도 이런 상황은 사람의 마음을 따뜻하게 해주는 〈멋진 인생〉과 같은 크리스마스 영화에만 나오는 게 아니다. 2007~2008년 금융 위기를 겪은 사람이라면 〈멋진 인생〉을 섬뜩한 예언이었다고 생각했을 것이다. 2007년 9월에 영국의 노던록 은행에 한꺼번에 돈을 인출하려는 사람들이 장사진을 이루었다. 이 뱅크런은 BBC가 노던록이 자금난에 직면해서 잉글랜드 은행에서 돈을 빌리려 한다고 보도한 것 때문에 촉발되었다.

이 보도가 나가고 사흘 만에 노던록은 19세기 이후 영국에서 처음으로 뱅크런의 희생양이 되었다. 사람들이 돈을 인출하려고 줄을 서자, 뱅크런 소문을 듣고 더 많은 사람이 불안감에 휩싸여 그 줄에 합류했다. 설령 은행이 내가 맡긴 돈을 돌려주지 못할 가능성은 매우 작다고 해도, 혹시라도 돈을 날릴까 봐 뭐라도 해야 할 것 같은 게 사람의 마음이다. 이런 예금자들의 개별적인 판단이 모여, 점점 더 많은 사람이 예금 인출에 합류했고 결국 노던록의 뱅크런은 자기실현적인 예언이 되고 말았다.

예금자들의 이런 행동은 여러 측면에서 상당히 합리적인 행동이었다. 당시 예금보험으로 예금자는 예금액 가운데 2000파운드(약 300만 원)를 돌려받고, 그다음에는 3만 3000파운드의 90퍼센트(약 4500만 원)까지만 돌려받을 수 있었다. 그러니 많이 예금한 사람이라면 먼저 돈을 찾는 게 유리했다. 지금은 예금보험의 보장 한도가 그때보다 훨씬 높아졌는데, 은행이 파산했을 때 8만 5000파운드(약 1억 3000만 원) 이하의 예금에 한해서는 전액을 보장한다 한국의 예금 보장 한도는 5000만 원이다-옮긴이.

뱅크런은 언제든 일어날 수 있으며, 일단 한번 시작되면 무시무시한 재앙을 몰고 온다. 영화 〈멋진 인생〉에서 조지의 아내는 성난 예금자들을 달래는 데 신혼여행 자금을 쓰고, 이런 노력 끝에 마침내 은행은 가까스로 파산을 면한다. 비록 조지 부부가 계획했던 신혼여행이 엉망이 되고 말았지만, 그래도 그게 어딘가! 안타깝게도 많은 은행이 파산을 막을 만큼 신혼여행 자금을 넉넉하게 챙겨두고 있지 않다. 대공황이 한창이던 1929~1933년 미국에서는 약 7000개나 되는 은행이 파산했는데, 이들 가운데 다수는 조지의 은행에서 그랬던 것처럼 뱅크런 때문에 파산이 촉발되었다.[9]

파산의 연쇄 고리를 끊을 수 없을까?

그렇다면 성난 예금자들이 돈을 내놓으라고 소리를 질러댈 때 은행은 어떻게 해야 할까? 은행이 예금을 맡기는 중앙은행에 도움을 청할 수 있다. 중앙은행은 최종대부자lenders of last resort로서, 은행이 예금자에게 지불할 현금이 충분하지 않아서 곤경에 처할 때 은행에 돈을 빌려준다.

그런데 여기에는 몇 가지 조건이 따라붙는다. 은행이 요청만 하면 중앙은행이 무조건 돈을 빌려주는 것이 아니다. 이 조건을 성문화한 최초의 인물이 월터 배젓Walter Bagehot인데,[10] 배젓은 《이코노미스트The Economist》를 편집하고 헌법 이론의 기념비적인 저작인 「영국의 국가 구조The English Constitution」를 쓰던 와중에 시간을 내서 중앙은행에 관한 결정적인 저서 『롬바드가 Lombard Street』를 썼다.

이 책의 제목인 롬바드가街는 19세기 중반에 대부업체 오버렌드거니상회Overend, Gurney and Company가 있던 거리 이름이다. 이 거리는 잉글랜드은행 뒤에 있는 거리기도 한데, 초기 은행 역사의 혁신가였던 이탈리아인의 이름을 딴 것이다. 런던 금융가에서 가장 큰 대부업체이던 오버렌드거니는 1866년 5월 고객 지불을 중단했다. 패닉이 일어났고, 《타임스》는 이날을 '검은 금요일'이라고 불렀다. 이날은 그 뒤 150년 동안 금융계를 강타한 여러 검은 금요일 가운데 하나였다.[11]

그때만 하더라도 잉글랜드은행은 중앙은행이 아니라 민간은행 중 하나였다. 하지만 국가의 금 보유고 통제 권한과 독점적인 은행권 발행 권한이 있었다. 또 다른 은행들에 싼 금리로 긴급 대출을 제공하고 있었다. 그러나 오버렌드거니가 위기를 맞았을 때 잉글랜드은행은 그 은행을 살릴 가망이 없다고 판단해서 지원을 거부했다. 잉글랜드은행은 오버렌드거니의 문제가 일련의 잘못된 사업에서 비롯되었으며, 그 바람에 감당할 수 있는 것보다 훨씬 큰 위험에 처한 것이라고 결론지었다. 잉글랜드은행은 오버렌드거니를 구하지 않고, 다른 은행과 금융업체를 지원하는 데 준비금을 쏟아부어 다른 대부업체들이 파산하지 않고 금융 체계가 무너지지 않게 했다.

배젓은 잉글랜드은행이 최종대부자라는 역할을 받아들인 점을 높이 평가했다. 그는 오버렌드거니 사건을 놓고 중앙은행이 이런 상황에서 어떻게 행동해야 하는지 설명했다. 폴 터커Paul Tucker 전 잉글랜드은행 부총재는 배젓의 격언을 다음과 같이 요약했다. "중앙은행은 공황을 막기 위해서 탄탄한 업체에는 좋은 담보물을 전제로 조기에 자유롭게(즉, 무제한으로) '높은 금리'로 자금을 빌려줘야 한다."[12]

공황이 발생했을 때 중앙은행은 건전한 은행에만 대출을 해줘야 한다는 뜻이다. 대출을 해주더라도 충분히 높은 금리를 적용해야 한다는 것은, 다른 은행들도 툭하면 중앙은행에 손을 벌리지 않고 정말 긴급할 때만 손을 벌리게 하기 위해서였다.

이런 면에서 보면 중앙은행은 경제의 안전벨트라고 할 수 있다. 중앙은행은 특정한 상황에서만 민간은행을 보호하려고 나선다. 안전벨트는 운전자가 예상치 못한 위기에 맞닥뜨렸을 때 운전자를 보호해주지, 무모한 운전자까지 보호하지는 못한다. 중앙은행도 마찬가지다. 예를 들어 은행이 단기적인 유동성 압박으로 위기를 맞았을 때는 중앙은행이 나설 수 있다. 하지만 불건전한 대출을 일삼은 은행이나 방만한 경영 때문에 위기를 맞은 은행은 구하러 나서지 않는다.

그래서 중앙은행이 개입할지 말지, 언제 개입할지 판단하는 것은 무척 까다롭다. 중앙은행은 누구에게 어떤 조건으로 돈을 빌려줄지 결정할 때 신중을 기해야 한다. 그 이유를 이해하기 위해 안전벨트 비유로 돌아가보자. 경제학자 새뮤얼 펠츠만 Samuel Peltzman은 안전벨트 착용을 의무화하면 자동차 사고가 늘어난다고 주장했다. 안전벨트를 매기만 하면 큰 사고가 나도 안전할 것이니 난폭 운전을 해도 괜찮다고 사람들이 생각한다는 것이다. 그는 이것을 위험 보상risk compensation이라고 불렀다.[13] 하지만 이 이론은 틀린 것으로 판명되었다. 적어도 영국에서는 그랬다. 1983년 안전벨트가 의무화되자 교통사고 사상자가 줄어들었다.[14] 그러나 금융에서는 그렇지 않을 수 있다. 만약 민간은행들이 중앙은행이 엄격한 조건 없이 무조건 자기를 도와줄 것이라고 생각한다면, 더 많은 고객을 끌어들여 수익을 높이려고 한층 더 위험하게 자산을 운용할 것이기 때문이다.

경제학자들은 위험에 빠져도 구제받을 것임을 알고 이를 과도한 위험을 감수하는 행위를 도덕적 해이moral hazard라고 부른다. 경제학자 고든 털럭Gordon Tullock은 도덕적 해이를 줄이려면 정부가 안전벨트를 의무화할 게 아니라 운전대 한가운데에 커다란 못을 박아둬서 운전자가 정신을 바짝 차리게 해야 한다고 주장하기도 했다(이걸 털럭의 못Tullock spike이라고 부른다).[15] 난폭하게 운전하면 못에 찔릴 수 있을 테니 운전자는 한층 조심스럽게 운전할 것이다. 하지만 대부분의 중앙은행은 그렇게 하지 않는다. 대신 은행의 도덕적 해이를 줄이기 위해 대출 조건을 까다롭게 설정한다. 이렇게 해서 은행들이 위험한 상황에 놓이지 않도록 유도하는 것이다.

이 조건에는 대출 한도가 포함되어 있으며, 대출금 가운데 일부가 상환되지 않을 때를 대비해 대출금에 대한 비상 자금을 적립하도록 요구하는 것도 포함되어 있다. 이 비상 자금을 은행자본bank capital이라고 부르는데, 은행이 대출금을 회수하지 못하더라도 파산이라는 최악의 상황을 피할 수 있게 해주는 장치다. 은행자본은 해당 은행의 주주들에게서 나온다. 만약 당신이 10만 원으로 어떤 은행의 주식을 산다면, 당신은 그 은행에 10만 원의 자본을 제공하는 것이다. 만약 은행이 운영을 잘못해서 손해를 본다면, 당신은 그 투자금의 일부 또는 전부를 잃을 것이고,

은행이 운영을 잘해서 이익을 본다면 그 이익의 일부를 배당금으로 받을 것이다.

2007~2008년 금융 위기 이전 은행들은 자본을 너무 적게 보유하고 있었다. 이 견해에는 경제학자 조지프 스티글리츠 Joseph Stiglitz부터 버락 오바마 전 미국 대통령까지도 동의한다. 2007~2008년 금융 위기 이후 각국의 중앙은행과 정부는 은행 자본을 늘리고 도덕적 해이를 줄이기 위한 정책들을 도입했다. 현재 영국 은행들이 가지고 있는 자본은 2007~2008년 금융 위기 때에 비해서 세 배가 넘는다.[16]

그런데 은행자본만 충분하면 은행에 맡겨둔 예금은 안전할까? 은행이 파산하지 않도록 더 확실한 조건을 걸어야 하는 것 아닐까? 꼭 그렇지는 않다. 운전대에 커다란 못을 박아놓으면 운전자가 조심하긴 하겠지만, 그런 자동차는 아무도 타지 않을 것이다. 그와 마찬가지로 은행에 너무 많은 자본을 요구하면 은행은 대출해줄 때마다 극도로 조심할 수밖에 없을 것이고, 그러면 경제도 위축될 것이다.

오늘날의 중앙은행들은 은행들이 갖춰야 할 조건을 다양하게 설정하고 한층 더 유연한 접근법을 취하고 있다. 위험한 대출을 하는 은행은 더 많은 자본을 보유하도록 하고, 안전한 대출을 하는 은행은 상대적으로 적은 자본을 보유해도 되는 식이다. 2007~2008년 금융 위기 이후 중앙은행들은 각각의 은행이 경제 여건이나 신용 여건에 따라서(즉, 사람들이 대출을 얼마나 쉽게 받느냐에 따라서) 얼마나 많은 자본을 보유해야 할지 결정하는 새로운 거시 건전성 정책macro-prudential policy을 도입했다.

　시장의 신용 여건이 나빠서 대출을 꺼릴 때 은행은 상대적으로 적은 자본을 보유해도 된다. 반대로 시장의 신용 여건이 좋고 은행들이 기꺼이 대출을 하겠다고 나설 때는 상대적으로 많은 자본을 보유해야 한다. 경제가 호황일 때 은행이 자본 '완충재'를 구축하도록 장려하는 것이다. 반대로 경제가 위기 상황일 때는 완충재를 줄이고 대출을 계속하게 한다. 경제가 좋지 않을 때 은행들이 대출을 중단하면 더 큰 문제가 이어질 수 있기 때문이다. 은행은 경기가 나쁠 때는 자본을 낮춰도 되고 반대로 경기가 좋을 때는 자본을 높여야 하는데, 이렇게 운용하는 은행 자본의 원리를 경기 대응 완충 자본countercyclical capital buffer이라고 한다.

　영국에서는 이 완충 자본의 크기를 잉글랜드은행의 금융정책위원회가 결정하는데, 이 위원회는 잉글랜드은행 총재와 은행 안팎에 있는 이코노미스트들로 구성된다. 이 위원회는 경제 여건이 바뀔 때마다 소집된다. 예를 들어서 2020년 3월 코로나19 바이러스가 전 세계를 휩쓸 때 이 위원회는 은행이 더 적은 자본을 보유해도 된다고 결정했다. 은행이 대출을 계속하도록 유도한 것이다.

　잉글랜드은행은 무엇을 기준으로 이런 결정을 내리는 것일까? 대개는 경제모델을 구축하는 것으로 해결하지만(경제모델을 구축하는 방법에 대해서는 다음 장에서 살펴볼 것이다), 몇가지 다른 기법도 있다. 이따금 중앙은행들은 만약에라도 일어날 가능성이 있는 시나리오를 가정해서 금융 체계가 받을 손실을 측정하고 재무 건전성을 평가하는 스트레스 테스트를 통해서 은행이 자본을 얼마나 보유해야 할지 결정한다. 즉 경제 위기를 설정한 다음 은행들이 어떻게 대응할 것인지 묻는 것이다. 은행들은 GDP가 10퍼센트 떨어지면 대출에 어떤 영향을 미칠지 그리고 얼마나 많은 자본을 보유해야 할지, 또 실업률이 5퍼센트포인트 상승한다면 모기지 손실 규모가 얼마나 될지 등의 질문에 답변해야 한다. 이런 시뮬레이션을 통해서 은행이 보유해야 하는 자본의 크기를 결정한다.

이 모든 것은, 적어도 이론상으로는 도움이 된다. 그런데 이런 정책을 뒷받침하는 힘이 없다면 의미가 없다. 그렇기 때문에 중앙은행은 규칙을 정할 뿐만 아니라 규칙 위반자를 적발하는 금융 경찰도 거느리고 있다. 영국에서는 잉글랜드은행의 산하 기관인 건전성감독청Prudential Regulation Authority과 독립적인 기관인 금융감독청Financial Conduct Authority이 그 일을 수행한다우리 나라에서는 금융감독원이 이런 기능을 수행한다 - 옮긴이. 이들은 은행이 규정을 준수하는지 감독한다. 만약 은행이 규정을 준수하지 않으면 무거운 벌금을 물리고 극단적인 경우에는 영업 중단까지도 할 수 있다. 이 금융 경찰의 또 다른 역할은 뭔가 일이 생겼을 때 질서를 유지하는 것이다. 예를 들어, 어떤 은행이 파산했을 때 중앙은행은 파산한 은행의 고객과 다른 은행 그리고 나머지 금융 체계에 불똥이 튀지 않도록 안전한 파산을 유도하는 일련의 과정을 수행하는데, 이 절차가 이른바 정리resolution다.

이런 변화들은 2007~2008년 금융 위기의 여파로 나타난 것이다. 대중과 정책 입안자 모두 은행에 무슨 일이 생길 때를 대비해야 한다는 것을 깨달은 것이다. 그 덕에 은행에 맡긴 돈은 과거 그 어느 때보다도 안전해졌다. 매트리스 아래에 돈을 숨겨두는 것보다는 확실히 더 안전하다.

약은 약사에게, 돈은 은행에

우리 저자들이 잉글랜드은행 직원이라서 하는 말이 아니라, 정말로 은행은 유익한 존재다. 은행이야말로 돈을 안전하게 보관하는 곳이고, 경제가 원활하게 돌아가는 데 필수적인 역할을 한다고 거의 모든 경제 전문가가 입을 모은다.

가장 분명한 것은 돈을 은행에 맡겨서 얻는 경제적 이득이다. 매트리스에 숨긴 돈은 누가 훔쳐가거나 잃어버릴 수 있다. 물론 은행도 도둑맞을 수 있지만 그럴 가능성은 훨씬 낮다. 또 은행에 맡긴 돈은 사용하기 편하다. 뉴욕부터 제주도에 이르기까지 전 세계의 현금인출기로 돈을 꺼낼 수 있다. 아침에 집에서 나설 때마다 그날 쓸 돈을 지갑에 넣고 다니지 않아도 된다는 말이다. 이것은 개인 차원을 훌쩍 뛰어넘는 경제적 이익을 안겨준다. 돈이 경제 안에서 원활하게 순환하도록 해주기 때문이다.

동시에 은행은 고객이 맡긴 돈을 운용해서 경제에 활력을 불어넣는다. 은행은 예금자가 맡긴 돈을 그냥 깔고 앉아 있지 않고 이것을 다른 사람이나 기업에 빌려준다. 부분지급준비제도를 통해서 은행은 자기 금고에 있는 것보다 훨씬 많은 돈을 빌려줄 수 있다. 7장에서 살펴보았듯이 이 과정을 통해 은행은 한층 더 많은 화폐를 창조하게 된다. 이렇게 돈을 빌려줌으로써 은행은 예금자가 맡긴 자금을 가장 생산적인 사용자에게 연결해준다. 집이 필요한 사람이 집을 사도록 돈을 빌려주고, 전도유망한 기업에 투자금을 조성해준다.

은행업은 역사적으로 늘 위험한 사업이었다. 그래도 지금은 그 어느 때보다 은행에 돈을 맡기는 것이 안전하다. 은행에 맡긴 돈을 안전하게 지킬 수 있도록 온갖 규정과 기준이 마련되어 있기 때문이다. 중앙은행이 최종대부자 역할을 한다는 것은, 어떤 은행에 문제가 생기면 중앙은행이 개입해서 문제를 해결한다는 뜻이다. 상황이 정말 심각한 경우에는 정리 절차가 진행되어서, 설령 은행이 파산하더라도 금융 체계 전체에 도미노 효과가 일어나지 않고 안전하게 파산할 수 있도록 유도한다.

은행은 사람들의 돈을 안전하게 보관하는 일과 사람들의 돈이 경제 전체에 효율적으로 사용되도록 하는 일을 한다. 그러나 정교한 규제 장치가 마련되어 있다고 하더라도 현실에서는 크고 작은 문제가 생기곤 한다. 중앙은행은 경제 위기의 부정적 영향을 줄이고, 금융 위기 악화를 막는 기관이다. 하지만 중앙은행도 모든 문제를 완전히 제거할 수는 없다. 9장과 10장에서는 경제 위기에 대해 알아볼 것이다.

경제가 망할 줄
왜 아무도 몰랐을까?

경제 위기와 그 원인,

불경기가 반갑지 않은 이유,

그리고 경제학자와 기상학자의 공통점에 대해서

Q. 경제 위기의 원인은 무엇일까?

Q. 경제 위기 때는 무슨 일이 일어날까?

Q. 경제 위기를 미리 알아낼 수 없을까?

2008년 11월, 엘리자베스 2세가 신축 건물 개장식에 참석하려고 런던정치경제대학교를 방문했다. 사람들은 평범한 방문이라고 생각했으나 엘리자베스 2세의 생각은 달랐다. 당시는 경제 위기가 절정에 이르던 시점이라 아무리 멋진 건물이 눈앞에 있어도 경제 걱정으로 머릿속이 어지러울 수밖에 없었다. 엘리자베스 2세는 경제 전문가들을 돌아보면서 이렇게 물었다. "이런 일이 일어날 줄 왜 아무도 예견하지 못했는가?" 여왕뿐만이 아니라 모두가 궁금해하던 질문이었다. 또한 경제학자들이 그 뒤로 10년 동안 토론을 벌이게 될 질문이기도 했다. 경제학자들은 대학교 강의실과 학술지, 온갖 신문 칼럼과 TV 토론회에서 그 이야기를 했다. 경제 위기를 예측한 소수의 경제학자들은 하루아침에 스타가 되었다.

자, 그 질문에 대한 대답은 무엇이었을까? 특수한 대답이 있고 일반적인 대답이 있다. 2007~2008년 위기는 근본적으로 은행의 부실 대출 때문에 발생했다. 빚을 갚을 가망이 없는 사람들에게 담보대출을 해주었던 것이다. 많은(전부는 아니다!) 경제 전문가가 여러 가지 현상의 관계성을 따져보지 않았기에 금융 위기의 징후를 놓치고 말았다. 은행은 경제의 다른 부문들과 매우 깊고도 복잡하게 얽혀 있기에, 소수의 대출이 상환되지 않은 것으로도 주택 시장을 뛰어넘어 경제 전반에 무서운 충격을 줄 수 있었는데, 이 사실을 미처 알아보지 못했던 것이다. 엘리자베스 2세에게 그 질문을 받았던 런던정치경제대학교의 경제학자 루이스 가리카노Luis Garicano는 나중에 《가디언》에 이렇게 말했다. "나는 여왕께 이렇게 답했습니다. 상황이 그처럼 통제 불능 상태로 치달았던 것은, 대출 사슬의 모든 지점에서 일하던 사람들이 자기가 보수를 받으면서 해왔던 그 일을 앞으로도 계속하고 싶어 했기 때문이라고요."[1]

일반적인 대답은 이보다 한층 복잡하다. 경제 위기가 숱하게 나타났던 역사와 경제 위기의 혼란스러운 성격 그리고 경제 위기의 예측 불가능성을 지적해야 하기 때문이다. 지난 70년 동안 경제 위기는 끊임없이 계속됐다. 그 가운데서도 가장 유명한 사건은 1929년 10월 24일 목요일 오전 9시에 일어난 것이다. 뉴욕증권거래소가 문을 열고 몇 시간 만에 주가가 10퍼센트 떨어졌다.[2] 이날은 '검은 목요일'로 일컬어지는데, 며칠 뒤 '검은 월요일'과 '검은 화요일'이 뒤따라 나타났다. 주식시장은 닷새 만에 25퍼센트나 폭락했다.[3] 그때부터 거의 100년이 지났지만, '검은 월요일'은 역사상 가장 큰 폭의 주가 하락을 기록한 날로 여전히 남아 있다.

월가街 붕괴는 사상 최악의 경제 위기 가운데 하나인 대공황을 촉발시켰다. 이 시기에는 대량 실업을 비롯해 온갖 고통이 뒤따랐다. 급증하는 빈곤율, 정치적 불안, 무료 급식소 앞에 길게 늘어선 줄….[4] 월가 주식시장과는 전혀 상관없는 삶을 살고 있던 사람들에게도 그런 일이 벌어졌다.[5] 또한 이 여파는 미국뿐만 아니라 전 세계 수백만 명의 일상에 충격을 주었다. 1930년부터 1932년 사이에 전 세계 1인당 GDP는 거의 20퍼센트나 쪼그라들었다.[6]

1987년 10월 19일 아침, 월가 증권 중개인들의 얼굴에는 놀라움과 공포가 교차했다. 주가가 또 23퍼센트 폭락하면서 미국 주식시장의 가치가 1조 달러나 증발해버렸기 때문이다.[7] 또 한 번의 '검은 월요일'이 나타난 것이다. 그래서 《버라이어티》는 1929년 10월 30일 아침에 올렸던 기사의 제목과 똑같은 제목인 "월가가 폭망했다Wall Street Lays an Egg"라는 기사를 내보냈다.

그런데 이번에는 금융계의 위기가 경제의 나머지 부문으로 확산되지 않았다. 미국의 GDP 성장률은 1988년과 1989년에 각각 4퍼센트를 기록했으며, 심지어 1987년의 GDP 성장률도 긍정적이었다.[8] 경제는 호황기였다.

이 두 가지 사례는 금융 위기가 얼마나 복잡하고 예상할 수 없으며 무작위적인지 잘 보여준다. 금융 위기는 뚜렷한 경고 없이 불쑥 나타날 수 있고, 경제의 한 부문에만 영향을 미칠 수도 있으며, 다른 부문들에까지 영향을 미칠 수도 있다. 또한 금융 위기와 경제 위기는 전혀 다르다.

경제 위기는 경제가 쪼그라드는 현상, 즉 GDP가 감소하는 현상이다. 경제학자들은 경제가 6개월 이상 위축되는 현상을 경기 침체라고 부른다. 이런 위기들은 주식시장을 뛰어넘어서 시민의 소비와 투자에 엄청난 영향을 미친다. 그러나 금융 부문의 모든 위기가 경제 위기로 이어지는 것은 아니다. 지난 100년 동안 금융 부문에서 나타났던 위기 가운데 절반만이 경기 침체로 이어졌다.

그러므로 엘리자베스 2세가 했던 질문에 대답하려면 금융의 세계와 이보다 한층 더 넓은 경제의 세계를 이어주는 연결고리를 살펴봐야 한다. 아울러 이 둘을 예측하는 것이 왜 그렇게 어려운지도 설명할 필요가 있다. 역사를 되짚어 보면 거대한 경제 위기가 닥칠 때까지 경제학자들이 아무것도 몰랐을 때도 많고, 경제학자들이 경제 위기가 닥칠 것이라고 예측했지만 실제로 경제 위기가 나타나지 않았던 때도 많다. 사실, 경제학자들의 예측은 적중하기보다 빗나간 경우가 많았다. 이 모든 것을 고려할 때, 다음 경제 위기는 과연 예측할 수 있을까? 그럴 수 있다면 어디부터 살펴봐야 할까?

경제 위기는 다시 돌아온다: 뉴턴이 주식 투자에 실패한 이유

나이가 85세인 사람은 지금까지 살면서 경제 위기를 여덟 번 경험했을 것이다. 이것은 평균적인 영국인이 평생 이사하는 횟수

의 두 배다. 우리 저자 두 사람은 잉글랜드은행에서 일하면서
보냈던 길지 않은 세월 동안 경제 위기를 벌써 두 차례 경험했
다. 그러나 모든 위기가 세상을 바꾸어놓지는 않았다. 1929년
의 위기는 1987년의 위기와 매우 달랐다. 경제는 대부분 점진
적으로 확장되었다가 점진적으로 수축한다. 그러나 때로는 매
우 빠르게 침체되기도 하고 그랬다가 금방 회복하기도 한다.

그런데 이런 위기는 왜 발생할까? 위기를 촉발하는 요인은
많다. 투기적 금융 거품, 뱅크런, 금리 상승, 주택 가격 하락, 무
역 전쟁, 유가 변동, 전쟁, 기근, 사회불안, 팬데믹 또는 이 모든
요인이 어우러져서 빚어내는 온갖 조합….

그러나 흔하게 나타나는 위기에는 몇 가지 형태가 있다. 그
가운데 가장 눈여겨봐야 하는 것은 금융 위기다. 이 불쾌한 금
융계의 딸꾹질은 오래전부터 있었던 일이다. 금융 위기에 관한
가장 오래된 기록은 서기 33년에 쓰인 것이다. 당시 로마에서는
땅값이 떨어져서 토지 소유자들이 빚을 갚기 어려워졌고, 그래
서 대부업체들이 돈을 빌려주는 것을 중단했다고 한다. 그 이후
에도 금융 위기는 수도 없이 나타났지만, 오늘날은 금융시장이
경제의 나머지 부분과 워낙 밀접하게 연결되어 있어서 금융 부
문의 문제가 경제의 다른 부분으로 쉽게 파급되곤 한다. 그래서
더 심각하다.

1720년에 터진 '남해회사 투자 거품 사건South Sea Bubble'을 보
면 금융 위기가 어떻게 전개되는지 알 수 있다. 남해회사는 남
아메리카의 스페인 식민지들과 무역할 목적으로 1711년에 설

립되었으며, 아프리카 노예들을 광산과 플랜테이션으로 끌고 가 일을 시켰다. 당시 영국은 스페인과 전쟁 중이었는데, 이 전쟁이 장기화되면서 영국 정부는 막대한 예산을 지출하고 있었다. 그런데 영국 정부는 어떻게 해서 전쟁 비용을 마련했을까? 남해회사로 하여금 주식을 발행하게 해서 정부가 진 부채(국채)를 인수하게 하고 연리 6퍼센트를 보장했다. 한편 남해회사는 수익성 좋은 이 조건을 유지하려고 정치인들에게 뇌물을 주었고, 1720년에는 정부가 지고 있던 3000만 파운드의 부채를 매입했다.[9]

이 사업은 노예무역을 지지했기에 비도덕적이었을 뿐만 아니라 사업 면에서도 문제가 있었다. 남해(여기에서 남해는 남아메리카를 뜻한다-옮긴이)는 스페인과 포르투갈의 식민지였기 때문에 수익을 올리기 어려웠다. 이보다 중요한 점은 대서양 횡단 노예무역이 엄청나게 위험했다는 사실이다. 항해 도중에 노예가 사망할 가능성이 끔찍할 정도로 높았고, 노예라는 '재산'이 손괴될 때 이윤도 그만큼 줄어들 수밖에 없었다. 노예무역은 개별 투자자들에게 커다란 이익을 줄 수 있었지만, 정부 재정의 기반으로 삼기에는 너무 위험했다.

그런데도 남해회사의 주식은 인기가 높았다. 귀족과 정치인부터 하층민에 이르기까지 수많은 사람이 이 회사의 주식을 샀다. 곧 남해회사 주가는 1000파운드 가까이 치솟았는데, 이 금액은 지금의 20만 파운드와 맞먹는다.[10] 사람들은 이 주식을 사려고 은행에서 돈을 빌렸고, 평생 모은 돈을 투자한 사람도 있었다. 그러던 중에 갑자기 이 회사의 주가가 폭락했다. 어느 순간, 그 회사의 실제 가치가 주가에 미치지 못한다는 사실을 사람들이 깨달은 것이다.

이를 7장에서 언급했던 하이먼 민스키의 이름을 따서 민스키 모멘트Minsky moment라고 부른다. 민스키의 저작은 20세기 후반 거의 잊혔다가 2007~2008년 금융 위기의 여파로 재발견되었다. 민스키 모멘트는 자기가 투자한 주식의 가치가 생각했던 것보다 훨씬 낮다는 사실을 모든 사람이 깨달을 때 찾아온다.[11] 이것은 투기가 지속 불가능 상태에 도달하는 전환점이다. 남해회사 거품 사건의 경우에는 사람들이 수익성 없는 주식을 샀음을 깨달은 게 전환점이었다. 1720년에 많은 사람이 평생 모은 돈을 잃고 파산했다. 물리학자 아이작 뉴턴조차도 남해회사 주식에 투자했다가 2만 파운드(오늘날 가치로 400만 파운드 이상)를 잃었다. 이 일을 두고 뉴턴은 "천체의 움직임을 계산할 수 있어도 사람들의 광기는 계산할 수 없다"고 했다.[12] 뉴턴이 말했던 광기를 경제학자들은 무리 행동herd behavior이라고 부른다.

남해회사 파산은 경제 전반에 영향을 미쳤다. 런던의 은행들은 대출금을 회수하지 못해서 파산하기 시작했다. 이 일은 다른 주식에도 해로운 영향을 미쳤다. 이런 종류의 위기를 투기speculation라고 정의한다. 명확한 근거 없이 오를 것 같다는 이유만으로 대규모 투자가 이루어졌다는 뜻이다. 투자자들이 투자처가 과대평가되었음을 깨닫는 순간 거품이 터진다. 1929년에도 그랬고 1987년에도 그랬으며 2007~2008년에도 그랬다.

모든 투기 거품이 경제 위기로 이어지는 것은 아니다. '비니 베이비 인형 거품'을 생각해보자. 비니 베이비는 5달러 정도 하는 봉제 인형이다. 그런데 1990년대 후반에 수집가들은 이 인형이 희소성 때문에 가치가 오를 것이라고 믿기 시작하자 가격이 오르기 시작했다. 인형 하나가 무려 5000달러에 팔리기도 했다. 가격이 오르자 이 인형을 찾는 사람이 많아졌고, 가격은 더 올랐다. 봉제 인형 팬들에게는 그야말로 꿈같은 시절이었다. 비니 베이비 밀수단까지 나타났다. 어떤 77세 노인은 1200달러 상당의 인형을 훔쳤고(이 사람에게 '비니 베이비 강도'라는 별명이 붙었다), 희귀한 비니 베이비 인형인 가르시아 곰을 붙잡으려고 사람들이 한꺼번에 달려드는 바람에 아이들이 밟히고 깔리는 일도 일어났다. 이 인형의 제조업체인 타이Ty는 잠깐이지만 세계에서 가장 큰 장난감 회사가 되었고 이 회사의 설립자 타이 워너는 세계에서 877번째로 부유한 사람이 되었다. 그러나 거품이 대개 그렇듯이 올라갔던 것은 반드시 내려온다. 2000년이 되자 비니 베이비 수집가들은 이 인형의 가치가 자기가 지불한 금액에 못 미친다는 사실을 깨달았다. 그러자 사람들은 앞을 다투어 이 인형을 팔려고 내놓았고, 인형 가격은 폭락했다. 이 소동 속에서 많은 사람이 돈을 잃었다. 어떤 가족은 무려 10만 달러나 잃었다.[13]

하지만 이 거품은 경제의 다른 부문으로 파급되지 않았다. 이 투기에는 소수의 투자자만 참여했기에 금융 체계의 다른 부분들과 연결되지 않았기 때문이다. 이런 거품은 매우 흔하다. 최근 몇 년 동안에 운동화와 시계, 주택, 기술주 등에서 이런 거품이 일어났다가 꺼졌다.

투기가 나타나는 이유는 무엇일까? 경제학자 리처드 실러 Richard Shiller는 그 이유를 설명해 노벨상을 받았다. 실러는 어떤 것의 가격이 상승하면 투자자들은 그것을 얻고자 하는 행동이 비합리적이어도 동참하려고 한다며, 이 현상에 비이성적 과열 irrational exuberance이라는 이름을 붙였다. 이런 상상을 해보자. 당신 주변에 있는 사람들이 모두 어떤 암호화폐에 열광하고 있고, 친구들이 하나같이 그 암호화폐의 가격이 오를 거라고 말한다. 당신은 그 암호화폐에 투자하고 싶은 유혹을 뿌리칠 수 있을까? 아마 쉽지 않을 것이다. 모든 친구의 판단이 틀렸다는 사실을 믿기 어렵기 때문에 당신은 친구들을 따라 하게 된다. 게다가 가격이 오를수록 사람들은 한층 더 자신만만해져서 명백한 위험도 피하려 들지 않는다. 가격이 오르면 사람들은 투자액을 두 배로 늘리고, 그러면 가격은 더 올라간다.

그러나 투기가 경제 위기의 유일한 원인은 아니다. 경제학자들이 검은 백조black swan라고 부르는 사건들을 생각해보자. 검은 백조는 실제로 존재하긴 하지만, 미리 예측하기 어려운 재앙적인 사건을 뜻한다. 코로나19 위기는 전형적인 검은 백조였다. 바이러스의 확산을 억제하기 위해 봉쇄 조치가 내려졌고, 전 세계의 90여 개국이 봉쇄에 들어가면서 세계 인구의 절반 이상이 그 영향을 받았다. 그 결과는 금융 공황으로 나타났다. 2020년 3월 12일 주식시장이 10퍼센트 가깝게 하락하면서, 2008년 이

후 최악의 하락세를 보였다.[14]

봉쇄가 얼마나 오래 지속될지 불확실했으며 코로나19의 새로운 변종 발생 및 확산에 대한 두려움 때문에 경제를 바라보는 사람들의 시선은 싸늘했다. 이는 곧 많은 사람이 돈을 쓰지 않기로 결정했다는 뜻이다. 그러자 많은 생산자가 상품을 팔 수 없게 되었다. 식당과 상점이 문을 닫았고 공장도 생산을 멈추었으며 수출품을 실은 배도 운송을 중단했다. 코로나19는 경제에 불어닥친 강력한 태풍이었다. 소비할 기회가 부족하다는 점과 소비를 꺼리는 마음이 완벽하게 겹쳐졌다. 2020년 한 해에만 전 세계 GDP가 4퍼센트 가깝게 줄어들었는데, 이것은 1930년대의 대공황 이후로 가장 큰 폭의 감소로 예측된다.[15]

위기는 경제의 효과적인 운영을 방해하는 모든 장애물에 의해서 일어난다. 팬데믹, 전쟁, 상품 부족…. 이 모든 것이 경제가 원활하게 작동하지 못하게 하고, 그래서 경제 혼란이 일어난다.

경제 위기 때 벌어지는 일: 아이슬란드에서 빅맥이 사라진 이유

경제 위기의 대가는 만만치 않다. 2007~2008년의 위기는 미국인 한 명당 약 7만 달러, 영국인 한 명당 2만 1000파운드의 손실을 입혔다.[16] 영국의 모든 사람이 포드 피에스타를 한 대씩 사고도 남을 돈이다.

물론 이 수치는 말 그대로 평균일 뿐이다. 어떤 사람들은 7만 달러 넘게 손해를 봤고 또 어떤 사람들은 그보다 훨씬 적게 손해를 봤다. 위기마다 충격의 강도가 다르고 유독 더 충격을 받는 사람들이 있다. 이것은 위기를 촉발한 원인이 무엇이고 또 거기에 어떻게 대응하느냐에 따라서 다르다. 이 충격 가운데 어떤 것은 사람들에게 단기적인 영향만 주는 반면에 어떤 것은 여러 해 동안 영향을 주기도 한다.

그러나 위기마다 반복되는 결과가 몇 가지 있다. 대표적인 것이 경제에 대한 신뢰가 추락하는 것이다. 그러면 사람들은 돈을 덜 쓴다. 예를 들어 경기 침체기에 남자들은 속옷 구매를 미룰 가능성이 높아서, 위기가 지속되는 동안에는 속옷 판매량이 줄어든다. 속옷 판매량은 미국 연방준비제도이사회 전 의장인 앨런 그린스펀이 사용했던 경제지표 중 하나다. 그러나 위기는 속옷에 국한된 문제가 아니다. 사람들은 자기가 예전보다 가난해졌다고 느낀다.

이런 현상은 기업의 파산으로 이어진다. 경기 침체는 대기업부터 가족 회사에 이르기까지 모든 기업을 흔든다. 사람들이 소비를 줄이면 기업은 수익이 줄어들어서 직원 임금이나 전기 요금과 같은 운영비를 지불하기가 어려워진다. 기업이 이런 비용을 지불할 수 없거나 혹은 돈을 빌려서 비용을 지불하려고 해도 돈을 빌릴 데가 없다면 어쩔 수 없이 문을 닫아야 한다. 그러다 보면 어떤 기업은 폐업을 피하기 위해서 직원 임금을 삭감하기도 하는데, 임금이 줄어든 직원들은 씀씀이를 줄이고, 그러면 다른 기업의 매출이 줄어든다.

이런 압력이 경제에 어떤 영향을 미치는지 2000년대 후반의 아이슬란드를 살펴보자. 아이슬란드는 전 세계 많은 나라와 마찬가지로 2009년까지 경제 위기로 고통받고 있었다. GDP가 8퍼센트 떨어졌고, 크로나화의 가치는 1년 전과 비교해서 반토막 났다.[17] 환율이 형편없었기 때문에 쇠고기와 치즈와 채소를 수입해야 하는 맥도날드 매장을 운영하기가 거의 불가능해졌다. 그래서 레이캬비크에 있던 맥도날드 매장 세 곳이 모두 문을 닫았고, 지금까지도 아이슬란드에는 맥도날드 매장이 없다. 지금 아이슬란드에서 맥도날드 빅맥과 감자튀김을 보려면 남아이슬란드의 박물관에 가야 한다. 이 박물관에 아이슬란드의 마지막 빅맥과 감자튀김이 전시되어 있기 때문이다. 박물관에 전시된 빅맥은 많은 기업이 문을 닫고 다시 영업을 재개하지 못하는 경제 위기의 여파가 어떤 것인지 상징적으로 보여준다. 영국에서도 2007~2008년 위기의 여파로 레코드 체인점인 HMV,[18] 가구 회사 MFI가 문을 닫고 우리 저자들이 좋아했던 울워스의 픽앤믹스가 사라졌다.

기업이 문을 닫으면 위기의 두 번째 결과인 실업이 뒤따른다. 실업이 경제 전반으로 확장되면 사회는 재앙을 맞는다. 대공황 때 미국 노동자 네 명 가운데 한 명이 실업자였는데, 경기 침체기에 한번 실업자가 되면 다시 일자리를 찾기 어렵다. 특히 젊은 노동자와 저숙련 노동자는 실업 한파에 더 취약하다. 2007~2008년 금융 위기 때 18~30세 노동자는 다른 어떤 집단보다 실업률이 높았고 실질 임금이 많이 하락했다.[19]

경제가 회복되면 사람들은 새로운 일자리를 찾아 나서는데, 예전과 다른 분야에서 일자리를 구하기도 한다. 예를 들어 2007~2008년 금융 위기 이후에 은행에 다니다가 해고된 사람 중 일부는 과학 교사가 되기 위해 재교육을 받았다.[20] 3장에서 보았듯이, 실업 기간이 길어지면 자기가 가졌던 기술을 잃어버려서 예전과 같은 일자리로 돌아갈 수 없게 되기도 한다. 즉, 경제 위기가 평생 영향을 미칠 수 있다는 뜻이다. 경기 침체가 너무 오래 지속되면 저숙련 노동자는 일자리를 찾으려는 노력 자체를 하지 않게 된다. 노력해봐야 일자리를 구할 가능성이 희박하고 그 일을 해서 받게 될 임금도 낮기 때문이다.

이렇게 해서 위기의 세 번째 결과인 불평등 심화가 나타난다. 경기 침체기에는 소득 불평등과 경제적 격차가 점점 커지며 빈곤은 한층 더 확산된다. 2007~2008년 금융 위기의 여파가 이어지던 2009~2010년에 상위 1퍼센트 부자들은 소득이 거의 12퍼센트 늘어난 반면에 나머지 99퍼센트의 소득은 거의 늘지 않았다.[21] 이는 경기 회복의 혜택을 사회 전체가 아니라 최상위 집단만 누렸다는 뜻이다. 이런 양상은 대공황 때도 똑같이 나타났다. 상위 5퍼센트의 소득점유율−특정 대상 집단의 소득이 국민 전체 소득에서 차지하는 비중−옮긴이은 1920년 4분의 1에서 1928년 3분의 1 이상으로 늘어났다.

경기 침체 후에는 왜 이런 일이 벌어질까? 여기에는 몇 가지 이유가 있다. 원래도 형편이 나빴던 사람들은 교육에 투자하기 힘들었을 것이고, 그래서 실업자가 되었을 때 일자리를 새로 찾을 기회가 적을 수밖에 없다. 또, 소득이 낮은 사람은 모아둔 저축도 적기 때문에 한번 일자리를 잃고 나면 경제 수준을 회복하기가 한층 더 어렵다.

이런 양상은 계층 사이에서뿐만 아니라 세대 사이에도 나타난다. 2007~2008년 금융 위기의 여파로 영국에서 자녀 세대의 소득 감소 폭은 부모 세대에 비해서 컸다. 이것이 부모 세대의 소득과 자녀 세대의 소득 사이의 상관성을 강화했다. 젊은 층의 재산 증식에서 상속이 가장 중요한 변수로 떠오른 것이다. 장기적으로 보면 경기 침체는 미래 세대의 사회이동social mobility을 가로막는 경향이 있으며, 이것이 경제성장에 장기적으로 영향을 미친다.

그러나 이런 경제적 문제들은 경기 침체가 초래하는 충격의 아주 작은 일부일 뿐이다. 경기 침체는 사람들이 살아가는 방식, 사람들이 느끼는 기분, 사람들이 맺는 관계 등 사회의 모든 측면에 영향을 미친다. 경제는 사람들의 건강에도 영향을 미친다. 일단 경제적인 혼란은 정신 건강에 악영향을 준다. 2007~2008년 세계 금융 위기의 여파로 실업률이 증가하면서 영국 남성의 자살률이 15퍼센트 넘게 증가했다.[22] 경기 침체는 사람의 신체 건강에도 영향을 준다. 경기 침체기에 심장마비와 뇌졸중 환자가 늘어난다.

건강 문제는 성인뿐만 아니라 아이들에게도 나타난다. 성장 과정에서 경제적 불안을 겪은 아이들은 스트레스와 불안에 취약하고, 정신 질환을 앓을 가능성이 높다. 가장 최근에 있었던 경기 침체기 때 정신과 치료가 필요한 어린이는 그 이전보다 50퍼센트 늘어났다.[23] 경제 침체와 이혼 사이에도 상관성이 있다. 이혼율은 경기 침체 이후에 증가하는 경향이 있는데, 2003년과 2009년 사이에 이혼 건수가 전반적으로 감소하는 추세였지만 2010년에는 5퍼센트 증가했다.[24]

이처럼 경기 침체는 실업률이나 경제성장률 또는 임금 같은 단순한 지표만으로는 파악할 수 없다. 경기 침체는 우리 삶의 모든 측면에 영향을 준다. 그리고 때로는 긍정적인 영향을 주기도 한다. 2020년 초에 코로나19 팬데믹으로 중국 공장들이 문을 닫자 대기 오염이 급격하게 줄어들었다. 경기 침체는 사람들의 수명을 늘리기도 했다. 대공황 때 미국에서는 실업률이 높은 지역에서 사망률이 낮게 보고되었다. 아마도 사람들이 담배를 덜 피웠고, 또 출퇴근 차량이 줄어들어서 치명적인 교통사고도 그만큼 줄어들었기 때문이 아닐까 싶다.

불황을 극복한 뒤에 경제가 예전보다 건강해지기도 한다. 경제 위기를 거치고 살아남은 기업은 대개 수익성이 높은 기업이고, 그렇지 않은 기업은 문을 닫고 사라진다. 이런 현상을 오스트리아 경제학자 조지프 슘페터Joseph Schumpeter는 창조적 파괴 creative destruction라고 불렀다. 실적이 나쁜 기업은 망할 수밖에 없고, 그저 그런 기업은 살아남기 위해서 한층 더 노력해야 하고, 실적인 좋은 기업은 괜찮다. 이는 나쁜 기업에 돌아갔을 자원이 좋은 기업으로 돌아가거나 경쟁력 있는 새로운 기업에 돌아간다는 뜻이다. 창조적 파괴의 대표적인 사례가 2000년 초의

'닷컴 버블'이다. 인터넷 기업들의 주가가 몇 년 동안 가파르게 상승하다가 갑자기 폭락했다. 그러자 과장 광고로 성장했던 기업들이 시장에서 퇴출되었다. 이베이처럼 정말로 생산성 높은 기업들은 인터넷 분야의 강자로 떠올랐고, 이런 추세가 수십억 소비자의 구매 행동을 바꾸어놓았다.

여왕님께 올리는 답신: 경제 위기를 예측할 수 없었던 이유

이 모든 것을 염두에 둘 때, "이런 일이 일어날 줄 왜 아무도 예견하지 못했는가?"라는 엘리자베스 2세의 질문에 어떻게 대답할 수 있을까? 우선, 경제 위기인지 알아차리려면 몇 가지 점에 주목해야 한다. 첫째, 창조적 파괴의 징후가 나타나는지 살펴야 한다. 투기적인 거품이 일고 있는지, 팬데믹이 빠르게 확산하는지, 사람들이 과도한 부채를 지고 있는지, 불균형이 심화되는지 등을 살펴야 한다. 둘째, 소비자에 대한 신뢰나 기업에 대한 신뢰가 추락하는지 살펴야 한다. 이런 분위기는 경제 전체로 금방 확산될 수 있기 때문이다.

경제 전문가의 역할은 이 모든 정보를 활용해서 경제를 예측하는 것이다. 물론 예측은 맞을 때도 있고 틀릴 때도 있다. 만약 엘리자베스 2세가 그 질문을 우리 저자들에게 했다면, 우리는 경제를 예측은 날씨 예측과 같다고 했을지 모른다. 경제학자든 기상학자든 언제 경제가 붕괴할지 혹은 언제 폭우가 쏟아질지 정확히 예측하지는 못한다. 하지만 전반적인 경제의 흐름이나 계절 변화는 예측할 수 있다.

기상학자는 북반구에서는 8월이 12월보다 따뜻하다는 것을 안다. 영국에서는 3월이 되면(아무리 늦어도 5월에는) 겨울 코트를 옷장 깊은 곳에 집어넣는다. 겨울에는 여름보다 선글라스를 덜 쓴다는 사실은 누구나 안다. 이와 비슷한 맥락에서 경제학자는 경기순환 주기를 보고 현재 경기가 호황인지 불황인지, 앞으로 경제가 나아질지 또는 나빠질지 예측할 수 있다. 그러나 드물긴 하지만 12월 중순에도 선글라스가 필요할 때가 있는 것처럼, 때때로 예상하지 못한 변덕스러운 상황이 일어나기도 한다. 경제학자는 경제가 곧 위축될 것임은 알지만 정확하게 언제 그리고 무엇 때문인지는 예측하지 못한다.

그렇다면 경제학자는 어떤 도구를 사용해서 이런 예측을 하고, 더 나아가 위기를 예측할 수 있을까? 경제학자는 경제 예측 모델을 만든다. 경제도 날씨와 마찬가지로 워낙 복잡하므로 경제학자는 현재 무슨 일이 일어나고 있는지 온전하게 이해할 수 없다. 경제는 끊임없이 상호작용하는 수없이 많은 개인과 기업과 정부로 구성된 복잡한 체계다. 그래서 경제학자는 경제를 더 잘 이해하기 위해 세상을 단순화한 온갖 모델을 사용한다. 2장에서 살펴본 것처럼, 모델들은 늘 조금씩 빗나가지만 경제를 파악하는데 도움을 준다.

기상모델이든 경제모델이든 모델은 대부분 두 가지 요소 위에서 굴러간다. 첫째는 데이터다. 많은 경우 엄청나게 많은 데

이터를 말한다. 잉글랜드은행에서는 100개가 넘는 데이터 세트를 사용하는데, 여기에는 1억 개가 넘는 개별 데이터가 포함된다. 잉글랜드은행이 모델을 활용해 예측하고자 하는 가장 중요한 지점은 데이터에 나타나는 위기의 싹을 포착하는 것이다. 대공황이나 2007~2008년 금융 위기 직전에 나타났던 것과 같은 위험한 대출의 증가나 주택 가격 하락 등이 바로 그런 위기의 싹이다.

일부 경제학자들은 곧 나타날 문제를 포착하려고 비정통적인 데이터를 사용하기도 한다. 경제가 하강 국면에 접어들 때 나타나는 미묘하고도 특이한 징후에 집중하는 것이다. 예를 들어 경제 위기 직전에는 골판지 사용량이 급격하게 줄어든다. 전 세계 소비재는 대부분 골판지 상자에 담겨 배송되기 때문에, 골판지 사용이 줄어든다는 것은 유통과 생산과 소비가 줄어든다는 뜻이다. RV(레저용 밴) 같은 비싼 상품의 구매량도 경기와 상관관계가 있다. 1989년, 2000년, 2006년에 RV 판매량이 줄어들었는데, 그 뒤에 경기 침체 국면으로 접어들었다.

경기 침체를 예측하는 가장 정확한 단기 지표 가운데 하나는 '경기 침체'라는 단어가 등장하는 《뉴욕 타임스》와 《워싱턴 포스트》의 기사 숫자다. 이것은 《이코노미스트》가 개발한 것으로, 'R-지수'라고 부른다 'R'은 경기 침체recession를 뜻한다-옮긴이. R-지수가 높을수록 경기 침체 가능성이 높다. 이것은 매우 단순하지만 놀라울 정도로 정확하다. 실제로 1981년과 2001년의 경기 침체를 정확하게 예측했다.[25] 어쩌면 이것은 위기의 자기실현적 특성 때문일지도 모른다. 많은 사람이 경기 침체를 우려하면서 그 말을 입에 올리자, 결국 경기 침체가 실현되고 만 게 아니냐는 말이다.

경제모델에 사용하는 두 번째 요소는 가정假定이다. 경제학자든 기상학자든 세상이 돌아가는 방식을 파악하기 위해 어떤 가정을 하고, 이 가정을 이용해서 다음에 무슨 일이 일어날지 판단한다. 기상학자는 날씨를 예측하면서 서로 다른 시간대에 서로 다른 기상 체계들이 어떻게 상호작용하는지를 놓고 어떤 가정을 한다. 그들이 이렇게 가정할 수 있는 것은 유사한 날씨 패턴을 수도 없이 반복해서 보기 때문이다. 경제모델도 마찬가지다. 경제학자는 경제의 어느 한 부분만 바꿔서 미래를 가정할 수 있다. 예를 들어서, 전기차의 가격 하락이 전기차 구매 증가로 이어질 것이라고 가정할 수 있는데, 이 모델은 사람들의 소득 감소나 자동차 대출금리 상승 같은 사실은 고려하지 않았을 수 있다. 그런 변수들이 일반적으로 신차 구입에 영향을 미치지만 말이다.

많은 경제모델이 가장 폭넓게 사용하는 가정인 동시에 가장 논란이 많은 가정은 '사람은 합리적이다'는 가정이다. 이 가정은 개인과 기업과 정부가(1장에서 보았던 효용극대화 기계라도 되는 것처럼) 철저하게 자기에게 가장 이익이 되는 방식으로 행동한다고 본다. 이 가정을 전제로 경제학자는, 경기가 하강 국면으로 접어들면 사람들은 직장에서 잘릴지 모르므로 저축을 더 많이 할 것이라고 예측한다.

이런 가정은 대부분 맞아들었지만 오늘날의 경제학에서는 사람들이 이성적이지 않다는 것도 고려하고 있다. 행동경제학은 많은 전통적인 경제모델에 결함이 있음을 입증하면서 인기를 얻고 있다. 행동경제학은 사람들의 실제 행동을 연구하는데, 사람들은 전통적인 경제모델에서 말하는 것처럼 합리적으로 행동하는 게 아니라 오히려 감정에 따라서 행동한다고 본다. 행동경제학이 포착한 인간의 비합리성은 도처에서 볼 수 있다. 원고 마감 시간이 코앞에 닥쳤는데도 우리 저자들이 술집에서 밤 늦게까지 술을 마신 것도 그렇고, 사람들이 냉장고에 먹을 게 가득 들어 있어도 배달 음식을 주문하는 것도 그렇다.

사람들의 행동에서 드러나는 이런 불합리성은 경제모델들이 자주 빗나가는 이유이기도 하다. 만약 사람들이 정말 합리적이었다면 남해회사 거품 사건 때 위험한 주식에 투자하지 않았을 것이고, 비니 베이비 인형을 사려고 몇 시간 동안 줄을 서지도 않았을 것이다. 그러나 사람들은 그렇게 했고, 또 대부분은 돈을 잃었다.

그래서 '사람은 합리적'이라고 가정하는 모델은 자주 틀린다. 기상 예측과 비교해보자. 1987년 BBC 기상 캐스터 마이클 피시는 어떤 시청자가 허리케인이 오고 있다고 한 예측을 웃어넘겼다. 그러나 실제로 그날 밤에 영국에는 1703년 이후로 가장 무시무시한 폭풍우가 몰아쳤다. 시속 307킬로미터의 강풍이 영국을 강타해 수십만 가구가 정전되었으며 18명이 사망했다. 이렇게 기상 예측이 실패했을 때와 마찬가지로 경제 예측도 틀렸을 때 엄청난 재앙이 찾아올 수 있다. 2007년 잉글랜드은행은 2008년 영국의 경제성장률이 1~4.5퍼센트가 될 것이라고 예측했다. 당시 '국제금융시장에서 나타날 혼란'을 언급하면서도 세계경제에 위기가 닥칠 것이라고는 예측하지 못했다.[26] 잉글랜드은행의 전 수석 이코노미스트 앤디 홀데인Andy Haldane의 표현을 빌자면, 경제학자들이 맞이한 '마이클 피시의 순간'이었다. 기록으로 따지면 경제학자들의 성적은 훨씬 나쁘다. 1990년대 이후 전 세계에 경기 침체가 153번 나타났지만, 경제학자들은 무려 148번을 예측하지 못했다.[27]

그렇다면 경제학자들은 왜 아직도 경제모델에 의존하는 것일까? 여기에 대한 답은 의외로 단순하고 명쾌하다. 그게 경제학자가 쓸 수 있는 가장 좋은 방법이기 때문이다. 어떤 모델도 100퍼센트 맞지는 않지만 적절하게만 쓴다면 유용하다. 그래서 많은 경제학자가 결함이 있는 모델이라도 아예 없는 것보다는 낫다고 하는 것이다.

인간은 언제나 예측불허, 그리하여 경제도 예측불허

2009년 7월 22일, 경제학자들이 엘리자베스 2세에게 서한을 보냈다. "이런 일이 일어날 줄 왜 아무도 예견하지 못했는가?"라는 질문에 대한 답변을 보낸 것이다.[28] 6월 17일 영국학사원British Academy에서 내린 결론이기도 한 그 서한에 따르면 몇몇 경제학자가 그 위기를 예측했다고 한다. 그런데 정확하게 무엇이 금융 위기를 촉발할지, 그 위기가 언제 일어날 것이며 또 얼마나 지독할지 몰랐다는 게 문제였다. 경제학자들은 분명 비가 올 거라고 예측했지만 그 비가 얼마나, 또 언제부터 올지 예측할 수 없었던 기상학자나 마찬가지였다.

사실 많은 경제 전문가가 금융시장의 위험성을 경고했으며, 은행이 대출금을 갚을 수 없는 사람들에게까지 돈을 빌려주는 것은 위험하다고 했다. 그러나 주택 가격 하락과 은행이 안고 있는 리스크, 그리고 경제 전반에 걸쳐 있던 광범위한 쟁점 사이의 연관성을 찾아내지는 못했다. 경제학자들은 그 정도의 대출금 미상환이 세계경제 전체를 무너뜨릴 것이라고는 상상도 하지 못했다.

그 서한은 또한 위기가 점점 뚜렷해지던 시점에 소규모 위험을 포착했다고 지적했다. 그러나 이런 조짐들이 경제의 다른 부분에 어떤 영향을 미치며 어떤 의미인지, 일이 잘못되었을 때 어떤 일이 펼쳐질지 예측하지 못했던 게 문제였다. 경제학자들이 자기가 확보한 사실들을 연결해서 하나의 큰 그림으로 완성하지 못했던 것이다.

그 서한은 매우 사려 깊게 쓰였으나, 그다지 유용하지는 않았다. 특히 앞으로 다가올 위기를 예방하는 데는 큰 도움이 되지 못했다. 현재 드러난 신호(조짐)들을 잘 연결하면 위기를 예측할 수 있을 것이다. 그러나 모든 위기는 성격이나 양상이 제각기 다르므로 미래에 발생할 위기는 과거에 발생했던 위기와 똑같지 않다. 경제와 경제 안에서 활동하는 사람들의 복잡성을 감안할 때 위기가 언제 발생하며 이 위기를 초래한 원인이 무엇일지 예측하기는 쉽지 않다. 경제는 경제학자들이 예측하는 대로 움직이지 않는다. 사람들이 합리적으로 행동하지 않기 때문이다.

그러므로 엘리자베스 2세의 질문에 대해서는, 가장 짧은 대답이 가장 정확한 대답일지도 모른다. 경제와 사람이 워낙 복잡해서 위기를 예측하는 것은 어렵다고….

위기를 예측하는 것만이 경제학자의 역할은 아니다. 이렇게 복잡한 세상에서는 모든 위기를 예방할 수 없다. 앞으로 발생할 위기를 예방하는 것뿐 아니라 이미 발생한 위기에 대응하는 것도 중요하다.

위기를 예방하든 위기에 대응하든 혹은 모든 것이 알아서 돌아가도록 내버려두든, 정부와 중앙은행이 경제를 통제하는 데쓸 수 있는 도구는 많다. 그리고 이것을 잘 활용하는 것이 정부와 정책 입안자들의 역할이다. 그리고 바로 이 역할이 이 책이 던지는 마지막 질문이다.

그냥 돈을 더 찍어내면 안 될까?

양적완화의 실체,

400명만 이용하는 다리라도 지어야 하는 이유,

그리고 〈반지의 제왕〉을 능가하는

뉴질랜드의 수출품에 대해서

Q. 중앙은행은 금리를 어떻게 이용할까?

Q. 양적완화란 도대체 무엇일까?

Q. 그냥 돈을 더 찍어내면 안 될까?

Q. 세금과 재정지출은 경제에 어떤 영향을
미칠까?

Q. 정부가 재정지출에만 의존할 수 없는 이유는?

스페인 텔레비전 드라마 〈종이의 집〉에서 은행 강도들이 왕립 조폐국에 침입한다. 그들의 목표는 왕립조폐국을 장악해서 돈을 찍어내는 것이었다. 강도단의 리더인 '교수'는 자기들이 하는 행동은 그 누구의 돈도 훔치는 게 아니니 도덕적으로 정당하다고 주장한다.

이 드라마에서 펼쳐지는 강도 행각은 대담하기 짝이 없다. 그러나 사실, 이 일은 전 세계의 중앙은행이 지난 10년 동안 합법적으로 해왔던 일과 전혀 다를 게 없다. 중앙은행들은 총만 들지 않았을 뿐 최근 몇 년 동안 〈종이의 집〉의 은행 강도단이 무색할 정도로 엄청난 규모의 돈을 찍어냈다. 잉글랜드은행은 2007~2008년 세계 금융 위기 이후 지금 이 책을 쓰는 시점까지 거의 1조 파운드에 달하는 화폐를 발행했다. 이 액수는 영국인 모두에게 한 사람당 1만 5000파운드 넘게 돌아가는 어마어마한 규모다. 미국의 중앙은행인 연방준비제도이사회FRB는 7조 달러 넘게 찍어냈고, 유럽중앙은행ECB도 비슷한 액수의 유로화

를 찍어냈다.[1]

이 장에서는 중앙은행들이 이렇게 천문학적인 규모의 돈을 찍어내는 이유를 비롯해 중앙은행이 경제를 관리할 때 사용하는 여러 가지 방법을 알아볼 것이다. 또 이런 방법들이 우리에게 어떤 영향을 미치는지, 그리고 중앙은행에서 언제 화폐 발행기의 버튼을 누르는지 살펴볼 것이다. 아울러 경제가 원활하게 돌아가도록 정부가 사용하는 방법도 함께 살펴볼 것이다. 경제정책을 알아보기 위해 시간을 넘나들며 전 세계를 누벼보자. 맨먼저 갈 곳은 1990년대 일본이다.

버블 이후, 일본은 어떻게 했을까?

1980년대는 일본 경제의 호황기였다. 일본은 워크맨 같은 첨단 장비부터 자동차까지 온갖 것을 생산하면서 자본주의의 총아로 우뚝 섰다. 그런데 1990년대 초 거품이 꺼졌다. 정확하게 말하면 두 개의 거품이 꺼졌다. 주택 가격 거품과 주식시장 거품이었다. 거품이 꺼지자 사람들과 기업들은 지출을 줄이기 시작했고, 경제성장이 둔화되었다.

경제성장이 둔화되자 인플레이션율이 떨어졌다. 6장에서 보았듯이 수요가 줄면 물가가 충분히 오르지 못하거나 심지어 내리기 때문이다. 일본의 중앙은행인 일본은행은 경제를 자극하고 인플레이션율을 높일 방법이 필요했다. 다른 중앙은행과 마찬가지로 일본은행의 목표는 물가를 안정시키는 것이었다.

그런데 그러려면 경제 전반에 걸쳐서 상당한 지출이 발생해야 했다.

어떻게 하면 그 목표를 달성할 수 있을까? 일본은행은 전 세계의 다른 중앙은행들과 마찬가지로 경제 안에서 유통되는 통화의 비용과 가용성을 통제했는데(이것을 통화정책monetary policy이라고 부른다), 1990년대에 일본은행이 선택한 무기는 금리(이자율)였다.

중앙은행은 '은행들의 은행'으로, 돈이 필요한 은행에 돈을 빌려줄 때 이런저런 조건을 걸 수 있다. 또, 다른 은행들이 중앙은행에 예치한 예금에 대한 금리를 매길 수도 있다. 중앙은행이 대출 조건을 바꾸면 통화정책 전달과정monetary transmission mechanism이라고 부르는 일련의 경로를 통해서 경제의 나머지 부분에 연쇄 반응이 나타난다. 이 경로들을 설명하는 것은 어렵고 복잡하게 느껴질지 모르나, 건너뛸 수 없으니 양해를 바란다. 매우 중요한 부분이라서 그렇다.

첫째, 중앙은행은 맡아두는 돈이나 빌려주는 돈에 매기는 금리를 바꿈으로써 일반 은행들이 예금자나 대출자에게 매기는 금리를 바꾸도록 유도한다. 추적기 모기지tracker mortgage를 예로 들어보자모기지는 부동산을 담보로 한 저당증권이다 - 옮긴이. 이 모기지의 금리는 중앙은행의 이자율에 연동된다. 은행들은 고객을 유치하기 위해 금리 경쟁을 한다. 중앙은행이 금리를 바꿀 때마다 은행들도 예금과 대출 금리를 바꾸는데, 바로바로 바꾸지 않고 이득을 누리려고 늦장을 부리거나 고객에게 떠넘기기다가 고객을 경쟁사에 뺏기기도 한다. 그래서 결국 중앙은행이 정한 금리는 신용카드, 은행 예금, 기업 대출, 저축 등 경제 전반의 금리에 영향을 미친다.

이것은 다시 사람들의 경제 행동에 영향을 미친다. 금리는 사람들이 가진 돈을 지금 쓸지 아니면 은행에 저축했다가 나중에 쓸지 결정하는 데 영향을 미친다. 당신이 10만 원을 가지고 있는데, 이걸 저축하면 내일 11만 원이 된다고 하자. 1만 원 차이는 그다지 크지 않다고 할 수도 있다. 하지만 만약 오늘 돈을 쓰지 않고 저축하면 내일 20만 원이 된다면 어떻게 하겠는가? 결정이 바뀌는가? 극단적인 예시지만, 이 사례는 금리가 경제 전반에 어떤 영향을 미치는지 잘 보여준다. 금리가 높으면 저축할 동기가 커지고, 반면에 지출이나 투자에 대한 동기는 줄어든다. 따라서 금리가 오르면 더 많은 사람이 저축하고, 더 적게 소비하며, 더 적은 기업에 투자해서 경제가 둔화된다. 금리가 낮으면 어떻게 될까? 금리가 낮으면 저축할 동기가 줄어들고, 소비할 동기가 커지며, 궁극적으로 경제에 활력을 불어넣게 된다. 경제학자들은 이 과정에 통화정책 전달의 금리 경로interest rate channel라는 창의적인 이름을 붙였다.

둘째, 금리는 자산 가치와 연결된다. 자산은 주식과 같은 금융자산일 수도 있고 주택과 같은 물리적 자산일 수도 있다. 금리가 내려가면 이런 자산의 가치가 오른다. 즉, 자산을 가진 사람은 더 부유해진다. 그런데 사람들은 부유해지면 소비가 늘어나는 경향이 있다. 대표적인 예가 사람들은 자기가 사는 집의 가격이 오르면 평소에 빌리는 것보다 많은 돈을 빌려서 (물 쓰듯이!) 쓴다. 이런 식으로 낮은 금리는 부(재산)의 증가로 이어지고, 지출의 증가로 이어지며, 이것은 경제에 활력을 불어넣는다. 이것이 통화정책 전달의 부의 경로wealth channel이다.

셋째, 경제학자들이 소득효과라고 부르는 것이 있다(상품 가격의 하락 혹은 상승으로 인해 상품의 구매력이 증가 혹은 감소하는 효과다). 중요한 점은 예금자냐 대출자냐에 따라서 이 효과가 다르게 나타난다는 사실이다. 만약 당신이 대출자인데 금리가 낮다면 매달 내는 주택담보대출금 이자가 낮을 것이다. 따라서 당신 주머니에 상대적으로 많은 돈이 남는다. 그리고 지금까지 살펴봤듯이, 돈이 많아지면 돈을 더 많이 쓰게 된다. 그러면 경제는 활성화된다. 반대로 만약 당신이 예금자인데 금리가 낮다면, 당신이 받은 예금이자가 적을 것이다. 그러면 월 소득이 줄어들고 돈을 덜 쓰려 할 가능성이 높다. 그런데 사람들은 대부분 예금자이자 대출자다. 은행에 예금이나 적금을 하면서 담보대출도 받고 있다. 이때는 예금과 부채의 균형에 따라 소득효과가 달라진다.

경제 전반에 걸친 소득효과는 예금자와 대출자의 균형, 그리고 사람들이 소득 변화에 대응해서 지출을 얼마나 조절하느냐에 따라 달라진다. 예금자와 대출자 모두 소득 변화에 동일한 수준으로 대응한다면, 전체적인 지출에는 변화가 없을 것이다. 그러나 여러 증거에 따르면, 예금자가 소비를 억제하는 것보다 대출자가 늘어난 소득을 보고 소비를 늘릴 가능성이 높다. 이것은 금리 인하에 따른 소득효과는 지출을 늘리는 방향으로 작용한다는 뜻이다.

넷째, 은행 체계를 통해 작동하는 경로가 있다. 금리가 낮아지면 은행은 사람들에게 한층 더 저렴하게 돈을 빌려줄 수 있고, 사람들은 저렴하게 돈을 빌릴 수 있으므로 대출이 늘어난다. 앞 장에서 살펴보았듯이, 대출 증가는 통화 공급을 늘리는 한편 사람들이 소비와 투자에 돈을 쓰게 해서 경제에 활력을 불어넣는다. 이 모든 것이 수요 증가로 이어지고, 따라서 인플레이션율 상승으로 이어진다.

통화정책 전달의 마지막 경로는 영국처럼 규모가 작으면서도 국제적으로 연결된 경제에 특히 중요하다. 환율에 영향을 미치기 때문이다. 중앙은행이 금리를 내리면, 환율이 떨어진다. 예를 들어 파운드화를 보자. 영국의 금리가 하락할 때 파운드화 가치가 하락한다. 영국의 금리는 내려가지만 미국의 금리가 내려가지 않는다면, 파운드화를 달러화로 바꾸는 게 이득이다. 돈은 국경을 넘어서 유통되고, 더 많은 사람이 달러화를 사고 파운드화를 팔려고 한다. 이런 수요 변동은 파운드화에서 달러화로 전환하는 가격 즉, 환율에 변화가 생겨서 파운드화로 달러화를 사는 것이 이득이라는 뜻이다. 그러면 수입품의 가격이 올라가고, 6장에서 보았듯이 인플레이션율이 높아진다.

이 복잡한 이야기를 아직도 듣고 있는 당신, 대단하다! 그런데 한 가지가 더 남아 있다. 이 모든 경로가 작동하는 데는 시간이 걸린다. 통화정책 입안자들은 필요할 때 바로바로 인플레이

선율을 높이거나 낮출 수 없다. 그들은 움직이는 표적을 겨누는 사수와도 같다. 총알이 표적에 도달하는 시점에는 표적이 이미 다른 곳으로 이동해 있을 것임을 알기에, 그들은 표적이 이동해 있을 지점을 노려서 방아쇠를 당겨야 한다. 마찬가지로, 금리가 바뀔 때도 효력을 발휘하기까지는 시간이 걸린다. 정책 입안자들은 지금의 경제가 아니라 미래의 경제를 보고 정책을 세운다는 뜻이다.

이런 시간적인 지연은 언제 얼마나 발생할지 포착하기 어렵다. 통화정책의 효과가 사람들이 피부로 느낄 수 있는 물가 변동으로 나타나기까지는 일반적으로 6개월에서 2년이 걸린다. 이런 시간 지연 때문에, 만약 지금의 인플레이션이 과거에 일어났던 일 때문에 높지만 이 수준이 지속되지 않을 것으로 예상된다면, 중앙은행은 할 수 있는 일이 거의 없다. 만약 중앙은행이 지금 당장의 인플레이션에 대응해서 금리를 높인다면 어떤 일이 일어날까? 금리 인상의 효과가 나타날 때쯤에는 이미 그 일시적인 인플레이션은 사라지고 없을 것이다. 그래서 결국 필요하지 않은 시점에 경제성장을 둔화시키고 말 것이다.

마이너스 금리와 양적완화 그리고 헬리콥터 벤의 등장

일본은행은 이 모든 과정을 잘 알았다. 인플레이션율이 떨어지자 그들은 금리를 인하했다. 1991년부터 1995년까지 그들은 은행에 돈을 빌려주면서 매기는 대출금리를 8퍼센트에서 0.5퍼센트까지 인하했다. 이것은 매우 급격한 변화였고, 금리는 일본 역사상 최하 수준으로 떨어졌다. 그러나 이게 다가 아니었다. 물가 상승률이 점점 느려지더니, 나중에는 물가가 떨어지기까지 했다. 일본은행은 새로운 문제에 봉착했다. 그들이 쓸 수 있는 무기가 더는 남아 있지 않았던 것이다. 금리는 더 내려갈 수 없는 하한선까지 도달하고 말았다.

그때까지만 하더라도 금리 하한선은 이론상으로만 존재하던 개념이었다. 트위드 재킷을 입고 안경을 쓴 남자들이 어두운 방에서 논의하던 개념이었고 극소수의 전문가 말고는 아무도 읽지 않는 저널에 실리던 주제였다. 사람들은 마이너스 금리는 존재할 수 없다고 믿었는데, 금리가 0 아래로 내려간다면 모든 사람이 돈을 은행에 맡기지 않고 현금으로 들고 있을 것이기 때문이다. 은행에서 돈을 빌리면 이자를 물어야 하지만 현금을 가지고 있으면 이자를 물지 않아도 되니까 말이다.[2] 금리가 높을 때는 현금 보유가 매력적이지 않아서 사람들은 될 수 있으면 은행에 돈을 맡기고 현금은 조금만 보유한다. 그러나 금리가 낮아질수록 현금은 한층 더 매력적으로 보인다. 그리고 마침내 금리가 0이 되면, 이론적으로는 현금과 다른 형태의 화폐가 동등해진다. 그런데 금리가 0 아래로 떨어지면 현금이 다른 화폐보다 우월해져서, 모든 사람이 현금을 보유하려고 한다. 은행에 맡긴 돈을 모두 인출하는 것만으로 돈을 벌 수 있는데, 굳이 비용을 들여가면서 남(은행)에게 돈을 빌려줄 사람은 없다.

여기까지 읽은 당신은 어쩌면 이렇게 말하고 싶을지도 모르겠다. "무슨 말도 안 되는 소리야? 금리는 당연히 0 아래로 내려갈 수도 있지. 스위스에서 실제로 그런 일이 있었잖아! 영국 국채에 대해서 말이야."

맞다, 실제로 금리 하한선은 0이 아니라 그보다 약간 아래에 있다. 그렇다고 해서 그 이론이 틀렸을까? 그렇지는 않다. 단지 현실 세계가 이론보다 조금 더 혼란스러울 뿐이다. 현실 세계에서는 현금을 보유하는 데 비용이 든다. 당신이 기업을 운영하고 있는데, 기업의 총수익을 5만 원짜리 지폐로 보유한다고 하자. 그러려면 현금을 보관한 금고를 마련해야 하고 그걸 지킬 보안 요원도 고용해야 한다. 게다가 현금은 불편하다. 당신은 다른 나라에 있는 사람에게도 대금을 지불해야 하는데, 지구 반대편에 있는 사람에게 현금을 직접 전달하기란 보통 어려운 일이 아니다. 현금은 필요한 데 적절하게 사용하기도 어렵다. 연기금은 정부가 장기간에 걸쳐서 가입자에게 현금을 지급할 책임을 지며, 지급액은 금리에 따라서 달라진다. 정부는 이 연기금을 금리 변동과는 상관없이 가치가 일정하게 유지되는 현금으로 보유하는 것이 유리할까, 아니면 정부가 지고 있는 부채의 가치에 더 긴밀하게 연동되는 예금으로 보유하는 것이 유리할까? 당연히 후자다.

현금 보유에 뒤따르는 모든 비용을 고려하면, 사람들은 마이너스 금리를 감수하더라도 자기가 가진 돈을 현금으로 보유하지 않고 은행에 예금하거나 다른 자산으로 보유하는 것이 이득이다. 마이너스 금리에 들이는 비용에는 그만한 가치가 있다. 그래서 금리 하한선은 0보다 아래로 내려갈 수 있다. 그러나 하한선은 확실히 있다. 금리가 마이너스 얼마까지 내려갈 수 있는지는 경제학자들 사이에서도 논쟁이다. 이것은 은행 체계가 얼마나 탄력적인지, 현금 보관의 상대적인 비용(금고나 보안 요원에 드는 비용)이 얼마인지에 따라서 달라질 수 있다. 몇몇 나라에서는 금리 하한선이 –1퍼센트보다 낮다.

그러나 1990년대 일본은 마이너스 금리가 경제에 어떤 영향을 미칠지 제대로 몰랐다. 설령 금리가 마이너스로 내려갈 수 있다고 하더라도, 은행의 이익을 쥐어짬으로써 그렇지 않아도 이미 충분히 취약한 금융 부문에 타격을 주고 예금자들에게도 피해를 줄 수 있다는 우려가 있었다(일본에는 예금자가 워낙 많았다). 그래서 〈종이의 집〉이 나오기 수십 년 전, 일본은행은 다른 경로를 택했다. 돈을 마구 찍어내기 시작한 것이다. 통화량을 늘려서 경기 침체를 누그러뜨리는 것이 목표였다. 그리고 여기에는 양적완화quantitative easing라는 이름이 붙었다. 이것은 '자산 매입 프로그램asset purchase programme'이나 간단하게 'QE'라고 부르기도 한다.

그렇다면 실제 현실에서 양적완화는 어떻게 작동할까? 양적완화는 단순히 돈을 많이 찍어내는 것이 아니라, 중앙은행이 개인이나 기업에게 무언가를 사들이는 식으로 작동한다. 주로 국채國債처럼 위험이 크지 않은 자산을 사들인다(국채는 기본적으로 정부가 진 빚으로, 정부가 돈을 빌리면서 발행한 차용증서다). 중앙은행은 위험 감수를 좋아하지 않으므로 안전 자산을 선호한다. 아닌 게 아니라 중앙은행에서 일하는 경제 전문가들(우리 저자들도 그렇지만)은 기본적으로 성향이 매우 조심스럽다. 그래서 중앙은행은 국채를 매입할 때, 직접 돈을 내지 않고 판매자가 가지고 있는 민간은행의 계좌에 해당 금액을 추가한다. 0이라는 숫자 몇 개가 해당 계좌 잔액에 추가되면, 민간은행은 그 돈을 판매자의 계좌에 넣어준다.

우리 저자들이 중앙은행 이코노미스트라서 하는 말이 아니라, 이것은 정말 기발한 방법이다. 채권 판매자는 채권이 줄어들고 돈은 더 많이 보유하게 된다. 민간은행은 중앙은행에 예금을 추가로 가지고 있게 되는데, 이 예금은 고객에게 지고 있는 빚(즉 예금)이 된다. 중앙은행은 민간은행이 추가로 예치한 금액과 똑같은 금액의 채권을 가지고 있다. 이렇게 하면 굳이 인쇄기를 돌리지 않고도 더 많은 돈을 창조할 수 있다.

2000년대 중반까지 일본은행은 이런 식으로 많은 돈을 풀었다. 그런데 이 일은 일본 경제의 특이성 때문이라고, 즉 정통적이지 않은 방법으로 보였다. 양적완화가 모든 나라에 필요할 것이라고는 여겨지지 않았다. 심지어 일부 경제학자들은 50년에 한 번꼴로만 금리가 하한선으로 떨어진다며 양적완화는 필요 없다고 추정했다.[3]

하지만 이런 예측은 틀렸다. 2008년 세계경제는 일본 경제를 지켜본 사람이라면 당황스러울 정도로 익숙하게 느낄 수밖에 없는 것이었다. 주택 시장 붕괴는 금융을 통해서 경제의 나머지

부분으로 전달되었는데, 금융은 사람들의 예상보다 훨씬 더 취약했다. 전 세계 중앙은행들이 금리를 인하하면서 금리는 하한선까지 떨어졌다. 경제적 충격에 맞설 주요 무기인 금리라는 총알이 다 떨어져버린 이 상황은 이제 일본은행만의 문제가 아니었다.

일본 경제와 양적완화 정책을 연구한 사람 가운데 벤 버냉키 Ben Bernanke가 있었다. 버냉키는 주로 학계에서 활동했으며 특히 대공황 연구로 유명했다. 그는 또한 일본 경제에 관심이 있었는데, 이를 주제로 논문도 여러 편 썼다. 그러다 세계경제 위기의 징후가 보이기 시작하자 2007년 비교적 젊은 나이에 미국의 중앙은행인 연방준비제도이사회 의장이 되었다.

경제 위기가 터지자 버냉키는 일본은행의 처방을 따랐다. 물론 미국 경제의 특수성을 고려한 몇 가지 세부적인 조치가 포함되었다.[4] 2008년 연방준비제도이사회는 금융자산을 사들이기 시작했는데, 처음에는 모기지를 사들였고 그다음에는 국채를 사들였다. 전 세계의 다른 중앙은행들도 미국의 접근법을 따랐다. 이렇게 해서 전 세계적인 양적완화가 진행되었다.

버냉키는 양적완화를 지지했지만, 여러 문제가 있다는 것을 알고 있었다. 언젠가 그는 경제학자가 아니면 할 수 없고 이해할 수도 없는 농담으로 "양적완화가 안고 있는 문제는 이것이 실제 현실에서 잘 작동하지만 이론적으로는 도무지 그렇지 않다는 점이다"라고 말했다.[5] 경제학자들이 양적완화가 금리를 낮추고 인플레이션율을 끌어올리는 데 효과적이라는 것을 발견했지만, 그 방법론을 온전하게 이해하지 못하고 있음을 인정하는 일종의 고백이었다.

이것을 의학에 비유해서 생각해보자. 혹시 당신은 수술을 받느라 전신마취를 해본 경험이 있는가? 의사는 환자를 깊은 잠에 빠지게 하고, 그 덕에 환자는 의사가 자기 팔이나 다리를 자르거나 내장을 주물럭거려도 알지 못한다. 그러나 아주 최근까지도 과학자들은 전신마취가 구체적으로 어떻게 작동하는지 몰랐다. 그저 전신마취가 작동한다는 것만 알았다. 데이터와 테스트를 통해 경험치가 엄청나게 쌓였고, 마취의 강도도 매우 정밀하게 보정할 수 있었으나 전신마취라는 메커니즘을 온전하게 이해하지 못했다.[6] 하지만 그렇다고 해서 전신마취를 거부해야 할까? 아마도 그렇지 않을 것이다.

경제학자들이 양적완화를 대하는 상황은 의사들이 전신마취를 사용하는 상황과 비슷하다. 통화 공급을 늘리면 인플레이션이 촉진된다. 이에 관한 이론은 확실하다. 그러나 일본은행이 직면했던 문제는 전혀 다른 것이었다. 당시의 주류 경제학 이론은 금리가 더 내려갈 수 없을 만큼 낮을 때 사람들이 더는 돈을 원하지 않을 것이라고 봤다. 필요한 돈은 모두 가지고 있기 때문이다. 그러므로 이런 사람들에게 돈을 줘봐야 사람들은 그 돈을 쓰지 않고 그냥 쟁여두기만 한다. 그리고 금리가 0이기 때문에 새로 발행된 돈을 정부 채권과 바꾼다고 해봐야(이 채권의 금리가 0이므로 이 채권에 붙는 이자도 없다) 달라지는 건 아무것도 없다. 그러므로 사람들은 행동을 바꾸지 않는다. 금리를 아무리 낮추어도 투자나 소비 등 실물경제에 아무런 영향을 미치지 못하는 이런 상태를 유동성 함정liquidity trap이라고 한다.

당시 주류 이론은 양적완화가 효과적이지 않을 것이라고 주장했는데, 왜 경제학자들은 양적완화로 눈을 돌렸을까? 주류이론을 새로운 시각으로 재검토하고 2007~2008년 위기 이전에 인기를 얻지 못했던 몇몇 이론을 재검토하기 위해서였다.

1990~2000년대의 표준적인 경제모델이었던 신케인스주의에서는 양적완화가 효과를 발휘하는 이유는 경제와 금리에 대한 사람들의 기대를 형성하기 때문이라고 했다. 미래에 어떤 일이 일어날 것이라는 상상은 오늘의 결정을 좌우한다. 어떤 은행이 30년 만기 주택담보대출에 금리를 얼마나 매길지 고민한다고 치자. 이 은행은 앞으로 30년 동안 중앙은행의 금리가 어떻게 바뀔지 고려하고, 모든 단기금리에 대한 기대치에 따라서 주택담보대출의 금리를 결정할 것이다. 미래의 단기금리에 대한 기대치가 차곡차곡 쌓여서 현재의 장기 대출금리를 결정한다. 이것은 6장에서 살펴보았듯이, 인플레이션에 대한 기대가 실제 인플레이션율에 영향을 주는 것과 비슷하다.

신케인스주의 모델에서는 금리에 대한 기대를 가장 중시한다. 컬럼비아대학교 경제학자 마이클 우드퍼드Michael Woodford는 매우 강력한 영향력을 발휘한 일련의 논문에서, 장기 금리를 낮게 유지하는 가장 좋은 방법은 사람들이 믿을 수 있는 약속을 하는 것이라고 주장했다. 사람들이 기대하는 것보다 훨씬 오랫동안 금리를 낮게 유지할 것이라고 약속만 하면 된다는 것이다.

이 약속을 사전적 정책 방향 제시forward guidance라고 부른다. 우드퍼드 이론에서는 경제 활성을 위해 양적완화가 필요하지도 않았다. 금리가 오랫동안 낮게 유지될 것이라는 강력한 약속만 있으면 되었다.

우드퍼드도 나중에는 양적완화를 조금은 인정했다. 그러나 이것도, 나중에 금리가 어떻게 될 것인지 짐작할 수 있는 신호 차원에서 인정했을 뿐이다. 양적완화는 중앙은행이 많은 부채를 떠안을 것이고 이 부채의 가치는 금리와 관련된 신호를 경제에 보내는 것일 뿐이라는 것이었다. 이에 따르면 중앙은행이 자기가 했던 약속보다 일찍 금리를 올리면 큰 손실을 입게 된다. 정책 입안자들은 돈을 잃는 것을 그다지 좋아하지 않는다. 그래서 양적완화는 중앙은행이 세상을 향해서 금리를 낮게 유지할 것이라고 선언하는 것이 된다. 신케인스주의에서는 언제나 미래 금리에 대한 신호가 중요했다.

이 모든 것은 이론상으로 완벽하게 이치에 맞았다. 그러나 경제 현실과는 맞아떨어지지 않았다. 2000년대 후반의 경제 혼란 이후 경제학자들은 신케인스주의 분석이 금융시장의 효율성과 합리성에 대한 몇 가지 가정을 토대로 한다는 사실을 깨달았다. 그 가정이 무너지고 나자 한동안 거의 완벽하게 무시되었던 다른 이론으로 눈을 돌리게 되었다. 이 이론은 양적완화가 효과를 발휘하는 이유를 전혀 다르게 설명했다.

우드퍼드는 돈과 채권은 금융자산의 서로 다른 유형일 뿐이며, 이 둘은 거의 동일한 역할을 수행한다고 했다. 그러나 만일 채권이 돈과 다르다면 어떻게 될까? 20세기 중반에 제임스 토빈James Tobin을 비롯한 여러 학자가, 사람들이 자산을 불완전 대체재imperfect substitute로 바라보는 세상을 가정했다. 이 세상에서 사람들이 자산을 보유할 때 고려하는 것은 금리만이 아니었다. 토빈의 가정은 어떤 자산을 다른 자산으로 바꾸는 것(양적완화의 경우에 돈을 채권으로 바꾸는 것)이 상당히 의미 있음을 보여주었다.

만약 당신이 채권을 돈과 동일하게 바라보지 않는다면, 중앙은행은 당신이 채권을 포기하고 돈을 보유하게 할 것이다. 그러면 당신은 여분의 돈을 다른 사람에게 넘겨주게 될 가능성이 높다. 당신이 돈을 다른 사람에게 넘기려 할 때 물가는 상승할 수밖에 없다. 그러면 인플레이션율이 올라가게 된다.

2007~2008년 금융 위기가 닥친 뒤, 사람들은 토빈의 주장이 여러 면에서 옳았으며 신케인스주의 모델이 기대했던 것만큼 완벽하게 작동하지 않음을 깨달았다. 오늘날 경제학자 대부분은 양적완화가 여러 가지 힘이 복합적으로 맞물린 결과 작동한다고 본다. 이 여러 가지 힘에는 신호 보내기도 포함되고 사람들이 보유하는 채권과 현금의 구성 비율을 조정하는 작업 즉, 포트폴리오 조정portfolio rebalancing도 포함된다. 이렇게 해서 양적완화는 효과를 발휘한다. 금리가 낮아지고, 소비와 투자가 자극을 받으며, 인플레이션율이 상승한다. 2008년 이후에 중앙은행들은 양적완화를 통해서 세계경제가 폐허를 딛고 일어나도록 도왔다.

뉴질랜드에서 온 뜻밖의 선물

이 모든 점을 염두에 둔다면 "그냥 돈을 더 찍어내면 안 될까?" 라는 질문에 "그럼, 되고 말고!"라고 답할지도 모르겠다. 어쨌 거나 양적완화는 경제에 긍정적인 충격을 주니까 말이다.

그러나 긍정적인 충격에도 한계가 있다. 화폐를 무한하게 발행할 수는 없다. 그 이유를 알려면 다시 한번 과거로 거슬러 올라갈 필요가 있다. 우선 1980년대의 뉴질랜드로 가보자.

피터 잭슨 감독이 뉴질랜드에서 〈반지의 제왕〉을 촬영한 뒤, 뉴질랜드는 세계적인 관광지가 되었다. 그전까지 뉴질랜드는 작고 인구밀도가 낮은 나라였으며 국가 경쟁력 순위도 낮았다. 1989년까지만 하더라도 뉴질랜드는 잘 알려지지 않은 나라였다. 그런데 1989년 뉴질랜드는 전 세계로 퍼져나간 어떤 충격파의 진원지가 되었다. 비록 지금까지도 많은 이가 그 사건이 일어났는지도 모르고 있지만, 그 일은 세계경제에 무시 못할 여진을 안겨주었다. 그 일은 과연 무슨 사건이었을까? 바로 중앙은행이 정부에서 독립한 사건이다. 이 일은 당시만 해도 그렇게 중요해 보이지 않았다. 하지만 그로부터 20년 만에 이 중앙은행 모델은 전 세계적인 성공을 거두었다.

1960~1970년대 뉴질랜드는 전 세계의 많은 나라가 그랬던 것처럼 높은 인플레이션에 시달렸다. 1970년대에는 두 자릿수 인플레이션을 겪어야 했다. 가장 큰 이유는 금리를 정치인들이 결정했기 때문이다. 정치인들은 인플레이션율을 낮게 유지하

겠다고 약속했지만, 정작 그 목표를 달성하기 위해 금리를 올릴 때가 되면 망설이다가 포기하곤 했다. 유권자들이 금리 인상을 반기지 않았기 때문이다. 금리가 높으면 경제가 둔화되고, 그러면 선거에서 불리해진다. 시민들도 이런 사실을 알고 있었고, 그래서 인플레이션율이 정치인들이 전망하는 것보다 높을 것이라고 예상했다. 6장에서 본 것처럼, 이런 기대는 자기실현적 예언이 되어서 결국 인플레이션을 더 올리고야 말았다.

이 문제를 붙잡고 씨름하던 경제학자들은 이 현상에 인플레이션 편향inflation bias이라는 이름을 붙였다. 미국 경제학자이자 체스 챔피언 켄 로고프Ken Rogof가 제안한 해결책은 금리 결정권을 정치인의 손에서 빼앗아서 중앙은행에 맡기는 것이었다.

이 발상은 1980년대 내내 주목을 받았으나, 많은 나라가 실제로 실행에 옮기는 것을 주저했다. 가장 먼저 결단을 내린 나라는 뉴질랜드였다. 그 결과는 인상적이었다. 불과 몇 년 지나지 않아서 인플레이션율이 목표 수준으로 떨어졌고 경제는 상당히 안정적으로 유지되었으며 예측 가능하게 되었다.

다른 나라들도 뉴질랜드를 따라 이 정책을 도입했다. 영국에서는 1997년에 노동당 정부가 들어선 지 채 일주일도 되지 않아 잉글랜드은행에 독립성을 부여하면서 인플레이션율을 낮고 안정적으로 유지할 임무를 맡겼다.[7] 이 목표를 달성하기 위해 잉글랜드은행은 통화정책위원회를 만들고, 금리에 대한 완전한 권한을 부여했다.

잉글랜드은행이 금리에 관한 권한을 갖게 되었고 이제 정치인들은 중앙은행의 결정에 간섭할 수 없게 되었다. 이런 모습은 예전에는 상상할 수 없는 일이었다. 잉글랜드은행의 전 수석 이코노미스트 앤디 홀데인은 "잉글랜드은행이 독립하기 전 금리 동향을 가장 잘 예측할 수 있는 지표는 대처 총리가 최근의 선거에서 받은 성적이었다"라는 말을 하기도 했다.[8]

전 세계에서 인플레이션을 조절할 권한을 가진 독립적인 중앙은행들이 성공을 거두었다. 1970~1980년대 평균 10퍼센트 이상이었던 세계 인플레이션율은 1990년대에 5퍼센트, 2000년대에는 3퍼센트, 2010년대에 2퍼센트로 떨어졌다.[9]

그런데 이게 "그냥 돈을 더 찍어내면 안 될까?"라는 질문과 무슨 관련이 있을까? 큰 권한에는 큰 책임이 따른다. 중앙은행의 독립성 뒤에는, 돈의 가치를 보호하고 인플레이션을 낮고 안정적으로 유지해야 하는 책임이 놓여 있다. 즉, 중앙은행은 금리를 높이거나 낮출 수 있고 양적완화 버튼을 누를 수도 있지만 아무 제한 없이 이런 일을 할 수는 없다.

인플레이션율이 바람직한 수준보다 낮을 것 같다면 통화량을 늘리는 것(양적완화)이 타당하다. 그러면 물가가 상승해서 인플레이션율이 목표 수준으로 돌아간다. 그러나 이런 조치 때문에 인플레이션율이 너무 높아지면, 6장에서 살펴보았듯이 시민들이 그 비용을 부담하게 된다. 즉 대중의 소비력이 줄어들고, 사업 비용도 늘어난다.

그래서 중앙은행은 마음껏 돈을 찍어낼 수 없다. 개인과 기업이 불편을 느낄 정도로 물가가 상승하지 않도록 해야 하며, 인플레이션이 적당히 유지되는 범위에서만 통화량을 늘려야 한다. 즉 통화량은 적정 수준을 유지해야 한다. 그걸 위해 전 세계 중앙은행 담당자들이 날마다 가장 좋은 결정을 내리려고 씨름하며 고생하는 것이다.

하지만 그렇다고 정부가 아무런 역할을 하지 않는다는 뜻은 아니다. 다시 한번 1990년대의 일본으로 돌아가서 정부의 역할은 무엇인지 살펴보자.

때로는 삽질도 필요하지

'하코모노箱物'라는 말이 있다. 영어로 옮기면 '하얀 코끼리'라는 뜻인데 우리말로는 그럴듯하게 드러내 보인다는 뜻의 전시展示와 비슷한 표현이다 – 옮긴이, 1990년대부터 2000년대 초까지 일본 정부가 경기 부양 목적으로 막대한 돈을 쓰면서 퍼진 표현이다. 일본 정부는 대규모 인프라 구축에 집중했다. 1991~2008년 일본 정부는 댐과 도로와 다리 등 공공 투자에 6조 3000억 달러에 달하는 예산을 썼다. 그 가운데 하나가 오키나와섬에 인접한 야가지섬과 고우리섬을 이어주는 고우리 대교다. 고우리 대교는 길이가 2킬로미터에 달하지만 그걸 이용할 고우리섬의 인구는 채 400명도 되지 않았다. 다른 프로젝트로는 나고야에 미술관을 짓는 것이 있었는데, 미술관을 짓는 데 들어가는 비용이 미술관에 보관할 작품의 가격을 모두 합한 것만큼 비쌌다.

정치인이 통화정책에 손을 대지 못하게 해야 한다는 것이 통넘이지만, 많은 정부가 여전히 이러한 프로젝트를 실행할 권한을 갖고 있으며, 세금과 지출에 대한 권한도 갖고 있다. 정부 예산을 대규모로 투입하는 프로젝트는 비록 '하코모노(전시 행정)'라는 낙인이 찍히더라도 경제에 이로운 영향을 미치기도 한다.

아마도 현대의 가장 중요한 경제학자 가운데 한 명인 케인스는 고우리 대교 건설을 지지했을 것이다. 케인스는 정부가 실업자들을 그냥 놔두기보다는 사람들에게 구덩이를 파게 한 다음 다시 그 구덩이를 메우게 하면서 돈을 주는 게 낫다고 주장했다.

케인스는 왜 그렇게 생각한 걸까? 이 질문에 답을 찾으려면 먼저 정부가 어디에 돈을 쓰는지 알 필요가 있다. 정부 지출은 온갖 이유로 이루어진다. 사회적 불평등을 해소할 목적으로 돈을 재분배할 수도 있고, 추가 교육의무교육 이후에 추가로 시행하는 교육-옮긴이 보조금처럼 좋은 외부효과(76쪽)를 위해 쓰기도 한다. 도로나 터널처럼 규모의 경제가 작동하지 않으면 도저히 성사될 수 없는 대규모 인프라 프로젝트에 투자할 수도 있다.

또한 정부는 경기를 부양할 목적으로 돈을 쓸 수도 있다. 정부는 예산을 지출해 필요한 물건을 구입할 수도 있다. 예를 들어 경찰관이 입을 제복이나 병원에서 사용할 의료 장비를 사고 낡은 버스 타이어를 교체할 수 있다. 대규모 인프라 프로젝트는 규모가 더 크다. 예를 들어 다리를 건설한다면 콘크리트와 철근을 비롯한 재료를 사야 하고, 노동자들에게는 임금을 지불해야 한다. 이렇게 사용되는 돈은 생산량을 증가시킨다. 이것이 바로 4장에서 본 GDP 방정식에서 G다(123쪽). 그래서 소비가 둔화되고 성장이나 인플레이션이 저하될 때 정부 지출은 경제를 지탱해주는 든든한 기둥이 된다.

그런데 경기를 부양할 목적으로 재정정책을 적극적으로 구사하는 것이 과연 바람직하며 또 그만한 효과가 있을까? 재정정책은 '너무 느리고 너무 정치적'이라는 인식이 보편적이다.[10] 일단 새로운 인프라 프로젝트를 수행하기까지는 시간이 많이 걸린다. 학교를 짓는다면 새로운 학교를 어디에 지어야 할지 결정하고 설계하고 시공에 들어가야 하기 때문이다. 그럼에도 정치인들은 나중에 어떻게 되든 지금 당장 더 많은 돈을 쓰려는 경향이 있다. 이런 일이 지속되면 결국 국가 재정에 악영향을 미치게 된다.

그 외에도 정부의 경기 부양책에 대해서는 논란이 많다. 특히 정부의 재정지출에 따라 국민소득이 얼마나 바뀌는지 나타내는 재정승수fiscal multiplier 개념을 두고 의견이 첨예하게 갈린다. 케인스는 정부 지출의 효과는 쓴 돈보다 훨씬 클 수 있다고, 특히 경기가 좋지 않을 때는 더욱 그렇다고 주장했다.

앞에서 예로 들었던, 구덩이를 파는 사람들을 생각해보자. 구덩이를 파는 행위는 생산적인 활동은 아니지만 분명한 경제활동이다. 구덩이를 파고 메운 대가로 받은 돈을 어딘가에 쓸 것이기 때문이다. 그들이 기본적인 생활 유지에 돈을 쓴다면 더욱 그렇다. 그들이 돈을 쓸수록 경제활동이 늘어나고, 재화와 서비스 수요와 함께 공급도 늘어난다. 예를 들어 사람들이 구덩이를 파고 받은 돈으로 빵을 샀다고 하자. 제빵사는 빵이 예전보다 잘 팔리니 지출을 늘릴 것이다. 이런 식으로 돈은 경제 안에서 돌고 돈다. 각 단계마다 더 많은 경제활동이 일어나고, 결국 정부가 처음에 쓴 돈보다 큰 규모로 생산량이 증가한다.

이런 이유로 많은 나라에서 정부 지출이 증가했다. 특히 케인스 이론이 대세였던 1930~1940년대에 이 현상이 두드러졌다. 루스벨트 대통령도 대공황에 대처하기 위해 뉴딜 정책을 시행했다. 케인스주의 지지자들은 정부 지출에 대한 승수가 1보다 크다고, 즉 투입량보다 산출량이 많다고 했다.

그러나 비평가들은 경기 부양 효과가 투입한 돈의 가치보다 적을 수 있다고 주장한다. 여기에는 몇 가지 이유가 있다. 첫 번째는 통화정책 때문이다. 정부가 예산을 풀어서 경기를 부양할 때 나타나는 효과 가운데 하나가 인플레이션이다. 중앙은행은 인플레이션율이 상승할 것 같으면 경제 과열을 막기 위해 금리를 올린다. 높은 금리는 소비와 투자를 가로막는다. 그래서 결국 정부 지출의 효과가 상쇄되고 만다.

두 번째 이유는 돈의 출처 때문이다. 정부가 쓰는 돈은 결국 따지고 보면 납세자인 국민에게서 나온다. 정부가 세금을 많이 거둘수록 납세자는 쓸 돈이 줄어든다. 납세자가 쓸 돈이 줄어드는 양이 정부 지출 예산보다 클 수도 있는데, 이런 상황은 재정 승수를 떨어뜨린다.

이 두 번째 이유가 세 번째 이유인 리카도의 동등성Ricardian Equivalence을 유도한다. 이 이론은 5장에서 살펴보았던 19세기 경제학자 데이비드 리카도의 이름을 딴 것이다. 리카도의 동등성은 정부가 재정지출을 늘릴 때 사람들은 결국 세금이 오를 것임을 알고 지출을 억제하는 바람에 정부가 꾀하는 부양책이 효과가 없어진다는 주장이다.

사실 이 모든 부분은 여전히 논란의 대상인데, 특히 리카도의 동등성 개념이 그렇다. 오늘날 경제학자들은 대부분 리카도의 동등성 이론이 현실 세계에서 성립할 수 없다고 본다. 우선, 세금을 내는 사람과 정부 지출로 지원을 받는 사람이 같지 않다. 지금 당장 돈을 쓰면서 20년 뒤에 정부가 매길 세금을 염려할 사람이 누가 있겠느냐는 질문도 있다. 리카도의 동등성 개념이 유효하려면 사람들이 경제적인 관점에서 매우 합리적이어야 하지만 사람들은 그렇게 합리적이지 않다는 사실도 지적할 수 있다.

재정승수에 대한 이 모든 주장과 반론 때문에 재정승수는 경제학에서 가장 논쟁적인 개념 가운데 하나가 되었다. 만약 경제학자들이 모인 자리에서 재미있는 구경을 하고 싶다면, 재정승수의 수치가 얼마인지 물어본 다음 그들이 싸우는 모습을 지켜보면 된다.[11] 재정승수 추정치는 1 미만부터 2를 훌쩍 넘는 수치까지 다양하다. 이 계수가 2를 넘는다는 것은 1만 원을 쓸 때 효과가 2만 원을 넘는다는 뜻이다.

그러나 경제학자 대부분은 이 승수의 수치는 정부가 어디에다 돈을 쓰며 그 돈이 어떻게 지급되고, 그 시점에 무슨 일이 일어나는지에 따라 달라진다는 점에 동의한다. 1990년대 일본처럼 금리가 매우 낮고 인플레이션율도 낮을 때는 재정승수가 특히 높을 수 있다. 통화정책을 주도하는 이들도 인플레이션율이 조금이나마 높아졌다는 것에 고마워할 것이다. 그래서 재정 부양 효과를 상쇄할 목적으로 금리를 올리지 않을 것이다. 케인스는 소비가 둔화되어 있을 때 재정지출이 효과적이라고 주장했다. 사람들이 쓰지 않으려 한 돈을 정부가 세금 형태로 가져간 다음에 이것을 시장에 흘려보내서 경제에 활력을 불어넣기 때문이다. 그러므로 유동성 함정에 갇힌 일본에서는 어디에서 어디로 이어지는 다리든, 다리 건설이 실제로는 어리석은 선택이 아니었을지도 모른다.

물론 정부가 지출하는 돈이 어디에 쓰이는지도 중요하다. 일반적으로, 앞으로 몇 년에 걸쳐서 성장을 촉진할 대규모 인프라 프로젝트에 투자하는 것이 아주 적은 사람들만 쓰고 말 다리를 짓는 것보다 효과적이다. 혹은 차라리 사람들에게 구덩이를 파도록 하는 데 돈을 쓸 수도 있다.

그러나 재정지출이 정부가 쓸 수 있는 유일한 방법은 아니다. 세금tax이라는 방법도 있다. 우리는 옷을 살 때 부가가치세를 내고 월급을 받을 때마다 소득세를 낸다. 세금은 차입borrowing과 함께 정부가 돈을 모으는 주요 수단이다. 그런데 세금은 새로운 게 아니다. 7장에서 이야기한 고대 메소포타미아 점토판을 기억하는가? 거기에는 세금을 얼마나 냈는지도 기록되어 있다. 죽음과 세금 말고 확실한 건 없다던 벤저민 프랭클린의 말은, 어쩌면 생각보다 훨씬 정확한 말일지도 모른다.

정부는 온갖 데에 재정을 지출하는 것과 마찬가지로, 온갖 다양한 명목으로 세금을 걷는다. 그리고 세금으로 거둔 돈을 사회 각 집단에 재분배할 수도 있다. 그래서 어떤 정부는 부유한 사람에게 세금을 상대적으로 많이 걷는다는 점에서 '진보적'이고, 또 어떤 정부는 가난한 사람에게 세금을 많이 걷는다는 점에서 '퇴행적'이다. 정부는 또한 경제를 부양하거나 억누를 목적으로 세금을 사용할 수 있다.

세금은 재정지출과 반대로 작용한다. 재정지출은 수요와 경제활동을 증가시키는 반면 세금은 감소시킨다. 세금은 사람들의 주머니에서 돈을 꺼내 다른 용도로는 사용하지 못하게 묶어 두기 때문이다. 세금 감면은 사람들에게 돈을 돌려주는 것이므로 수요를 촉진하는 역할을 한다. 이론적으로 보자면, 세금 감면은 사람들이 더 많이 소비할 수 있게 돈을 남겨둠으로써 정부지출 증가와 비슷한 승수효과를 만들어낸다. 그리고 재정지출의 승수와 마찬가지로 경제학자들 사이에서는 뜨거운 논쟁거리다.

이는 지출과 세금 사이에 균형을 잡는 것이 정부가 경제 안정을 위해 하는 일의 핵심이라는 뜻이다. 때로는 정부가 많은 일을 할 필요도 없다. 애초에 정부 정책은 경제가 활력을 잃었을 때 활력을 불어넣고, 경제가 과열되었을 때 브레이크를 걸게끔 짜여 있다. 경제가 불황일 때는 복지비 지급 등으로 정부 예산 지출이 늘어난다. 실업자가 많아지면 실업급여 등으로 나가는 돈이 자동적으로 더 많아진다는 뜻이다. 반대로 경제가 호황일 때 정부는 아무것도 하지 않음으로써 복지 관련 지출을 줄인다.

더 많은 사람이 일자리를 갖고 있으면, 더 많이 벌고 더 많이 소비하게 되고 자연히 세수가 늘어난다. 이 모든 것은 자동적으로 진행되므로 어떤 경제정책을 실행하거나 규제를 신설하거나 법령의 어떤 조항을 바꿀 필요도 없다. 이런 구조를 경제의 자동안정장치automatic stabilizer라고 부른다.

국채의 비밀

그렇다면 이런 질문을 할 수도 있을 것이다. "정부가 계속 세금을 줄이고 재정지출을 늘려서 경제를 부양할 수 있지 않을까?"

이 질문에 대한 대답은 '아니오'다. 정부는 중앙은행과 달리 돈을 찍어낼 수 없다. 화폐를 찍어낼 수 있는 것은 중앙은행뿐이다. 그러므로 누군가가 "경제를 잘 돌아가게 할 방법이 없을까?"라고 묻는다면, 필연적으로 두 번째 질문인 "그 비용은 어떻게 댈 수 있을까?"가 이어진다.

정부의 재정지출이 세수를 초과하면 정부는 국채라는 채권을 발행해서 차액을 메운다. 국채는 오랜 기간 안전하게 투자하려는 대형 금융기관들이 사들인다. 예를 들어서 수십 년 뒤에 지급할 연금이나 생명보험을 운영하는 보험사가 국채를 사들인다.

그런데 만약 정부가 국채를 발행하면서 진 빚을 갚지 않으면 어떻게 될까? 그야말로 재앙이 일어난다. 아닌 게 아니라 실제로 그런 일이 일어났다. 2001년 12월 26일 아르헨티나 정부는 반갑지 않은 뒤늦은 크리스마스 선물을 전 세계에 보냈다. 아르헨티나는 3년 넘게 경기 침체에 시달리고 있었는데, 국가 지도자들은 정부가 지고 있는 빚을 갚을 수 없다는 걸 깨달았다. 그래서 결국 아르헨티나는 950억 달러가 넘는 채무에 대해서 디폴트default(채무불이행)를 선언했다. 아르헨티나 정부는 돈을 빌려준 대출자들에게 부채를 전액 상환하지 않고 1달러당 30센트씩만 상환했다. 이 책을 쓰고 있는 지금까지도 그 디폴트에 따른 소송은 여전히 진행 중이다.

아르헨티나가 디폴트를 선언한 것은 그때가 처음도 아니었고 마지막도 아니었다. 아르헨티나 역사는 수많은 디폴트로 점철되어 있다. 그러니 아르헨티나에 대한 신용도가 낮을 수밖에 없다. 이렇게 신용도가 낮다는 것은, 아르헨티나에 돈을 빌려주는 대출자들은 높은 위험을 기꺼이 감수할 수 있을 정도로 높은 보상을 요구한다는 뜻이다. 그래서 아르헨티나 정부가 발행하는 국채 금리는 50퍼센트에 이른다. 다른 나라들의 국채 금리가 대부분 0퍼센트에 가까운 것과 비교하면 터무니없을 정도로 높다. 낮은 신용도 때문에 아르헨티나는 돈을 빌리기 더 어렵고, 따라서 경제를 끌어올릴 유용한 프로젝트에 자금을 대기가 한층 더 어려울 수밖에 없다.

디폴트를 선언한 나라는 아르헨티나 말고도 많다. 그러나 대부분의 나라는 부채를 언젠가는 갚을 것이라는 신용이 있기 때문에 상대적으로 수월하게 돈을 빌릴 수 있다. 그러나 부채의 규모는 어느 정도가 적정한지는 여전히 뜨거운 쟁점으로 남아 있다. 마찬가지로 정부 재정이 계속 적자를 기록하는 것이 괜찮은지를 두고서도 의견이 분분하다. 정부 재정이 적자인 것은 세수가 재정지출보다 적기 때문이다.

많은 이가 정부를 개인과 비교한다. 훌륭한 개인(가계)이 그러는 것처럼 정부도 필요한 순간이 오면 허리띠를 졸라매고 빚을 갚아야 한다는 것이다. 그러나 개인을 정부와 비교하는 데는 여러 문제가 있다. 첫째, 정부는 개인과 달리 죽지 않는다. 특정 정부가 사라져도 다른 정부가 그 뒤를 잇기 때문이다. 정부는 개인보다 훨씬 긴 시간에 걸쳐서 부채를 관리하며, 부채를 다음 정부로 넘길 수도 있다. 예를 들어서 어떤 정부가 새 고속도로를 짓기로 했다고 하자. 이 사업에 들어가는 비용은 1조 원이지만 장기적으로 2조 원의 효과를 창출할 수 있다면, 정부는 돈을 빌려서 사업비를 충당할 수 있다. 그리고 빚을 갚아야 할 때가 되더라도 빚보다 훨씬 많은 세금을 거둬들일 수 있다. 이렇게 고속도로 건설 비용은 해결된다. 설령 정부가 지는 부채의 절대적인 양이 늘어난다고 하더라도 그만큼 경제 규모가 커진다면 문제가 되지 않는다.

경제 규모는 시간이 지남에 따라 커지는 경향이 있다는 점도 염두에 둬야 한다. 그러므로 늘어나는 부채가 경제가 성장하는 속도보다 작기만 하다면 경제 대비 부채 규모는 자연스럽게 줄어들 것이다. 예를 들어서 어떤 나라의 경제가 해마다 2퍼센트씩 성장하고, 부채에 대한 금리가 1퍼센트라고 치자. 그러면 이 나라는 경제 규모의 최대 1퍼센트까지 돈을 빌려도 GDP 대비 부채비율은 계속 떨어진다. 정부가 부채를 갚는다는 것은 세금을 더 많이 거두거나 재정지출을 줄인다는 말이다. 이렇게 되면 성장이 더뎌진다. 부채를 갚다가 자멸로 나아갈 수 있다는 뜻이다. 만약 어떤 나라의 경제성장률이 0으로 떨어지면, 이 나라의 부채는 훨씬 더 큰 문제가 된다.

이런 양상은 2010년대 초 그리스에서 나타났다. 유로존유럽연합의 단일 화폐인 유로화를 국가 통화로 사용하는 지역 – 옮긴이의 많은 나라 정부가 부채에 따르는 이자를 갚으려고 고군분투했다. 금융 위기로 파산한 은행을 구제하고 경제를 부양하는 데 너무 많은 돈을 썼기 때문이었다. 특히 그리스에서 이 문제가 두드러졌다. 그리스 정부는 재정지출을 줄이고 세금을 인상하는 긴축정책으로 국가 부채 규모를 줄이려 했는데, 이 정책의 영향이 엉뚱하게 나타났다. 경제성장이 늦춰지고 세금 기반이 허물어진 것이다. 당시 국제통화기금 총재였던 크리스틴 라가르드Christine Lagarde는 나중에, 국제통화기금이 그런 정책을 옹호한 것은 재정승수를 잘못 계산했기 때문이라고 털어놓았다. 그리스의 재정승수가 실제로는 1.7에 가까웠는데도 1이 되지 않는다고 판단해서 국제통화기금이 그리스 정부에 국가 부채를 줄이라고 압박했던 것이다.[12]

하지만 아무리 강경한 케인스주의자라 하더라도, 국가 부채가 너무 커지면 문제가 된다는 것을 인정한다. 만약 아르헨티나와 같은 상황이 된다면, 부채 규모가 늘어날 것이고, 현재든 미래든 납세자들이 그 충격을 부담해야 한다. 그래서 국채에 대한 높은 금리가 문제가 될 수 있다.

그러나 부유한 나라들은 이런 문제가 나타날 수 있는 부채 수준을 꽤 높게 잡는다. 공개적으로 이루어지는 토론에서는 흔히 부채 규모가 경제 규모의 100퍼센트가 되는 시점에 초점을 맞춘다. 그러나 멀리 내다보자면, 영국은 지난 100년의 절반 이상의 기간에 GDP 대비 국가 부채비율을 100퍼센트를 넘어서 거의 150퍼센트 수준까지 유지했다. 그러나 지불 능력과 관련해서 영국 정부가 심각하게 우려하거나 그런 우려를 받은 적은 없었다 참고로 한국의 GDP 대비 국가 채무 비율은 2021년 기준 46.9퍼센트다 - 옮긴이.

그러니까, 돈은 막 찍어내면 안 돼요

〈종이의 집〉에는 '교수'가 왕립조폐국에 침입하는 것이 왜 범죄가 아닌지 설명하는 장면이 나온다. 경찰에 쫓겨 궁지에 몰리자 그는 경제 붕괴가 어떤 과정으로 일어나는지 설명하면서 다음과 같이 말했다. "2011년에 유럽중앙은행이 1710억 유로를 그냥 찍어냈는데, 이것은 우리가 하고자 하는 일과 다르지 않다. 그때는 지금보다 규모가 훨씬 컸다."

경찰관이 의아해하지만 교수는 단호하다. "그 사람들은 유동성 주입liquidity injection이라고 말했다. 그렇지만 나는 그 사람들처럼 은행들을 위해서 유동성을 주입한 게 아니라 지금 당장 실물경제를 위해서 그렇게 하는 것이다."

교수의 말은 얼핏 일리 있게 들리지만, 전체적으로 볼 때 우리 저자들은 이 은행 강도들 편을 들 수 없다. 그러나 돈을 찍어내는 것이 다양한 경로를 통해서 경제활동에 도움이 된다는 그의 말은 옳다. 그렇게 함으로써, 인플레이션율을 끌어올릴 수 있기 때문이다. 사실 이것은 정부의 세금, 재정지출과 함께 중앙은행이 최근 몇 년 동안(특히 금리와 같은 통상적인 방식이 먹히지 않을 때) 경제를 안정시키기 위해 사용했던 방법 가운데 하나다.

그러나 여기에는 한계가 있다. 만약 중앙은행이 제한 없이 계속 돈을 찍어낸다면 감당할 수 없을 정도로 높은 인플레이션이 나타날 것이다. 물가가 급격하게 치솟고 화폐의 가치는 빠르게 떨어져서 살림살이는 더 나빠질 것이다. 〈종이의 집〉에 등장하는 대담하고 매력적인 은행 강도들과 달리, 중앙은행이 소극적으로 돈을 찍어낼 수 밖에 없는 이유도 바로 여기에 있다. 민주적으로 선출된 국회의원들(이는 통제 불능의 권력이 돈을 찍어내려 들 가능성이 낮다는 뜻이다)이 인플레이션 목표를 설정하면, 중앙은행은 그 목표에 맞춰 돈을 찍어낸다.

결론

경제와 친해지면
뭐가 달라질까?

2019년 7월의 어느 화요일 저녁, 샬린 메인스는 사우샘프턴 센트럴홀에 입장하려고 줄을 서고 있었다.[1] 센트럴홀은 평상시에는 동호회 회원들이 모여서 운동을 하거나 소규모 공연을 여는 용도로 사용되었지만 그날 행사는 조금 달랐다. 잉글랜드은행이 시민 패널들을 초대해, 그들의 경험을 듣고 경제를 토론하는 자리였다.

샬린은 호기심에 참가 신청을 했으나, 행사 시간이 다가오자 후회하는 마음이 들었다. 중앙은행에서 일하는 경제 전문가들은 자신과는 다른 세계에서 살고 있을 게 뻔하기 때문이었다. 샬린은 잉글랜드은행 이코노미스트들이 썩 마음에 들지 않았다. 샬린이 나중에 해준 말이지만, 그 사람들은 어쩐지 '거만하고, 우아하고, 따분할 것' 같았다. 그래서 그들과 걸맞게 행동해야 한다는 생각에 일부러 '우아하게' 말하려고 애를 쓰기까지 했다고 한다.

309

당시 37세로 지방 도시에서 자선단체 활동가이자 간병인으로 일하던 샬린은 경제학에 관해서 별로 아는 게 없었다. 경제전문가들이나 경제 뉴스에서 매일 뭐라고 하긴 하지만, 너무 복잡해서 도저히 알아들을 수 없는 온갖 개념과 전문용어로 가득차 있어서 다가갈 수 없었다. 경제는 너무 복잡하고 어려운 분야라는 생각 때문에 샬린은 2016년 브렉시트 찬반 투표 때도 기권하고 말았다. 관련 내용을 충분히 이해하고 판단할 자신이 없었기 때문이다.

그러나 행사가 시작되고 몇 분 지나지 않아서 경제에 대한 샬린의 인상이 바뀌기 시작했다. 샬린은 굳이 우아한 척 하지 않아도 된다는 것을 깨달았고, 자기와 경제 전문가 사이에는 생각하던 것보다 공통점이 많다는 것을 깨달았다. 잉글랜드은행 총재도 알고 보니 자기처럼 에버턴 FC 팬이었다. 경제는 생각보다 훨씬 단순했다. 어려운 단어들이 나오긴 했지만 일상에서 접하는 것들을 묘사하는 수단일 뿐이었다. 샬린은 자신이 전문용어를 모를 뿐 평생에 걸쳐 경제학을 익혀왔고 잘 알고 있다는 것을 깨달았다. 장을 보러 갈 때마다, 집세를 낼 때마다, 직장을 옮길 때마다, 경제학을 활용하고 있었던 것이다.

그 행사 이후 샬린은 경제를 좀 더 공부하고 싶어졌다. 인터넷 강의를 찾고, 대학 야간 강좌도 등록했다. 그렇게 그는 인생이 완전히 바뀌는 경험을 했다. 2년이 지난 현재 샬린은 장기 실업자를 돕는 자선단체를 운영하고 있다. 자신도 일자리를 구하지 못해 고생했던 경험이 있기 때문이다. 그는 경제 이해도를 높인 덕분에 좋은 일자리를 찾을 수 있었고, 다른 사람들이 일자리를 찾을 수 있도록 도울 수 있게 되었다고 말했다. 경제학을 향한 사랑 덕분에 정치에도 관심을 갖게 되었다. 샬린은 한 정당의 지역 지부를 책임지고 있으며, 지역구의 대표를 뽑는 선거에도 나섰다.

샬린의 이런 경험은 특별한 게 아니다. 경제와 경제 전문가를 싫어하는 것은 샬린뿐만이 아니다. 가장 신뢰할 수 있는 직종을 묻는 설문 조사에서 이코노미스트는 꼴찌에서 2등을 했다. 정치인보다도 낮은 순위였다.[2] 하지만 경제학을 알고 올바르게 이용하면 삶의 질이 나아질 거라고 믿는 사람도 많았다. 2019년의 어떤 설문 조사에서 응답자의 50퍼센트가량이 경제를 더 잘 알고 싶다고 대답했다.[3] 다만 어디서부터 시작해야 할지 모른다는 게 문제였다.

내 삶을 바꾸는 경제학 10단계

이 책을 읽은 독자도 샬린과 비슷하게 바뀌었으면 좋겠다. 어쩌면 당신은 경제가 그렇게 어렵지 않더라는 샬린의 말에 조심스럽게 동의할지도 모르겠다. 경제학은 학문적인 차원에서 다룰 수도 있지만 일상의 경험을 설명할 수도 있다.

이 책에서 우리는 경제를 지탱하는 가장 기본적인 원칙인 수요와 공급의 원칙에서 출발해 국가 부도까지 긴 여정을 함께했다. 경제학자들은 인간의 행동을 이해하려고 생경한 단어들을 사용하곤 한다. 예를 들면, 사람들이 하는 선택들이 직접적으로든 간접적으로든 '효용'을 극대화하려는 욕망에 지배된다고 가정한다. 주말에 근사한 외식을 할지, 그러지 않을지 선택할 때마다, 그 소비 행위가 가져다줄 행복이라는 편익과 거기에 따르는 지출이라는 비용 사이에서 절충을 하는 셈이다. 시장이란 수백만 개의 이런 절충안이 사회 전체에 일으키는 파문이라고 할 수 있다.

시장은 사람들이 필요로 하는 것을 탁월하게 제공해준다. 하지만 2장에서 본 것처럼, 시장이 만능은 아니다. 시장은 언제든 잘못 작동할 수 있고, 그럴 때 몇몇은 이득을 볼지 몰라도 사회 전체는 훨씬 큰 손해를 입는다. 이런 일은 세계적인 차원에서도 일어나고(기후변화를 생각해보라) 가까운 일상에서도 일어난다. 만약 조만간 술집의 해피 아워(38쪽 참조)를 이용할 생각이 있다면, 시장 실패가 어떻게 생겨나는지 관찰해보길 바란다. 맥주를 피처로 시키면, 잔으로 시킬 때보다 빨리 동난다. 맥주 피처는 일종의 공공재로 여럿이 함께 마시기 때문이다. 사람들은 피처로 마실 때 각자 자기 잔의 맥주를 마실 때보다 빠르게 마시는 경향이 있다. '공유지의 비극'이 일어나는 것이다.

우리는 시장 실패에 이어서 노동시장으로 눈을 돌렸다. 왜 저 사람은 나보다 월급을 많이 받을까? 모든 사람에게 일자리가 돌아가는 경제를 만드는 게 그렇게 어려울까? 이 질문의 답도 수요와 공급에 있다. 수요와 공급의 상호작용이 사람들이 할 일의 총량을 결정한다. 그러나 노동시장은 비효율적이다. 사람들이 아무리 열심히 노력한다고 해도, 일자리를 구하는 과정에는 '마찰'이 있을 수밖에 없고, 그래서 어느 정도의 실업은 늘 있을 수밖에 없다. 이 원칙은 취직 시장에서만 작동하는 게 아니다. 데이트에서도 똑같은 일이 일어난다. 짝을 찾는 사람의 수가 완벽하게 맞아떨어진다고 하더라도, 이 세상에는 짝이 없는 사람이 있을 수밖에 없다. 왜 그럴까? 일자리를 찾는 것과 마찬가지로 사랑하는 대상을 찾아서 연결되기가 어렵기 때문이다. 일주일에 다섯 번씩 소개팅을 한다고 해도 이상형에 딱 들어맞는 사람을 만나지 못할 수 있다. 그 이상형이 다른 곳에서 소개팅을 하고 있을 수 있기 때문이다. 여러 데이트 앱이 '매칭 효율'을 개선해서 짝이 없는 사람을 빠르게 찾게 도와주지만, 그럼에도 짝을 찾는 '시장'에는 여전히 마찰이 남아 있다.

4장에서는 경제성장을 다루었다. 우리는 100년 전에 살았던 조상들이 상상도 할 수 없을 정도로 부유하게 살고 있다. 가장 큰 이유는 경제 규모가 계속해서 커졌기 때문이다. 사람들 사이에 공유되는 물건의 양이 점점 더 늘어났다는 뜻이다. 우리는 한 나라의 경제를 성장시키는 것과 거의 똑같은 방식으로(즉, 토지와 노동과 자본과 기술을 결합해서) 개인의 경제를 성장시킬 수 있다. 예를 들어서 노트북을 새로 산다고 하자. 배터리 수명이 긴 제품으로 바꾼다면 생산성이 향상될 것이다. 충전하면서 보내야 하는 시간이 줄어들 테니까 말이다. 맘에 드는 카페를 찾아가 새 노트북으로 한층 더 편안하게 많은 일을 할 수 있다. 노동력을 더 나은 자본과 결합함으로써 성과를 더 많이 거둘 수 있게 된다. 경제적인 생산량이 늘어나는 것이다.

5장에서는 우리가 입는 옷이 'Made in China'인 이유를 살펴보았다. 이것은 사람들이 자기가 잘하는 일에 집중할 때 더 나은 결과가 나온다는 개념인 비교우위 때문에 그렇다. 이 원칙은 친구들끼리 모여서 음식을 만들어 먹을 때도 적용된다. 당신이 친구와 함께 티라미수와 크렘 브륄레를 만들기로 했다고 치자. 당신의 요리 실력은 그저 그런데, 친구는 전문가 수준이다. 이럴 때 친구는 디저트를 만드는 데 있어서 절대 우위를 갖고 있다고 할 수 있다. 친구가 모든 디저트를 만드는 게 제일 좋겠지만, 그러기엔 시간이 부족하다. 어쩔 수 없이 두 사람이 하나씩 맡아야 한다면, 누가 무엇을 만들지 결정해야 한다. 금손 친구가 티라미수보다 손이 많이 가는 크렘 브륄레를 만드는 게 좋은 선택이다. 바로 이것이 그 친구의 비교우위다. 친구가 크렘 브륄레를, 당신이 티라미수를 만들 때 모두에게 이로운 결과가 나온다.

그런데 당신이 티라미수를 만들 때 쓸 크림과 커피 같은 재료들이 생각보다 비싸다. 예전에는 지금보다 재료 가격이 훨씬 쌌다. 인플레이션 때문이다. 인플레이션은 우리가 일상적으로 내리는 모든 의사 결정에 영향을 미친다. 또한 우리가 내리는 결정들이 인플레이션에 영향을 미치기도 한다. 예를 들어서 2020년 초에 유럽인들은 화장지가 부족해질 것을 우려해 화장지를 사재기하면서 화장지 수요가 급증한 바람에 인플레이션 압력이 발생했다. 이것은 6장에서 살펴보았던 수요 견인 인플레이션의 극단적인 예다.

현실에서 경제와 관련해 빼놓을 수 없는 것이 하나 있다. 바로 화폐다. 화폐는 우리가 물건을 사고팔고 교환할 수 있게 해준다. 그런데 과연 화폐는 무엇일까? 7장에서 살펴보았듯이 화폐는 일종의 신뢰 체계다. 이 신뢰 체계는 깜박 잊고 지갑을 놓고 온 친구에게 돈을 빌려주는 것과 비슷하다. 아마 당신은 친구에게 그 돈을 언제 어떻게 갚을지 차용증을 쓰라고 요구하지는 않을 것이다(만약 그런 요구를 한다면 친구가 당신을 어떤 눈으로 쳐다볼까?). 그렇게 하지 않더라도 친구가 돈을 갚을 것을 믿기 때문이다. 바로 이것이 화폐의 본질이다. 당신이 친구에게 갖고 있는 신뢰는 5만 원짜리 지폐와 마찬가지로 화폐다. 이 신뢰는 5만 원짜리 지폐만큼이나 유효하다. 당신이 중앙은행을 신뢰하는 만큼 그 친구를 신뢰하는 한에서 그렇다.

하지만 사람들이 은행을 항상 신뢰하는 것은 아니다. 8장에서 우리 저자들은 돈을 매트리스 아래 숨겨두지 말고 은행에 예금하라고 설득했는데, 사람들은 때때로 이 충고를 무시한다. 그 결과로 뱅크런이 벌어진다. 민간은행이 유동성 문제로 어려움에 처할 때 중앙은행이 나서서 도움을 준다. 그러나 중앙은행이라고 해서 모든 은행을 무조건 돕는 것은 아니다. 중앙은행도 수백만 명이 날마다 내리는 절충안과 같은 결정을 내린다. 학교에 다니던 어린 시절을 떠올려보자. 보통은 버스를 타고 학교에 갔지만, 부모님이 집에 있다면 괜히 미적거리며 늦잠을 잤다. 버스를 놓치면 부모님이 학교까지 태워다 줄 것이기 때문에, 알람 소리를 듣고도 좀 더 게으름을 피울 수 있다. 이것이 이른바 '도덕적 해이'다.

문제는 어린 시절 내 늦잠이 부모님에게 어떤 영향을 미치는지 몰랐던 것처럼, 경제에서도 자기가 하는 행동이 다른 사람에게 어떤 영향을 미치며 연쇄 반응을 일으키는지 정확히 알지 못한다는 것이다. 9장에서는 왜 대부분의 경제학자가 경제 위기를 예측하지 못했는지 설명했다. 경제 전문가도 위기가 언제 일어날지 알기 어려운데, 사람들이 합리적이지 않기 때문이다. 사람들이 합리적이라는 가정에서 나오는 일반적인 경향과 사람들이 실제 행동하는 모습 사이에는 차이가 있다. 혹시 새로 문을 연 식당 앞에 줄이 길게 늘어 있는 것을 보게 된다면, 그 식당의 음식이 진짜 맛있기 때문인지 아니면 사람들이 길게 줄을 섰다는 게 맛집이라는 신호로 보여서인지 자문해보길 바란다. 그렇게 줄을 선 사람들 가운데 일부는 단지 다른 사람들이 그렇게 했기 때문에 따라 한 것일 수 있다. 전형적인 '무리 행동'이다. 그 줄의 꽁무니에 서기보다는 차라리 근처에 있는 다른 식당에 바로 자리를 잡고 앉아서 더 맛있을(그리고 더 저렴할) 음식을 먹는 게 나을지도 모른다.

마지막으로, 경제를 관리하는 사람들이 있다. 정부와 중앙은행은 경제가 원활하게 돌아가도록 여러 수단을 동원한다. 이 수단은 재정지출을 늘리는 것부터 침체된 경제를 자극하거나, 금리를 조정하거나, 때로는 더 많은 돈을 찍어내는 것까지 다양하다. 이런 결정들이 사람들에게 어떤 영향을 주는지 파악하기란 쉽지 않다. 그러나 정부와 중앙은행은 이를 알아내려고 애쓰는데, 금융통화위원회가 회의를 열고 금리를 결정할 때마다 당신의 다음 여행, 주택담보대출 상한액, 새로운 예금이나 적금 계좌, 커피 한 잔을 더 사 먹을지를 놓고 내리는 선택이 달라지기 때문이다.

경제학자가 되어보자

샬린이 옳았다. 경제는 정말 중요하다. 그리고 여러 경제학 용어에 익숙하지 않았을 뿐, 어쩌면 당신은 지금까지 경제학자처럼 생각하고 행동했을지도 모른다. 경제학은 당신이 세상을 이해하도록 돕는 데 그치지 않는다. 당신이 세상을 바꾸도록 도와준다. 당신이 어떤 것을 사거나 사지 않기로 선택할 때마다, 당신은 그것을 파는 사람과 그것을 만드는 기업에 신호를 보낼 수 있다. 당신은 커피 한 잔이나 프레도 초콜릿이나 비니 베이비 인형을 구입함으로써 시장에 영향을 준다. 경제학을 잘 알면 세상을 바꾸는 더 효과적인 방법을 찾을 수 있다. 경제학은 연봉 협상을 할 때 한층 더 강력한 설득력을 제공하고, 기후변화에 한층 더 효과적으로 대응하도록 하며, 심지어 민주주의에 한층 더 건설적으로 참여하도록 도와준다.

경제에 대해 많이 알면 알수록 '내'가 속한 사회를 더 잘 이해하게 된다. 우리 저자들이 이 책을 쓴 것도, 사우샘프턴에서 열린 토론회에서 샬린이 깨달았듯이 너무도 많은 사람이 경제를 어렵게 생각하기 때문이다. 여러 연구에 따르면 일반 대중은 경제학을 잘 모르고 있다. 많은 이가 경제가 돌아가는 원칙을 거의 이해하지 못하고 있었다. 사람들은 경제학이라고 하면 "가까이하기 어렵다"거나 "혼란스럽다"거나 "무슨 말인지 모르겠다"라고 대답한다.[4] 영국에서 2017년 총선이 치러지기 직전에 실시되었던 여론조사에 따르면 영국 국민의 절반 이상이 자기가 지지하는 정책의 경제적 영향을 온전하게 이해하지 못했다.[5]

경제를 이해하지 못하는 것은 큰 문제다. 사람들이 자기가 비교우위를 가지고 있지 않은 요리를 하겠다고 나서거나, 별로 맛있지도 않은 식당 앞에 줄을 서는 것만이 문제가 아니다. 자기에게 악영향을 미칠 정책에 찬성표를 던질 수도 있다. 경제학을 이해하면 직장에서, 장을 보러 가서, 투표할 때, 그리고 인생 전반에서 한층 더 많은 것을 얻을 수 있다. 경제 문맹에서 벗어날 때 한층 더 부유해지고 건강해지며 더 행복해질 것이다.

이 책을 쓰면서 우리 저자들이 품은 기대는 경제 지식을 전달하는 것이 아니었다. 그보다는 경제를 더 많이 알아보고 싶게 하는 것이었다. 이 책을 여기까지 읽었다면 당신은 경제의 기본 요소인 공급, 수요, 인플레이션, 불황 등을 이해했을 것이다. 그러나 이 책에서 다루지 않은 더 넓은 경제의 세계가 있다. 체스 게임에서 이기는 방법부터 핵전쟁을 피하는 방법까지 설명하는 게임 이론에 대해서는 이 책에서 언급하지 않았다. 또 개발도상국의 경제 건전성을 향상시키는 법에 관한 개발경제학도 다루지 않았다. 경제학의 이 모든 하위 주제는 이 책에서 소개한 여러 원칙(효용극대화, 수요의 법칙, 시장의 힘 등) 위에서 이루어진다.

경제학은 먼지를 뒤집어쓴 채 도서관에 꽂혀 있는 교과서에만 있지 않다. 경제학은 우리 주변의 일상 세계에 녹아들어 있으며 인근 학문들로 점점 더 확장되고 있다. 요즘에는 유튜브나 팟캐스트, 소셜 미디어, 또는 대중적인 경제 서적(바로 이 책과 같은!)을 읽음으로써 경제학을 배울 수 있다.

최근 들어 가장 확실하다고 여겨졌던 많은 경제 이론이 도전을 받고 있다. 경제학에는 이런 도전이 더 많이 필요하다. 그리고 그런 도전을 할 경제학자가 필요하다. 수학이나 통계학에 정통하며 어려운 이론을 줄줄 외는 학위 소지자만 경제학자인 것은 아니다. 경제학에는 교수 또는 대가라고 하는 사람들을 뒤흔들 아마추어 경제학자가 필요하다. 기존의 틀을 깨고 신선한 발상을 내놓을 색다른 경험을 가진 경제학자가 필요하다.

자, 이제 당신이 그런 경제학자가 될 차례다. 당신은 경제학자이며, 따라서 경제에 좌우되는 것만큼 경제를 좌우할 권한이 있다. 경제학자인 당신은 가족과 친구들이 살기에 더 좋은 사회를 만드는 데 도움을 줄 수 있다.

감사의 말

아주 많은 사람이 힘을 보태고 지지해주지 않았더라면 이 책은 세상에 나오지 못했을 것입니다. 이 책은 잉글랜드은행 출간 프로젝트에 관련된 모든 사람이 힘을 모은 결실입니다.

우선 이 책이 나오기까지 모든 것을 조정하고 이끌어준 앤드루 헵던에게 고마운 마음을 전합니다. 그가 없었다면 이 책은 경제학자들이나 읽을 수 있는 책이 되었을 것입니다. 우리는 또한 잉글랜드은행 의사소통위원회 동료인 제임스 벨과 서배스천 월시 그리고 마이크 피콕에게도 고맙다는 인사를 전합니다. 이들은 잉글랜드은행이 출판 활동을 하도록 적극적으로 나섰으며 우리 저자들에게 그 기회를 주었습니다. 아울러 이 프로젝트를 지지하고 서문을 써준 잉글랜드은행 총재 앤드루 베일리에게도 감사의 인사를 드립니다. 잉글랜드은행의 시민 패널인 샬린 메인스에게도 특별히 고맙다는 인사를 하고 싶은데, 시민 패널 활동을 하면서 경제를 바라보는 눈이 달라졌다고 이야기해주었기 때문입니다.

끈기 있게 우리에게 글 쓰는 법을 가르쳐준 우리의 멋진 편집자 로완 보커스에게도 특별한 감사를 전합니다. 우리에게 시종

일관 전문성과 헌신으로 도움을 주었던 조안나 테일러를 비롯해서 펭귄랜덤하우스 팀에도 감사를 전합니다. 잉글랜드은행의 법률 대리인인 애덤 곤틀렛은 우리를 펭귄랜덤하우스와 연결해주었습니다. 고맙습니다.

잉글랜드은행에는 정말 똑똑한 사람이 많은데, 우리에게는 큰 행운이었던 게, 정말 많은 사람이 시간을 할애해 우리 작업에 도움을 줬습니다. 그 덕에 이 책이 지금의 꼴을 갖추게 되었습니다. 우리는 그들의 전문 지식을 토대로 이 책의 가장 중요한 내용들을 채웠습니다. 그들은 또한 이 책에 생기를 불어넣어줄 흥미진진한 사례들과 참고 사항을 일러주었습니다. 만약 이 책에 소개된 사례가 재미있다고 느꼈다면, 그리고 이 책에서 무언가를 배웠다면, 모두 그들 덕분입니다. 그들을 한 명씩 소개하면 다음과 같습니다. 윌 아벨, 레나 아나이, 니콜라스 버트, 쉬브 촐라, 루퍼트 드 빈센트 험프리스, 아이단 도건, 레베카 프리먼, 톰 키, 사이먼 커비, 루이스 커크햄, 사이먼 로이드, 안드레 모레이라, 더그 렌들, 해리 릭, 오스틴 손더스, 사이먼 스코러, 브래드 스피그너, 라일랜드 토머스 보로메우스 완엥커티오, 칼턴 웹.

우리는 또한 자료와 수치를 끈기 있게 확인해준 이들에게도 고맙다는 인사를 하고 싶습니다. 이들의 노고가 이 책의 품질을 높여주었습니다. 한 명씩 소개하면 다음과 같습니다. 린 오바드, 마티나 바베토, 랜딥 베인스, 제임스 바커, 지울리오 비안치, 마크 빌렌니스, 프랜시스 캐시디, 조셉 칠버스, 제임스 클레이,

자라 코, 케이란 코벳, 젬 데이비스, 다니엘 도노호, 벤 도비, 니콜 에드먼드슨, 이샨 파이살, 캐롤라인 포스다이크, 마렌 프로멜, 프랜시스 퍼니스, 조 간리, 벤 해리스, 히말리 헤티헤와, 수단슈 제인, 루이스 존스턴, 볼칸 카라보윤, 벤저민 킹, 마르티나 크노포바, 토마스 코타 키리아코우, 톰 랩페이지, 제이슨 리, 오웬 록, 재커리 모리스-다이어, 데브라 오코너, 바르톨로메우 오람, 아미라 오스마니, 마니샤 파텔, 안줌 페르베즈, 게리 핌, 마일로 플런켓, 카일 리처즈, 피에르 사노너, 에도 셰츠, 해리 슬립, 케이티 테일러, 로버트 테일러, 안나 토, 토머스 비에거스, 딜런 비스웜바란, 카이 워커, 돈나 웨스턴, 소피아 화이트사이드, 크리스토퍼 와일더.

이 책을 쓰는 내내 우리는 동료 및 친구 들과 나눈 대화에서 큰 도움을 받았습니다. 그들의 전문적인 시각과 본능은 무미건조하고 학구적인 세상에서 표류하던 우리에게 세상으로 나아가는 방향을 일러주었습니다. 한 명씩 소개하면 다음과 같습니다. 애덤 바로, 데이비드 바움슬래그, 마이클 베네트, 사라 브리든, 리처드 버튼, 매튜 차바즈, 찰리 다이오스-헌터, 앤드루 짐버, 라쉬미 하리모한, 리치 해리슨, 매기 일링워스, 벤 킹, 리지 레벳, 제임스 몽티유 드 비주아, 이사벨 산체스 버턴, 리아논 소버츠, 모 와치.

그리고 마지막으로, 시간을 내어서 이 책을 읽어준 당신에게 고맙다는 인사를 하고 싶습니다. 부디 이 책을 흥미진진하게, 또 재미있게 읽었기를 바랍니다.

주석

들어가며 | 경제학은 도처에 있다

1   'Public houses and bars, licensed clubs, licensed restaurants, unlicensed restaurants and cafes, and takeaway and food stands, London, 2001 to 2020', www.ons.gov.uk

2   'Sea level rise in London, UK', www.open.edu, 4 February 2020.

3   스미스는 자기를 철학자로 묘사했으며, 철학은 그가 글래스고대학교에서 가르치던 과목이었다. 사실 그때만 하더라도 경제학자라는 말은 존재하지도 않았다.

4   'The art and science of economics at Cambridge', www.economist.com, 24 December. 2016.

5   'Change is needed in the next generation of economists', www.ft.com, 4 October 2021.

6   이때 경제학economics이라는 용어는 경제과학economic science의 줄임말로 폭넓게 사용되었다.

7   'A First Look at the Kalman Filter', julia.quantecon.org

8   여기에 대해서 자세한 내용을 알고 싶으면 다음을 참조하라. Kate Raworth's fantastic (and tasty) work on 'doughnut economics'. Kate Raworth, *Doughnut Economics* (Random House Business, 2017), 한국어판: 케이트 레이워스 지음, 홍기빈 옮김, 『도넛 경제학』, 학고재, 2018.

9   'Public Understanding of Economics and Economic Statistics', www.escoe.ac.uk, 25 November 2020.

10   www.annamarialusardi.com, 30 October 2020.

11   Rethinking Economics Survey, yougov.co.uk, 2016.

12   이 범주는 나중에 여러 차례 통일이 진행되면서 영국UK의 시민으로 확장되었다.

13   Andy Haldane's speech 'Thirty years of hurt, never stopped me dreaming', www.bankofengland.co.uk, 30 June 2021.

14   다음 웹사이트 참조. www.bankofengland.co.uk/get-involved

15   우리도 우리가 이렇게나 나이가 들었다는 사실을 믿을 수 없다.

첫 번째 질문 | 내가 먹는 아침 메뉴는 누가 정하는 걸까?

1   그렇다. 우리 저자들도 고민하는 문제다.

2   'Spending decisions that show our limitations', www.ft.com, 6 April 2018.

3   'Happy hour specials boost alcohol sales', www.bevindustry.com, 17 October 2018.

4   런던 시내를 벗어나면 이보다 부유해질 수도 있다.

5   엄밀히 말하면 가격탄력성은 가격의 백분율 변화를 의미하는데, 애초의 가격이 0(공짜)이었다면 가격 변화는 무한대 백분율이라서 비닐봉지라는 사례가 복잡해진다. 여기에서 말하는 요점은 작은 가격 변화가 커다란 행동 변화를 이끌어낸다는 것이다.

6   'Drug goes from $13.50 a tablet to $750, overnight', *New York Times*, 20 September 2015.

7   'The price elasticity of demand for cigarettes in the UK, 2001–2011', academic.oup. com, 1 October 2013.

8   'Smoking and Health: Report of the Advisory Committee to the Surgeon General of the Public Health Service', www.cdc.gov, 11 January 1964.

9   'Statistics on Smoking – England 2019', digital.nhs.uk, 2 July 2019.

10 'Comparison of trends of self-reported consumption and sales in England, 2011 to 2018', jamanetwork.com, 28 August 2019.

11 물론 담배가 예전보다 비싸지긴 했다.

12 'Meat consumption per capita', links between meat consumption and climate change, Guardian Datablog, 2016.

13 'How China could change the world by taking meat off the menu', Time.com, 22 January 2021.

14 'Does everyone really order the second-cheapest wine?', Alex Mayyasi, www. atlasobscura.com, 3 May 2018.

15 Alfred Marshall, *Principles of Economics* (Macmillan, 1890), 한국어판: 앨프리드 마셜 지음, 백영현 옮김, 『경제학원리』, 한길사, 2010.

16 'Giffen Behavior and Subsistence Consumption', www.aeaweb.org, 4 September 2008.

17 Milton Friedman, 'A Friedman doctrine – the social responsibility of business is to increase its profits', *New York Times*, 13 September 1970.

18 'All eyes on shale as $50 oil makes U.S. wells profitable again', www.bloomberg.com, 28 January 2021.

19 'Euro 2020 final tickets offered for £70,000 per pair for England's clash with Italy', www.thesun.co.uk, 11 July 2021.

20 노벨 경제학상 수상자인 게리 베커Gary Becker는 결혼 대상을 선택하는 것도 시장 개념으로 파악할 수 있음을 보여주었는데, 결혼이라는 시장에서 사람들은 배우자를 고를 때 자기의 미래 아웃풋을 극대화하려고 하며 또 노동의 전문화를 활용하고자 한다. 결혼이라는 시장 환경에서 사랑이 수행하는 기능은 생산의 거래 및 감시에 들어가는 비용 즉 거래 비용과 감시 비용을 줄여서 생산성을 높이는 것이다.

21 Adam Smith, *The Wealth of Nations* (W. Strahan and T. Cadell, London, 1776), 한국어판: 애덤 스미스 지음, 『국부론』.

두 번째 질문 | 기후위기 문제를 시장에 맡겨놔도 될까?

1   'The Tragedy of the Commons', Garrett Hardin, *Science*, Vol. 162, 13 December 1968.

2   George Box, *Empirical Model Building and Response Surfaces* (Wiley-Blackwell, 1986).

3   Smith, *The Wealth of Nations*.

4   'Vaccine monopolies make cost of vaccinating the world against COVID at least 5 times more expensive than it could be', www.oxfam.org, 29 July 2021.

5   'Most popular social networks worldwide as of July 2021, ranked by number of active users', www.statista.com, 16 November 2021.

6   영국의 등록금 정책은 지역에 따라서 그리고 학생의 출신 국가 따라서 다르게 적용된다. 예

를 들어서, 이 글을 쓰는 시점을 기준으로 할 때, 스코틀랜드에 사는 학생이 스코틀랜드에 있는 대학교에 다니면 등록금이 무료다.

7   'What's a degree got to do with it? The civic engagement of associate's and bachelor's degree holders', Mallory Angeli Newell, *Journal of Higher Education Outreach and Engagement*, Vol. 18, No. 2, June 2014; and 'The relationship between graduates and economic growth across countries', Department for Business, Innovation & Skills, Research Paper No. 110, August 2013.

8   'UK dependency on fossil fuels 1970–2020', www.statista.com, 8 September 2021.

9   'Carbon footprint of electricity generation', Postnote update number 383, Houses of Parliament, June 2011.

10   우리는 조만간에 이 문제에 봉착할 것이다.

11   그러나 할당량과 마찬가지로 실제로 정확한 숫자를 매기기란 어렵다.

12   'How do emissions trading systems work?', www.lse.ac.uk, 11 June 2018.

13   'The Market for Lemons', George Akerlof, *Quarterly Journal of Economics*, August 1970.

14   'Amazon deletes 2,000 reviews after evidence of profits for posts', www.ft.com, 4 September 2020.

15   사실 경제학 자체가 원래 그렇다.

세 번째 질문 | 어떻게 하면 월급을 올릴 수 있을까?

1   'The impact of the Mariel Boatlift on the Miami Labor Market', *Industrial and Labor Relations Review*, Vol. 43, No. 2, www.jstor.org, January 1990.

2   'Women's employment', ourworldindata.org, March 2018.

3   'Vacancies by industry', www.ons.gov.uk, 16 November 2021.

4   'The Relation between unemployment and the rate of change of Money Wage Rates in the United Kingdom, 1861–1957', A. W. Phillips, www.jstor.org, November 1958.

5   미안해, 잭!

6   'The degrees that make you rich…and the ones that don't', Jack Britton, Institute for Fiscal Studies, www.ifs.org.uk, 17 November 2017.

7   'The Career Effects of Graduating in a Recession', www.nber.org, 11 November 2006.

네 번째 질문 | 내가 우리 할아버지보다 부유하게 사는 이유는?

1   'Car ownership in Great Britain', David Leibling, RAC Foundation, Figure 2, p. 4, www.racfoundation.org, October 2008; '1970 vs 2010: 40 years when we got older, richer and fatter', Michael McCarthy, *The Independent*, www.independent.co.uk, 23 September 2015.

2   경제학자들이 "오늘날의 화폐 기준으로"라고 말할 때 실제로 의미하는 내용에 대해서는 다음을 참조하라. Chapter Six, Office for National Statistics, 'Average household income, UK: financial year 2020', Figure 2, www.ons.gov.uk

3   'Poverty, wealth and place in Britain, 1968 to 2005', Table 8, p. 16, Joseph Rowntree

Foundation, www.jrf.org.uk

4   'A millennium of macroeconomic data', www.bankofengland.co.uk

5   'Life expectancy at birth in the UK', data.worldbank.org

6   'Remarks at the University of Kansas', Robert F. Kennedy, www.jfklibrary.org, 18 March 1968.

7   'Changes to National Accounts: Inclusion of Illegal Drugs and Prostitution in the UK National Accounts', www.ft.com, 29 May 2014.

8   'The value of adult and childcare, household housing services, nutrition, clothing and laundry, transport and volunteering', www.ons.gov.uk, 2 October 2018.

9   이 사례는 다음 책에서 인용했다. Mariana Mazzucato, *The Value of Everything* (Allen Lane, 2018), 한국어판: 마리아나 마추카토 지음, 안진환 옮김, 『가치의 모든 것』, 민음사, 2020.

10 'Growth is good for the poor', David Dollar and Aart Kraay, *Journal of Economic Growth*, Vol. 7, No. 3, www.jstor.org, September 2002.

11 'GDP per capita', 'Life expectancy at birth', 'Mortality rate, infant', data.worldbank.org

12 'The world economy over the last two millennia', ourworldindata.org

13 'Population total, United States and China', data.worldbank.org

14 'Macroeconomic Effects of Japan's Demographics', www.imf.org, 28 November 2018.

15 'The Effect of Population Aging on Economic Growth, the Labor Force and Productivity', www.nber.org, July 2016.

16 'U.S. Census Bureau, Population Estimates and Projections, 2020', www.census.gov

17 'Labour Force by sex and age', stats.oecd.org; 'World Development Indicators', data.worldbank.org

18 'Labour Force by sex and age', stats.oecd.org

19 'Women at work, the key to global growth', www.spglobal.com

20 장하준 지음, 김희정·안세민 옮김, 『그들이 말하지 않는 23가지』, 부키, 2010.

21 'The happiness–income paradox revisited', Richard A. Easterlin, Laura Angelescu McVey, Malgorzata Switek, Onnicha Sawangfa, and Jacqueline Smith Zweig, www.pnas.org, 2010.

22 'High income improves evaluation of life but not emotional well-being', www.princeton.edu, August 2010.

23 'Easter Island's Collapse: A Tale of Population Race', sites.uclouvain.be

24 'Changes in the global value of ecosystem services', www.sciencedirect.com, May 2014.

25 'Natural Capital and Environmental Net Gain', www.nic.org.uk, February 2021.

26 'NGFS climate scenarios for central banks and supervisors', www.ngfs.net, August 2020.

27 'Full cost of California's wildfires to the US revealed', www.ucl.ac.uk, 7 December 2020.

다섯 번째 질문 | 왜 옷은 다 아시아에서 만들까?

1   이 책장이 전 세계적으로 얼마나 인기가 많았던지 《블룸버그》는 이 책장의 국가별 가격을
     비교하는 색인을 만들었을 정도다. 이것은 구매력평가지수Purchasing Power Parity, PPP를 측정하
     는 방법인데, PPP는 동일한 액수의 돈으로 국가별로 동일한 제품을 얼마나 살 수 있는지 측
     정하는 지표다.

2   'What are the triathlon "world records" for each distance?', *Triathlon Magazine*, 22
     November 2021.

3   40킬로미터 사이클 경기는 없다. 그러나 1시간에 달린 최고 기록은 55.1킬로미터인데, 이
     것은 40킬로미터를 43분 33초에 달린다는 뜻이다. Taylor Dutch, 'Another world record
     for Joshua Cheptegei, this time in the 10,000meters', Runner's World, 7 October 2020;
     'Men Freestyle World Records', fina.org; 'Cycling's World Hour Record', Bikeraceinfo.
     com

4   Adam Smith, *The Wealth of Nations*, 1776.

5   'Results: Tokyo 2020 Olympic Games', triathlon.org, 26 July 2021.

6   'The dark future for the world's greatest violin-makers', www.bbc.com, 8 July 2020.

7   'The Silk Roads', www.nationalgeographic.org

8   John Maynard Keynes, *The Economic Consequences of the Peace*, 1919, 한국어판: 존 메이너
     드 케인스 지음, 정명진 옮김, 『평화의 경제적 결과』, 부글북스, 2016.

9   'Trade and Globalization', ourworldindata.org, October 2018.

10   'Average annual income of employees working for urban nonprivate units in
     China in 2020', National Bureau of Statistics of China, www.statista.com; 'National
     Occupational Employment and Wage Estimates United States', www.bls.gov, May
     2019.

11   'World Trade Statistical Review 2021', p.11, World Trade Organization, www.wto.org

12   'Supplier List', www.apple.com, 2021.

13   'Globalization in transition: The future of trade and value chains', www.mckinsey.com,
     16 January 2019.

14   'The Multifibre Agreement', www.fibre2fashion.com; 'Statistics on Textiles and
     Clothing', Eurostat, 2019; Irene Brambilla, Amit Khandelwal and Peter Schott, 'China's
     Experience under the Multi-Fibre Arrangement(MFA) and the Agreement on Textiles
     and Clothing(ATC)', National Bureau of Economic Research, 2010.

15   'Bra Wars and the EU's China syndrome', www.politico.eu, 31 August 2005.

16   'In focus – Trade protectionism and the global outlook', Monetary Policy Report, www.
     bankofengland.co.uk, November 2019.

17   'Traffics, trains and trade; the role of institutions versus technology in the expansion
     of markets', www.nber.org

18   'RCEP: A new trade agreement that will shape global economics and politics', www.
     brookings.edu, 16 November 2020.

19   'WTO's World Trade Statistic Review 2021', www.wto.org, Table A23.

20   'Share of selected countries and regions in cross-border services exports in 2019',
     www.statista.com, April 2021.

여섯 번째 질문 | 프레도 가격은 왜 자꾸 오르는 걸까?

1   〈세서미 스트리트〉의 개구리 친구 커밋에게는 미안!

2   프레도 지수Freddo Index라는 것이 있는데, 이것을 보고 미래의 프레도 가격을 예측할 수 있다. www.vouchercloud.com/resources/the-freddo-index

3   'How have prices changed over time', www.bankofengland.co.uk

4   'What's in every CPI basket around Europe?', www.vouchercloud.com

5   'Inflation basket of goods highlights seven decades of changing UL lifestyles', www.theguardian.com, 15 March 2015.

6   'Making sense of consumers' inflation perceptions and expectations', www.ecb.europa.eu, 2021.

7   'The Nokia 3310 just turned 20 years old – here's what made it special', www.techradar.com, 1 September 2020; 'Buy iPhone 12', apple.com

8   슈링크플레이션의 흥미로운 사례는, 복권의 숫자를 49개에서 59개로 늘리고 그중에서 숫자를 선택하도록 하는 것이었다.

9   이것이 나쁜 선택인 이유가 인플레이션 말고도 수없이 많다는 사실은 8장을 살펴보면 알 수 있다.

10 초인플레이션은 한 달 만에 물가가 50퍼센트 상승할 때라고 경제학자 필립 케이건Phillip Cagan 이 정의했다. 이 상승률은 연 1만 3000퍼센트에 해당한다. 그러나 한층 더 신중하게 접근하는 경제학자들은 기준을 그것보다 훨씬 낮춰서, 물가가 30퍼센트 가깝게 오를 때를 초인플레이션으로 규정한다.

11 'The magnitude of menu costs: Direct evidence from large US supermarket chains', www.jstor.org, August 1997.

12 그렇지만 어떤 할머니라도 자기 손주에게 돈을 빌려주면서 이자까지 챙기려 들지는 않을 것이다.

13 'Inflation, annual percentage of consumer prices, OECD total', stats.oecd.org

14 'The Counter-Revolution in Monetary Theory', Milton Friedman, 1970.

15 John Maynard Keynes, *A Tract on Monetary Reform*(1923).

16 실제로 그는 "Cogito, ergo sum"이라고 말했다. 그러나 경제학에서조차도 요즘에는 이 말을 사용하지 않는다.

일곱 번째 질문 | 화폐란 도대체 뭘까?

1   'The gold standard: revisited', www.cbc.ca, 27 July 2011.

2   엄격하게 말하면 주화가 생산되는 곳은 국가의 조폐국이다. 그러나 이 사실은 그다지 중요하지 않다.

3   Hyman Minsky, *Stabilizing An Unstable Economy*(Yale University Press, 1986).

4   어떤 사람들은 사토시 나카모토라는 인물이 한 개인이 아니라 여러 명으로 구성된 집단이라고 믿는다.

5   아마도 블록체인이 처음 창조된 날을 확증해두려는 의도였을 텐데, 상당히 예리하다.

6   비록 이것이 잉글랜드은행을 포함한 중앙은행들이 미래의 화폐를 염두에 두고 저울질해야 하는 여러 이유 가운데 하나지만 말이다. 중앙은행이 예금에 이자를 붙여줘야 할 근본적인 이유는 없다.

여덟 번째 질문 | 왜 돈을 침대 아래 숨기면 안 될까?

1   'Daughter throws away mattress stuffed with mother's $1 million life savings', www.theguardian.com, 10 June 2009.

2   'Cash in the Time of Covid', www.bankofengland.co.uk, 24 November 2020.

3   'Lindsey hoard: Coins stashed during Civil War declared treasure', www.bbc.co.uk, 14 August 2021.

4   'Ten years after the financial crisis – two-thirds of British people don't trust banks', yougov.co.uk, 29 August 2018.

5   'Household income, spending and wealth in Great Britain', www.ons.gov.uk, October 2020.

6   'UK Payment Markets Summary', www.ukfinance.org.uk, June 2021.

7   Benes and Kumhof, 'The Chicago Plan Revisited', www.imf.org, August 2012.

8   상업은행과 투자은행을 분리함으로써 예금자의 위험을 낮추는 한층 더 온건한 개혁이 시행되었다. 이런 분리 원칙을 확립했던 1935년의 은행법 역시 현재의 미국 중앙은행인 연방준비제도이사회가 설립될 수 있는 조건이 되었다.

9   'The Great Depression: An Overview', www.stlouisfed.org

10   사실 중앙은행이 최종대부자 역할을 하게 하는 제도는 다른 사람들이 훨씬 일찍 시행했다. 예를 들어서 알렉산더 해밀턴Alexander Hamilton은 미국 재무부 장관으로 재임한 1700년대 후반에 그렇게 했다.

11   'The Demise of Overend Gurney', www.bankofengland.co.uk, 2016.

12   'Last Resort Lending, Market-making and Capital', www.bankofengland.co.uk, 28 May 2009.

13   'The Effects of Automobile Safety Regulation', Sam Peltzman, *Journal of Political Economy*, 1975, Vol. 83, No. 4, pp. 677–725.

14   'Road traffic accidents before and after seatbelt legislation', www.ncbi.nlm.nih.gov

15   'Anything Worth Doing is Not Necessarily Worth Doing Well', link.springer.com, 31 January 2012.

16   'Financial Stability Report', www.bankofengland.co.uk, December 2021.

아홉 번째 질문 | 경제가 망할 줄 왜 아무도 몰랐을까?

1   'I did not stammer when the Queen asked me about the meltdown', Professor Luis Garicano, www.theguardian.com, 18 November 2008.

2   'What Caused the Stock Market Crash of 1929-And What We Still Get Wrong About it', www.time.com, 24 October 1929.

3   'Stock Market Crash of 1929', www.federalreservehistory.org

4   'Employment and unemployment in the 1930s', Robert A. Margo, *Journal of Economic Perspectives*, Vol. 7, No. 2, 1993, pp. 41–9.

5   'World Population by region', ourworldindata.org

6   'Understanding the depth of the 2020 global recession in 5 charts', blogs.worldbank.org, 15 June 2020.

7   'Breaking a fall', www.economist.com, 16 October 1997.

8   'GDP growth', data.worldbank.org

9   *The South Sea Bubble; An Economic History of its Origins and Consequences* (Helen Paul, 2011).

10   'Review of Economic Bubbles', *International Journal of Information Management*, August 2016.

11   20세기 내내 민스키의 저서들은 인기가 없었다. 그러나 2007~2008년 금융 위기 때 많은 저명한 경제학자들이 시장에서 도대체 무슨 일이 일어나고 있는지 이해하기 위해서 민스키의 책을 샀다. 노벨 경제학상 수상자인 폴 크루그먼은 런던정치경제대학교에서 금융 위기를 주제로 강연을 했는데, 이 강연에 "민스키를 다시 읽는 밤"이라고 제목을 붙였다.

12   'Newton's financial misadventures in the South Sea Bubble', Andrew Odlyzko, royalsocietypublishing.org, 29 August 2018.

13   'The Beanie Baby bubble of '99', thehustle.co, 19 May 2018.

14   'US Stocks Fall 10% in Worst Day Since 1987 crash', www.ft.com, 12 March 2020.

15   'GDP growth(annual %)', The World Bank, data.worldbank.org

16   'The financial crisis at 10: Will we ever recover?', www.frbsf.org, 13 August 2018; 'Measuring the macroeconomic costs and benefits of higher UK bank capital requirements', www.bankofengland.co.uk, 1 December 2015.

17   'GDP growth(annual %) – Iceland', The World Bank, data.worldbank.org; www.sedlabanki.is

18   HMV는 2013년에 2013년 사모펀드인 힐코Hilco에 인수되었으며, 그 뒤 여러 차례 주인이 바뀌면서 지금까지 이어져왔다.

19   'Unemployment by age and duration', www.ons.gov.uk; 'Real Wages and Living Standards in the UK', www.cep.lse.ac.uk, 2017.

20   'Disillusioned bankers quit the City for the rewards of teaching science', www.theguardian.com, 23 November 2008.

21   'Striking it richer: The evolution of top incomes in the US', eml.berkeley.edu, 2 March 2012.

22   'Suicides in England and Wales', www.ons.gov.uk, 2021.

23   'Child mental health in England before and during Covid-19', www.thelancet.com, 11 January 2021.

24   'Divorces in England and Wales', www.ons.gov.uk, February 2014.

25   'Don't mention that word', www.economist.com, 28 June 2001.

26   'Inflation Report, February and November 2007', www.bankofengland.co.uk

27   'How well do economists forecast recessions?', www.elibrary.imf.org, 5 March 2018.

28   'Letter to the Queen from the British Academy', www.ma.imperial.ac.uk, 22 July 2009.

열 번째 질문 | 그냥 돈을 더 찍어내면 안 될까?

1   'Credit and Liquidity Programs and the Balance Sheet', www.federalreserve.gov and www.ecb.europa.eu

2   독일의 경제학자 실비오 게젤Silvio Gesell은 가끔은 잊히기도 하지만 여전히 영향력 있는 인물

이다. 그는 지폐의 가치가 시간이 흐름에 따라서 줄어드는 제도를 제안했다. 정기적으로 지폐에 스탬프를 찍어서 해당 지폐가 언제 발행되어서 가치가 얼마나 줄어들었는지 그리고 해당 지폐의 유통기한 만기가 언제인지 표시하자고 했던 것이다. 이렇게 줄어드는 가치는 이른바 게젤 세금Gesell tax으로 불렸고, 어빙 피셔와 존 메이너드 케인스를 포함한 여러 경제학자가 이 방안을 논의했다.

3   European Central Bank, www.ecb.europa.eu, September 2003.

4   일본은 새로 찍어낸 화폐를 은행들에게서 채권을 사는 데 주로 썼다. 그러나 이런 은행들 가운데 일부는 금융 붕괴 이후 좋지 않은 상황에 놓여 있어서 돈을 쓰지 않고 그냥 붙잡고 있었다. 그런데 연방준비제도의사회를 비롯한 다른 여러 중앙은행은 강력한 양적완화에 나섰고, 이들은 민간은행들을 건너뛰어 개인과 기업의 채권을 매입하면서 돈을 실물경제에 투입했다.

5   'Bernanke cracks wise; The best QE joke ever!', www.cnbc.com, 16 January 2014.

6   'Scientists unveil how general anesthesia works', www.sciencedaily.com, 27 April 2020.

7   원래 목표는 RPI-X라는 인플레이션율 측정 기준으로 2.5퍼센트였다. 이 목표치는 나중에 소비자물가지수CPI 2퍼센트로 업데이트되었다.

8   'Thirty years of hurt, never stopped me dreaming – speech by Andy Haldane', www.bankofengland.co.uk, 30 June 2021.

9   'Inflation: A tiger by the tail?', speech by Andy Haldane, www.bankofengland.co.uk, 26 February 2021.

10   'Fiscal Policy Reconsidered', A. S. Blinder, brookings.edu, 20 May 2016.

11   이 유머가 재미없었다면, 미안하다.

12   'IMF calls time on austerity – but can Greece survive?', www.bbc.co.uk, 11 October 2012.

결론 | 경제와 친해지면 뭐가 달라질까?

1   샬린 메인스와의 인터뷰, 2021년 10월 20일.

2   'Leave voters are less likely to trust any experts–even weather forecasters', yougov.co.uk, 17 February 2017.

3   'ING-Economics Network Survey of Public Understanding of Economics 2019', www.economicsnetwork.ac.uk, November 2019.

4   'Public Understanding of Economics and Economic Statistics', www.escoe.ac.uk, November 2020.

5   'YouGov/Ecnmy Survey Results', yougov.co.uk, May 2017.

부록

더 단순한 경제학 질문
51가지

지은이

루팔 파텔Rupal Patel
:

학생 시절에 2007~2008년 금융 위기를 겪으면서 경제학에 관심을 갖게 됐다. 사탕
천국이었던 우리 동네 울워스가 왜 문을 닫는지, 왜 갑자기 뉴스가 GDP 수치들로
채워지는지, 이 모든 것이 내 씀씀이와 무슨 관계가 있는지 그때부터 궁금해지기 시
작했다. 지금은 잉글랜드은행 이코노미스트로 일하고 있다. 경제 붕괴가 일어나지
않게 하려면 어떻게 해야 하는지, 만약 그런 일이 일어난다면 어떻게 대응해야 할지
고민하며 하루하루를 보내고 있다.

잭 미닝Jack Meaning
:

노스켄트 해안에서 조금 떨어진 작은 섬에서 성장했다. 나를 둘러싼 세상이 바뀌는
것을 설명할 방법으로 경제학을 선택했다. 박사 학위를 딴 뒤에는 세계 각국의 정부
들과 함께 일했다. 지금은 잉글랜드은행의 수석 이코노미스트들에게 자문을 해주고
있다.

옮긴이

이경식
:

서울대학교 경영학과와 경희대학교 대학원 국문학과를 졸업했다. 옮긴 책으로『당
신이 모르는 민주주의』『마케팅 설계자』『도시의 생존』『컨버티드』『넛지: 파이널
에디션』『초가치』『체인저블』『댄 애리얼리의 부의 감각』,『플랫폼 기업전략』등이
있다. 저서로는 소설『상인의 전쟁』, 산문집『치맥과 양아치』, 평전『유시민 스토리』
등이 있다.

투자하기 전 경제를 공부합니다

내 통장부터 세계경제까지

펴낸날 초판 1쇄 2023년 5월 30일

지은이 루팔 파텔, 잭 미닝

옮긴이 이경식

펴낸이 이주애, 홍영완

편집장 최혜리

편집2팀 박효주, 문주영, 홍은비, 이정미

편집 양혜영, 장종철, 김하영, 강민우, 김혜원, 이소연

디자인 기조숙, 박아형, 김주연, 윤소정, 윤신혜

마케팅 최혜빈, 김태윤, 연병선, 정혜인

해외기획 정미현

경영지원 박소현

펴낸곳 (주)윌북   출판등록 제 2006-000017호

주소 10881 경기도 파주시 광인사길 217

전화 031-955-3777   팩스 031-955-3778

홈페이지 willbookspub.com

블로그 blog.naver.com/willbooks   포스트 post.naver.com/willbooks

트위터 @onwillbooks   인스타그램 @willbooks_pub

ISBN 979-11-5581-605-9   03320